U1021512

走进常熟

何振球 著

苏州大学出版社
Soochow University Press

图书在版编目(CIP)数据

走进常熟/何振球著. —苏州:苏州大学出版社,2010.11
ISBN 978-7-81137-609-8

Ⅰ.①走… Ⅱ.①何… Ⅲ.①常熟市—概况 Ⅳ.①K925.33

中国版本图书馆 CIP 数据核字(2010)第 221914 号

书　　名　走进常熟
著　　者　何振球
责任编辑　朱　磊
出版发行　苏州大学出版社
　　　　　(苏州市十梓街 1 号　215006)
经　　销　江苏省新华书店
印　　刷　扬中市印刷有限公司
开　　本　700 mm×1 000 mm　1/16
印　　张　17.5
字　　数　277 千
版　　次　2010 年 11 月第 1 版
　　　　　2010 年 11 月第 1 次印刷
书　　号　ISBN 978-7-81137-609-8
定　　价　50.00 元

苏州大学版图书若有印装错误,本社负责调换
苏州大学出版社营销部　电话:0512-65225020
苏州大学出版社网址　http://www.sudapress.com

目录

引言 世上湖山 天下常熟

当我们的耳边响起"常熟"二字时，眼前总会浮现出沃野上稻浪翻滚的丰收景象，心中随之会升腾起不可言喻的自豪感：它是镶嵌在中国经济最发达的长三角地区上海经济圈内的一颗明珠，万里长江从它的北境流向浩瀚的大海。它东距上海100公里，南接苏州、西连无锡各40公里，北与南通隔江相望，总面积1264平方公里（含长江水界面）。它历史悠久，山川秀丽，物产丰饶，文化丰厚，是苏南乃至全国经济最发达的县（市）之一。汪道涵先生生前曾以"世上湖山，天下常熟"来表达他考察常熟后的感受，不经意间为常熟大地的文化作了最精当的概括。历史上众多文化名人也曾为常熟留下了

尚湖虞山风光

难以计数的题咏，但没有人能仅用八个字就把常熟的文化内涵描述得如此深刻而又精致，这既是对尚湖与虞山自然景色的赞美，也是对“岁岁丰收常熟田”的赞叹，更是对普天之下年年丰收的一种祈盼和祝愿，其中所传达的是一种优美而又崇高、博大而又开放的情怀。今天，常熟已成为江苏省首批全面建成高水平小康社会的县(市)之一，常熟应该感到自豪和骄傲，更应该加倍努力，去创造更美好的未来。下面，就让我们共同走进这块神奇的土地。

第一章 虞山福地

元代书法家缪贞曾在西门大街致道观山门牌坊上题有“虞山福地”横匾，这既是把虞山作为神仙居住的名山胜景，也是对民康物阜、人杰地灵的“常熟”内涵的诠释。物换星移，今天故物再现于修复的西城楼阁，并由翁瘦苍先生补题，可见它已植根于常熟人的心中并成为常熟的文化符号。

虞山福地牌楼

第一节 优越的自然环境

先人对常熟之所以称为"常熟"作了这样的解释:"土壤膏沃,岁无水旱","原隰异址,虽大水大旱,不能概为之灾"。优越的自然环境为常熟的发展创造了必要的条件。

1. 气候宜人

常熟的气候宜人宜物。

常熟位于中国亚热带北部,地处季风盛行的沿海区域,日照充足,年平均日照时数为2130.2小时,占可照时数的48%,其中以7月和8月为最多。年平均气温为15.4℃。由于临江靠海,受北亚热带季风的影响很大,湿润的海洋气团与干燥的大陆气团相交锋带来了充足的降水,年降水量平均达1054毫米。无霜期长,年平均无霜期242天。这为水稻、棉花、小麦、油菜等农作物的稳产高产提供了良好的气候条件。

常熟地处东南沿海,属于温带多雨区域,气候四季分明。每当春回大

虞山雪景

地，气温逐渐上升，而冷空气又迟迟未退，两者相互角逐，以致初春寒暖无常，阴晴不定。3月上旬终雪，中旬初雷，杨柳吐絮，下旬终霜，家燕始见。仲春时节，多风和日丽的晴朗天气，桃红柳绿，万木争荣，生意盎然；有时也细雨绵绵，雨量逐月增多，为春耕创造了良好的条件，所谓“好雨知时节，当春乃发生”。初夏时节，低纬度的海洋暖湿气流势力增强，其前锋直指江南，而此时冷气流还余勇可贾，产生相持局面，降雨时断时续，这时正值梅子黄熟，故称黄梅雨。因空气潮湿，物品容易发霉，所以也叫霉雨。这对水稻插秧移栽十分有利，但雨量过多，也会对农作物生长不利。7月上旬，可闻鸣蝉，盛夏海洋吹来的东南风携来水气，天气炎热多雷雨，更有台风带来降雨，由于雨热同期，稻、棉的分蘖发育旺盛。当然也会有夏旱出现而不利于农作物的生长，台风也会造成灾害。8月上旬，蟋蟀始鸣，炎夏高温期临近结束。入秋以后，冷、暖空气激荡，给人以一场秋雨一阵凉的感受。仲秋是常熟一年中景色最美的时节，天高气爽，桂花飘香，田野里一派稻棉丰收景象。10月下旬终雷。11月下旬初霜，枫林尽染，天空雁阵南飞，而原野上绿意犹存，一片“青山隐隐水迢迢，秋到江南叶未凋”的诗情画意。冬季天气晴好时，晨起有霜，寒潮袭来时，有时会雪花飘舞，大地银装素裹，预示着来年丰收，“瑞雪兆丰年”讲的就是这个道理，因为这能大大减少病虫害，当然寒潮袭来时也会造成冻害。

气温宜人、降水充沛、四季分明的气候条件，既适宜农作物的生长，也适宜人类居住生息。

2. 土壤肥沃

常熟地区为长江中下游冲积平原，地质资料显示，一万多年前这里是一片浅海，虞山只是海中小岛，东流不息的长江水带来了大量的泥沙，造就了常熟的土地。而数千年来，常熟人民的辛勤耕耘，又不断开拓和改造着这块丰厚的土地，使它变得肥沃而又富饶。

常熟属平原地区，按地势差异可分为虞西平原、昆承平原、沿江平原三部分。虞西平原位于市境的西部和西北部，地势高亢，地面平坦，微有起伏，海拔在4.5米至7米之间，习惯称之为“高田”、“西乡”；昆承平原位于市境的东南和南部，地势低洼，浅水湖泊众多，海拔一般都在4.8米以下，有昆承湖、湖圩、陈塘、陶荡面、草荡面、陈家潭、市泽潭、荷花荡等，水面数千亩或数百亩不等，是常熟的圩田区，习惯称之为“水乡”、“低乡”；沿江平原位于市境的东北部沿江一带，地势较高，土质疏松，海拔大都在4.5米至5.5米之间，习惯称“棉区”、“高乡”、“东乡”。

东流不息的长江

常熟境内的土壤类型主要有水稻土、潮土、黄棕壤、沼泽土四类，其中水稻土占总面积的73%以上。主要土属有18个，其中以水稻土类中的乌黄泥土、乌栅土、黄泥土和潮土类中的夹沙土、水耕灰潮土5个土属为主。

乌黄泥土。主要分布在常熟锡沪公路以南地区，这种土壤保水保肥性能好，全磷含量较高，速效磷偏低。只要注意活化土壤中的磷素，稻麦可获高产。

乌栅土。主要分布在常熟东南和南部的昆承圩区。由于地下水位高，土壤潜层水难以排泄，稻麦轮作时影响三麦根系伸展。但只要预降内河水位，同样适宜稻麦轮作。

黄泥土。主要分布在常熟西北部。土壤质地均一，发育完善，养分丰富，利于保水保肥，是最优良的稻麦丰产田。

夹沙土。为长江冲积土，主要分布在沿江植棉区的河塘沿岸。土壤泥沙相混，疏松性好，有夜潮现象，适宜种植棉花。但土壤养分贫乏，易使棉花早衰。

水耕灰潮土。主要分布在东乡稻棉轮作区。这是夹沙土类中经过长期水旱轮作改造而土质较好的一种土壤,耕作性能好于水稻土类,植棉能使棉苗晚发,中期稳长、后期不早衰。

这些土壤构成了常熟农业稳产高产的基础。当然,土地肥沃并不是天生的,而是世世代代常熟人民辛勤耕作、科学保养的结果。

3. 山明水秀

常熟为江南水乡,山不高而风光明媚,水丰富而多姿多彩,用山明水秀来描述最为恰切。

常熟境内有虞山、福山、顾山等山丘,海拔都在300米以下,其中以虞山最为有名,它是常熟山林之美的杰作。虞山古称为乌目山,因靠近大海又称为海隅山,又因形如卧牛被称为卧牛山,山势走向大致由西北向东南延伸,海拔263米,山脊线长6400余米,山体最宽处约2200余米。不对称的两坡形成了不同的山林景观:向阳的西南坡陡峭,多奇石危崖,登高远望,有“烟岚高旷”之感;东北坡平缓,溪涧幽深,泉水岩洞掩映在茂密的松林之中,颇具山林清幽之气。

虞山的景观,既是自然景观,又是人文景观,积淀了丰富的历史文化内涵,常熟人的灵巧和智慧深深地渗透进了这些美丽景观的发现及完善之中,反映了常熟人民的审美风尚与情趣。它对常熟文化的发展兴盛产生了巨大的感发作用,对常熟文化的形成与发展影响极大,这从常熟的文学艺术流派都以虞山命名可以看出。虞山植被达96%,被称为天然氧吧,加上坡度平缓,适宜登山健身,每天登山晨练的市民成千上万,它已融入常熟平民百姓的生活之中。

常熟的河道纵横,水网密布,水利健全,水运方便,有江水、河水、湖水,形成了水泽的多样性。

万里长江流经常熟北境,千万年来不仅造就了常熟这块“福地”,而且还造就了这块土地上的灿烂文化。常熟境内的江岸西起芦蒲塘口,东至白茆塘口,长约37.5公里。在长江岸线上,历史上曾有24条通江河道,称为二十四浦。今天还有福山塘、崔浦、望虞河、耿泾、海洋泾、常浒河、徐六泾、金泾、白茆塘等9条河道,为休养生息在这块福地上的人民以交通运输及调节内河水位的莫大利泽。

常熟境内的河道北接长江，南通太湖，属太湖水系。流域性河道有望虞河与张家港；区域性河道有元和塘、常浒河、白茆塘、锡北运河、盐铁塘、七浦塘；县级河道有福山塘、耿泾、海洋泾等 14 条。这些河道的分布特点是以虞山脚下的城区为中心，向四周放射扩散，由于常熟境内的地形是西北高于东南，所以西北部地区河道较为稀疏，东南部的昆承圩区则河道稠密，它们在干旱时把长江水和太湖水源源不断地送往常熟的每个角落灌溉农田，涝灾时又能迅速把洪水排入长江，它们同时又是运输通道。

常熟境内大小湖泊星罗棋布，犹如一把璀璨的明珠撒在常熟大地上。这些湖泊中昆承湖面积最大，它在城区东南约 2 公里，面积为 18.3 平方公里，蓄水量达 0.5 亿立方米，进出河道有 24 条之多，它对周围地区农田丰收起着决定性的作用。昆承湖汉代称昆湖，别称隐湖；宋代分称昆湖、承湖；元明以还，称昆承湖、昆城湖，又称东湖，以对尚湖之别称西湖。“芦花放，稻谷香，岸柳成行”就是昆承湖地区锦绣江南、鱼米之乡的景观特色。

常熟的湖泊中以尚湖为最美。它位于城区西南约 2 公里处，故又称西

昆承湖状元堤

湖，它紧靠虞山南麓，故又称山前湖，湖面面积约12.45平方公里，宽广的湖面与虞山相映，穿湖大堤横卧湖中，湖中七个人造岛屿形成了湖中有岛、岛中有湖的独特景观。外湖烟波浩渺，内湖碧波涟涟，青山、绿洲、蓝天构成了一幅立体山水画卷。千百年来，常熟人民不仅从尚湖中汲取了无穷的福泽，而且还不断精心妆扮着尚湖，使它成为常熟优美的自然景观杰作。这是常熟人民发现美和创造美的结晶，它典型地表现出常熟山水风光之美，还集中体现出常熟文化的特色之美。

第二节 富饶的鱼米之乡

粮棉大县、鱼米之乡，共和国第一任总理周恩来曾发出这样的感叹："中国要有20个常熟就好了。"

1. 江南粮棉之仓

常熟是历史上著名的产粮区，粮食作物以水稻、三麦为主，同时也种植棉花与油菜。

水稻种植在常熟已有悠久的历史，在谢桥钱底巷文化遗址中曾有碳化谷粒出土，可以说常熟自有农业，即以种植水稻为主。春秋战国时期开始种植旱粮，这就是在《越绝书》中多次提到的"五谷"。南朝时，已有麦类种植。唐中期至北宋时，已出现稻麦两熟。在北宋，常熟已成为南方水稻种植中心地区之一。南宋以后，由于北方移民南渡，北方人习惯面食，社会对麦类的需求空前增加，麦价甚至高于米价，这就促进了麦类的生产。当时规定稻田种麦不收麦租，这又在一定程度上刺激了农民种麦的积极性。南宋诗人范成大在《寺庄》诗中有"大麦成苞小麦深，秧田水满绿浮针"；《刈麦行》又称："腰镰刈熟趁晴归，明早雨来麦沾泥。犁田待雨插晚稻，朝出移秧夜食麨。"这些都反映了江南地区稻麦二熟制的流行。到元代，由于创造了开沟作垄的耕作方法，为稻田种麦提供了技术上的条件，在昆承平原和虞西平原地区形成了大面积的稻麦两熟轮作的种植格局。元代后期引种棉花，至明代迅速扩展，在沿江地区形成了棉麦两熟的种植格局。大米输出在北宋时达4万石，至明代洪武年间，常熟一地可征大米已达40万石。棉花种植到清代中期以后已有相当规模，这为常熟近代棉纺织业的兴起打下了基础。到20世纪

水稻生产基地

五六十年代,常熟成为全国闻名的植棉大县,皮棉亩产产量居全国第二。所以常熟历来为“粮棉之仓”。

稻麦轮作格局延续了千年,棉麦轮作格局也延续了七百多年。1985 年,全市 105 万亩耕地,在秋熟种植面积中,水稻 71.5 万亩,约占 68%,棉花 21 万亩,占 20%,其他作物 12.5 万亩,约占 12%。夏熟种植面积中,小麦 61.5 万亩,占 58.57%,油菜籽 20 万亩,占 19.05%,其他作物 23.5 万亩,占 22.38%。全市形成了三大粮棉油产区:昆承湖的粮油产区,虞西高田的稻麦产区,沿江平原的粮棉产区。

水稻与三麦是常熟粮食生产的主要品种。

历史上,常熟水稻主要以地方品种为主。南宋地方志对此已有详细的记载,宝祐《琴川志》中所载当时常熟籼、粳稻品种已有 27 种,糯稻品种有 8 种。由于品种的多样性,提高了水稻对多种经济要求的适应性。清代末年,农民相沿种植的水稻品种有 76 种。民国四年(1915),常熟的无芒中粳“大鲜馨黄”经当时的农商部鉴定,被评为江苏省优等品种,后来种植的“一时馨”粳稻也以米质优良而畅销上海米市,常熟大米的品牌就是在这个时期打响的。

今天，随着人民生活质量的提高，优质大米已成为水稻种植的首选。由常熟市农科所科研工作者培育的“太湖粳”系列和“常优”系列优质水稻，已成为常熟的当家品种。以“常优1号”生产的“常农”牌大米是苏州市名牌产品，达到国家二级米标准；“白禾”牌大米获中国绿色食品中心许可使用绿色食品标志，在市场上有很高的知名度。

苏香粳与血糯是常熟大米中的特色名品，苏香粳就是俗称的香粳米，其特点是细洁整齐，香气浓郁，烧饭煮粥口味俱佳，美味佳肴配以喷香的米饭，使人食后难忘。血糯是一种红粳稻米，因其色如鸭血，俗称鸭血糯。血糯红芒长杆，成熟后谷壳呈浅紫色，脱壳精碾后，米粒殷红，性粳少黏，故烧煮时需以三成血糯七成白糯相掺混合。血糯有补血滋阴的功效，用血糯做成的的八宝饭、血糯糕等，不仅色泽鲜艳而且香甜可口，历来被视为盘中珍品。从清代开始，常熟血糯就作为朝廷贡品。极注意保养身体的慈禧太后，特别爱吃血糯做成的各种点心，血糯美名遂传播全国。如今，血糯制品经常出现在宴席上，“血糯八宝饭”已成为常熟甜食中的名点。

三麦是大麦、元麦、小麦的合称。大麦产量低，但因其成熟期早，在轮作时可用其茬口。它一般用于酿酒或作牲畜饲料，也可经焙炒后用开水浸泡成大麦茶作为饮料。元麦磨成粉可与大米混合煮饭或单独煮饭，称为麦粞饭，几百年来一直是棉区农民的主要口粮。清乾隆年间徐市人顾彬在《过李将军墓次东溆韵》诗中有“寒食招魂无麦饭，黄昏吊影有磷灯”之句。小麦磨成面粉制作面条、面包或其他面食。今天，夏熟作物种植以小麦为主，大麦、元麦已很少见到。

棉花在常熟沿江地区普遍种植。据《太湖地区农业史稿》一书考证，常熟地区棉花种植是在南宋中期或晚期开始的，此棉花时称木棉。元代元贞年间（1295—1297）棉花种植开始得到重视，这与黄道婆的倡导是分不开的。黄道婆年轻时家境贫困，因战乱漂泊到海南崖山，见当地棉花生长得比家乡好，棉花加工和纺织的工具及方法比家乡先进，于是她虚心向黎族姐妹学习纺织技艺，30年后回到故里松江乌泥泾，把从黎族人民处学到的轧、弹、纺、织技术传授给当地农妇，既织布制衣，又可用棉絮制成棉衣、棉被御寒，而纺织技艺又直接促进了棉花种植。所以从元代后期开始，棉花种植在常熟得以大面积推广。

建国后，常熟是全国著名的植棉大县，种植面积长期占全县耕地面积的五分之一左右。20 世纪 50 年代末的原徐市人民公社，种植面积达 3 万余亩，为当时苏州地区植棉面积最大的乡镇。每到金秋时节，棉桃吐絮，朵朵棉花似一片银色的海洋，当时徐市人民公社的宣传刊物以“银海”为刊名，公社的轮船也以“银海”为船号，以比喻棉花之乡的丰收景象。今天，随着农业种植结构的调整，棉花种植面积已逐步减少。

油菜是常熟人民食用油的主要来源，是唯一能够冬播夏收的油料作物，大约在元明之际开始广为种植，它与水稻或棉花轮植，秋天种植，初夏收割。明代末年，油菜已与麦类作物齐驾并驱，开始时它是作为麦类的补充作物，但因其既可作蔬菜，又可作油料，其优点被发现以后，种植面积逐渐扩大。春天油菜花盛开时，黄灿灿的大片油菜花以略带甘甜的香气沁人心脾，在盎然的春意中，显示出蓬勃生机，成为农村最具吸引力的田野景观。

2. 蔬菜瓜果之乡

在常熟早期的文献中，很少提及蔬菜栽培的情况。因此，对于常熟地区蔬菜栽培的历史，我们无法作系统的叙述，但不可否认的是，常熟种植蔬菜

大棚蔬菜

瓜果的历史相当悠久,如白菜、茭白、茄子、韭菜,南朝时已有种植。宋室南渡以后,随着北方经济、文化、政治中心的南移,蔬菜栽培迅速发展起来,当时记载的蔬菜品种达30种以上。盐铁塘、里睦塘、白茆塘、雪沟塘两岸及城区的南部、北郊部分地区曾是著名的蔬菜瓜果种植区,其中的白茆塘胡萝卜、扬塘白萝卜、河坝茅柴青香瓜、王庄金香瓜、周泾马铃西瓜、南郊水芹菜闻名县内外,但一般农家大都以自家食用为主。从20世纪80年代开始,随着种植结构的调整,蔬菜瓜果种植面积不断扩大,到2005年,全市蔬菜瓜果种植面积已达40万亩,董浜镇的曹家桥蔬菜市场年外销蔬菜达5000多吨。全市年出口蔬菜超过10亿元,创汇3000多万美元,成为全市农业经济的一大支柱产业,常熟成为真正的"蔬菜瓜果之乡"。

常熟的蔬菜种植,春季以叶菜、嫩茎类为主,如青菜、雪里蕻、药芹、莴苣、菠菜、竹笋等;夏秋季以瓜类、豆类、茄类为主,如丝瓜、黄瓜、冬瓜、生瓜、四季豆、青蚕豆、毛豆、豇豆、刀豆、扁豆、豌豆、辣椒、茄子、番茄、葫芦、芋艿、茨菇、菠菜、卷心菜、韭菜、茭白等;冬季以直根类的根菜为主,如萝卜(外形有圆形、长形,皮色有青、红、白等)、胡萝卜、大头菜、山药,还有白菜等。

随着科学技术水平的提高,塑料大棚广泛应用于蔬菜种植,反季节蔬菜已成为市场供应的潮流,冬天能吃到夏季蔬菜已极其平常。一些新品种也不断引进,如荷兰豆、西兰花、草莓、西芹菜、圣女果、芦笋、蘑菇、水果、黄瓜等都上了普通百姓的餐桌,仅董浜镇每年引进的新品种就达20多个。而一些新的技术也在蔬菜种植中广泛应用,如用茄子、黄瓜、番茄与南瓜嫁接,所种出来的茄子和黄瓜病虫害少,味道好,产量高,深受消费者欢迎。

长期以来,常熟瓜类生产的主要品种有南瓜、西瓜、香瓜等。南瓜以梅李与东乡白茆塘沿岸所产的最为有名。在20世纪五六十年代粮食紧缺的情况下,农民往往以它为主食,度过了饥荒的年代。现在南瓜、香瓜种植已不多,西瓜由于经济效益较高和人民生活水平的提高而得到大面积种植,其中以江苏省无公害王庄西瓜最为有名。

常熟种植的果类有杨梅、桃子、杏子、枇杷、栗子、葡萄、柑橘等。历史上任阳一带种植的水蜜桃曾以早熟、果大、味甜而远近闻名,虞山林场培育的早熟品种"白云水蜜桃",因其品质优良而得以在沪、鲁、京、皖、浙等地大面积推广。

采摘虞山新茶

现在蔬菜种植不仅注重无公害生产，生产中使用低毒、低残留农药和有机肥以使市民放心食用，而且讲究品牌，曹家桥丝瓜、“吉健”牌葡萄、“奇绿”牌大雪枣、“沙家浜”牌绿茶、“川城”牌绿茶均经商标注册，被评为苏州市名牌农产品，“剑门”牌绿茶被评为江苏省名牌产品。

在常熟的农产品中，以虞山上出产的绿茶、桂花栗子、宝岩杨梅、松树蕈为特色产品。

虞山种植绿茶在清代就已开始，虞山周围地势平坦，面对尚湖，云雾缭绕，空气湿润清纯，无污染。采摘的嫩叶经精心焙炒，所制成的绿茶冲泡后碧绿透明，清香四溢，入口清爽，有养气颐神之功效。其中的“剑门”牌绿茶获农业部“名优茶”品质鉴定认证，获第二届“中茶杯”特等奖，绿色 AAA 级食品，系列产品中的“剑门大白茶”，以叶嫩色绿、味香耐泡等特点，被视为茶中珍品，成为中国茶文化的精品之一，“剑门”牌商标为江苏省名牌商标。

桂花栗子，是把栗树与桂花树混栽，中秋前后，桂花盛开，栗子成熟，从而使栗果带有浓郁的桂花香味，所以称为桂花栗子。虞山种植桂花栗子，至少已有 700 年历史。这种栗子生吃香甜嫩脆，熟吃糯甜细腻，齿颊留香。制成的桂花栗羹，香甜可口，是常熟历史上的名点。

宝岩杨梅，生长于虞山南麓倚山傍湖的宝岩村，这里历史上就盛产杨梅。宝岩杨梅果实滚圆，粒大色红，甘甜多汁的叫“螳螂子”，色白晶莹的叫“水晶杨梅”。每年6月，杨梅成熟，果实挂枝，红绿映衬，使人赏心悦目、心旷神怡。数百年来，常熟人形成的“宝岩看杨梅”风俗，一直延续至今。

松树蕈为虞山上出产的野生菌类，大多数生长在松树根边或附近草丛中，由于其颜色不显，采集颇为不易。蕈味鲜美无比。饭店以松树蕈熬制蕈油用来拌面，名为蕈油面，香气扑鼻，味道绝佳，是常熟最著名的一道传统面食。

3. 江河水鲜产地

常熟滨江近海，河湖众多，水产自古享有盛名。在唐朝各地的贡品中就有常熟的刀鱼、鲻鱼、肚鱼、鱼子等水产品。今天，常熟的江河水产仍十分丰富。

长江的水产品以“长江三鲜”最为有名。“长江三鲜”是指刀鱼、鲥鱼、河豚。

刀鱼是一种回游性鱼类，日常栖于近海，每当春暖花开时，成群结队陆续入江。刀鱼全身呈银白色，狭长侧薄，鳞细色白肉嫩，腴而不腻，鲜美超常。刀鱼刺多，在食用时，常以草头（又叫金花菜）伴食，可免鱼鲠刺喉。刀鱼刺清明前细软，清明后变硬，故以清明以前出水的刀鱼为佳。

鲥鱼的出没盛衰有一定的季节性规律，它平时栖于太平洋中，每年春末夏初便成群溯江而上，其中以长江出产的品质和产量为最佳，其中又以常熟至江阴一带捕获的最为珍异。鲥鱼鳞有彩色，富含脂肪，肉质肥美，为“长江三鲜”之首。每年春夏之交，鲥鱼溯江而上，此时体肥脂厚，风味最佳。明代开始列为珍贵贡品，由快马飞驰京师。但现在由于长江生态环境变化，破坏了鱼类生存环境，刀鱼、鲥鱼已成稀世珍品。

河豚味鲜美而醇厚，为水产中诸鲜之冠，但河豚的肝脏、卵、血、眼睛等处有毒。因为河豚鲜美异常，所以诱导人们不断地去探索解毒的方法。经过长期实践，人们逐渐摸索出了若干排除河豚毒害的经验和方法。在宋以后，河豚已成为江南沿江一带的名贵佳肴，但如果烧煮不得法，还是极易中毒，故民间有“拼死吃河豚”的俗谚。每到河豚上市时节，食品卫生部门都要告示禁食河豚。相信随着科学技术的进步和食品管理的进一步规范，河豚成为大众餐桌上的一道寻常美味将为期不远。

尚湖围网捕鱼

长江中的鲚鱼、白虾也相当有名。鲚鱼又称凤尾鱼，其出水旺季在每年的5月至7月间，红烧、油炸，风味俱佳。白虾又称海白虾，为海产之一，常随江潮冲至岸边，故沿江人家常于涨潮时在江边捞取白虾。菜肴中加白虾同煮或烧汤，鲜美异常，如以新鲜白虾熬制虾油，其味更佳。还有鲜黄鱼与鲜鲞鱼也是常熟的著名水产，不过鲜黄鱼与鲜鲞鱼产于东海，长江沿岸渔民至外海捕捉后，经浒浦渔港销往常熟各地。鲜黄鱼于每年的端午节前后上市，肉嫩刺少，宜油爆，可醋溜，也可清蒸，鲜美可口。鲞鱼接在黄鱼之后上市，其肉质细腻结实，有特殊香味。人们常把鲞鱼切块，加上调味品，干熏后密封于瓮内，盛夏取食，此时的鲞鱼鲜而不腻，清香扑鼻，很是可口。

常熟内河中的水产品以“四大家鱼”即青鱼、草鱼、鲢鱼、鳙鱼为当家鱼种。人们经常食用的还有奉为河鱼上品的鲫鱼、鳊鱼、鲈鱼、鳜鱼等。人们常说吃鱼要吃“鳊、鲫、鲈、鳜”，可见其不能同一般的河鱼相提并论。

常熟水产品中的螃蟹自古就有名气，其中又以潭荡金爪蟹和沙家浜大闸蟹最为著名。潭荡位于常熟南部的辛庄乡，那里地势低平，河荡密布，盛产金爪蟹。这种蟹背宽爪粗，爪尖金黄色，向里弯，刚劲有力。一般三只一斤，大的每只达半斤以上，蟹肉特别结实。潭荡金爪蟹在清代被定为江南贡品，选取背宽爪粗金色者，放在广漆桌面上观其爬行，以蟹身能拱起者为上品。“沙家浜”牌大闸蟹是今天河蟹中的上品，它其实就是阳澄湖大闸蟹，阳澄湖地处常熟、昆山、相城区之间，“阳澄湖”牌大闸蟹是昆山市的注册商标，“沙家浜”牌大闸蟹是常熟市的注册商标。“沙家浜”牌大闸蟹的特点是蟹身硕大，肉肥脂厚，味道鲜美，在国内外市场上颇为走俏。常熟人吃蟹有季节性选择，民间有“九月团脐十月尖脐”的说法。“团脐”指雌蟹，“尖脐”指雄蟹，因为农历九月的雌蟹长得肥满，蟹黄充实，味道极佳。但到了农历十月，雌蟹蟹黄发硬，雄蟹却正当时候，个大肉多，油脂满壳，吃起来最为惬意。农历九十月间秋风渐起，菊花盛开，桂花飘香，常熟人有出城赏菊、持蟹饮酒的习俗，其美味妙趣，难以言说。

常熟的水产也开始注重品牌，“沙家浜”牌大闸蟹是江苏省名牌产品，“尚湖”牌清水蟹、“尚湖”牌鳙鱼、“常伴”牌南美白对虾、“金唐市”牌水产品均为苏州市名牌产品。

第三节　勤劳的百万市民

常熟有104万常住人口，80万以上“新市民”（外来人口），绝大部分为汉族，也有回、满、蒙、壮等30多个少数民族，他们生活在十个建置镇（一级地方政府）、一个国营林场（企业化管理事业单位），如果再加上两个省级开发区、服装城及虞山尚湖旅游渡假区（设管委会，市委、市政府派出机构），那么就是15个大家庭。勤劳的百万市民在这个和谐的大家庭中，辛勤创业，以汗水和智慧，开创了“天下常熟”的奇迹，赋予了“虞山福地”新的内涵。

1. “十一”镇场竞风流

常熟市（县）内区域划分，始见于唐，唐初有24乡，北宋元丰时调整为9乡，9乡之制在南宋、元、明三代未变，清常昭分治仍延续9乡（其中有4个乡名常熟昭文两县合用）。清中叶以乡改场，常熟县辖8场，昭文县辖4场。宣统二年（1910）推行地方自治，常熟、昭文两县划分为35个市乡。辛亥革命后常昭合并，常熟县仍辖35个市乡，民国期间区域划分屡有变动。建国

虞山高新技术产业园

后，常熟县在城区及附郭设县辖常熟市(1958 年撤销)，常熟县划为 14 区，辖 218 个乡，常熟市划分为城区及 4 个镇，至 1985 年，常熟县共有乡、镇、场 35 个。从 20 世纪 90 年代开始，对镇行政区划逐步进行了调整。到 2005 年，全市的建置镇已从 20 世纪 80 年代以来的 33 个乡、镇合并成 10 个镇，虞山林场仍得到保留。

虞山镇，由原来的虞山镇、琴南乡、城郊乡、藕渠镇、兴隆镇、莫城镇、谢桥镇、大义镇先后合并而成，镇政府设在市委、市政府所在地虞山镇。虞山镇历史悠久，向为江南名镇，历来为常熟政治、经济、文化、金融中心。虞山高新技术产业园是全市高新产业的集聚和国家火炬计划电气机械产业基地，以电子电器、精密机械、生物医药、机电一体化等高新技术产业为主体。我国台湾地区广达电脑、日本富士电机、加拿大英提尔汽车饰件等世界 500 强企业及 200 多家国内外知名企业入驻，一个集“外向型、科技型、规模型、环保型”于一体的高新技术园已初具规模。江苏梦兰集团与中科院合作建立的梦兰龙芯低成本电脑列入首批国家级自主创新产品。

海虞镇，由原来的王市镇、福山镇、周行镇及市棉花原种场合并而成，镇政府在原王市镇，是全市城市规划中的卫星城，是闻名全国的“服装之乡”。境内的原福山镇为千年历史古镇，曾是南沙县、常熟县县治所在地。江苏新材料产业园是以新材料、精细化工、生物医药、氟化产业为主体的特色园区，已有美国杜邦、法国阿科玛、日本大金、比利时苏威等国家以及我国台湾地区华新丽华、上海市三爱富等知名公司入驻，服装、红木为全镇的特色产业，服装品牌众多，拥有9个中国驰名商标，是闻名全国的“服装之乡”。红木雕刻工艺精湛，被誉为“东方艺魂”。

碧溪镇，由原来碧溪镇、浒浦镇、吴市镇、东张镇先后合并而成，曾一度称新港镇，后更名为碧溪镇，镇政府在滨江新区。境内的浒浦镇为千年历史古镇，南宋时期为重要的军事港口，近代以来一直是沿江的海鱼贸易港，建国后是全国著名的卫生镇。改革开放初期，原碧溪镇开创的农民“离土不离乡，进厂不进城”的“碧溪之路”，成为苏南模式的一面旗帜。境内有常熟港和省级常熟经济开发区、常熟出口加工区。工业经济以羊毛衫织造为特色产业。

梅李镇，由原来梅李镇、赵市镇、珍门镇合并而成，镇政府在原梅李镇。梅李镇为千年历史古镇，而且记载确切。据宋庆元《琴川志》载：“五代十国天宝元年（908），吴越王钱镠遣将梅世忠、李开山戍此。居民依军成市，因取两将之姓，以名其地”，故名“梅李”。历史上商贾云集，有“东乡十八镇，梅李第一镇”之称。梅李盛产棉花，常熟东乡所产的棉花和家织土布主要在这里集散，故又有“银梅李”之誉。镇区内建于南宋绍兴年间的聚沙塔为常熟著名的历史人文景观。工业经济以皮革制品、经编家纺为特色产业。

辛庄镇，由原辛庄镇、杨园镇、张桥镇及市南湖农场先后合并而成，镇政府所在地为原辛庄镇。工业经济以太阳能光伏产业和生物制药为优势产业。以阿特斯光伏电子（常熟）有限公司为龙头和支撑的光伏产业园已入驻配套企业20家，拥有由企业建立的太阳能光伏测试中心、太阳能光伏科技学院，产业集聚初步形成。江苏隆力奇生物科技有限公司是目前全国规模最大且技术力量雄厚的日化产品、养生保健品研发产销基地，成为民族日化行业的领军品牌。

古里镇，由原来古里镇、白茆镇、淼泉镇先后合并而成，镇政府所在地在原古里镇。镇区有晚清四大藏书楼之一的“铁琴铜剑楼”。原白茆镇的白茆山歌是吴歌的重要组成部分，也是国家级非物质文化遗产。明末清初“东南文宗”钱谦益与一代才女柳如是生活过的红豆山庄内的红豆树至今犹存。工业经济以波司登股份有限公司生产的防寒服饰为特色产业，拥有“波司登”世界名牌1个，中国驰名商标11个，中国名牌产品5个。坞丘现代农业基地为苏州市常熟现代农业示范区。

支塘镇，由原来的支塘镇、何市镇、任阳镇先后合并而成，镇政府在原支塘镇，是全市规划中的两个卫星城之一。支塘镇历来为常熟东南重镇，教育发达，著名的中国科学院、中国工程院院士、核物理学家王淦昌，无机化学家张青莲均为支塘籍人。镇内有华东地区著名的专业食品批发市场“华东食品城”。工业经济以纺织特别是无纺布机械和无纺布织造为特色产业。蒋巷村是著名的全国文明村，是社会主义新农村建设的典范。

沙家浜镇，由原来的沙家浜镇、唐市镇合并而成，镇政府在原唐市镇。原唐市镇在明代就是江南经济文化重镇，有“金唐市”之称。沙家浜为抗战时期新四军游击根据地之一。当地以旅游业为优势产业，沙家浜风景区是国家4A级景区、国家城市湿地公园、全国红色旅游百家经典景区，沙家浜革命纪念馆为全国爱国主义教育示范基地。工业经济以玻璃模具为特色产业，是亚洲最大的玻璃模具生产基地，被誉为“玻璃模具之乡”。

沙家浜风景区

董浜镇，由原来的徐市镇、董浜镇合并而成，镇政府在原董浜镇。世界第一斜拉索大桥苏通长江大桥的南接线贯通苏嘉杭高速公路，与沿江高速公路、常昆高速公路在镇区交汇，形成了面积达1平方公里的苏南地区最大的交通枢纽。是著名的蔬菜之乡，曹家桥蔬菜市场为苏南地区最大的蔬菜专业批发市场。

尚湖镇，由原来的练塘镇、冶塘镇、王庄镇先后合并而成，镇政府在原冶塘镇。虞山、尚湖与其相依，境内有南湖荡湿地保护区，生态环境优势突出。王庄戏曲为其特色文化并闻名全省。工业经济以货架生产为特色产业，是全国货架主要生产基地。

虞山林场，全称为国营常熟虞山林场，建立于1960年，场部在千年古刹兴福寺东侧。森林面积达1260公顷，森林覆盖率达96%。人文景观丰富，是全国首批国家森林公园之一，国家4A级景区，有"江南明珠，虞山福地"之称。特色林业产品与旅游业为其优势产业。

2. 三区一城展雄姿

常熟有两个省级开发区：江苏省常熟经济开发区、江苏省常熟东南经济开发区。它们是合理开发利用资源、提高产业集聚度、推动区域经济快速发展的平台，工业强市的基础，经济发展的主阵地。常熟服装城与虞山尚湖旅游度假区是第三产业的排头兵，在"富民工程"中具有举足轻重的地位。

常熟经济开发区成立于1992年，2002年8月，经省委、省政府批准，比照国家级开发区享有相应的经济审批权限和行政级别。

开发区内有国家一类开放口岸常熟港、保税仓库、出口加工区，形成了"一港"、"两区"、"五园"发展格局。"一港"即常熟港，列中国十大内河港之一；"两区"即沿江工业区和出口加工区，形成了装备制造、冶金钢铁、精细化工、造纸能源、新型材料、商贸物流等产业集群；"五园"即江苏常熟新材料产业园、虞山高新技术产业园、新港工业园、通港工业园、董浜工业园。"五园"是常熟经济开发区的组成部分，由所在地镇政府管理。开发区目前已有20多个国家和地区投资的300多家企业，成为新世纪常熟经济发展的重要的核心区域。

常熟东南经济开发区，成立于2003年5月，位于主城区东南部，由原常熟外向型农业综合开发区及常昆、昆承、古里三个市级开发区整合而成。重点发展电子信息、生物制药、精密机械、高档轻纺、汽车零部件和现代服务业，是常熟重要的工业集聚区和现代工业区。

常熟服装城，建于1985年，占地面积3.71平方公里，市场营业面积280万平方米，是全国最大的服装批发市场。经过二十多年的建设发展，现拥有店铺、摊位2.5万多个，来自全国各地的6万多经营人员在此落户经商，旺季日人流量达25万人次以上，日均货运量3000多吨，各项经济指标居全国十大工业品批发市场前列，并成为国家4A级购物旅游景区。

虞山尚湖旅游度假区，成立于2007年，初名为尚湖旅游度假区，负责尚湖旅游度假区的资源保护、开发、利用、建设和管理。2008年，为进一步整合虞山尚湖山水优势资源，打造山水精品旅游度假区，更名为虞山尚湖旅游度假区，区域总面积达39.2平方公里，形成了春有尚湖赏牡丹、夏有宝岩品杨梅、秋有秀水尝美食、冬有古刹听钟声等系列旅游活动。

虞山尚湖风景区

第二章 千年史述

把握常熟的历史,应该记住这样几个数字:5000 多年前,已有先民在这一地区活动;3000 多年前,史籍上已有文字记载;2160 年前,已设有乡一级行政机构;1700 多年前,正式建县。让我们走进历史的深处,通过历史关键处的一些典型史实,理清历史发展的脉络,触摸历史的真实。

第一节 文明渊源(原始社会至春秋战国)

考古发掘的成果展示了先民在常熟地区活动的情状,巫咸与姜尚的遗踪给后人留下了巨大的想象空间,仲雍与言偃昭示了常熟历史源头的深邃与博大,奠定了常熟文化在吴文化中的地位。

1. 先民遗迹

探索常熟历史的源头,就要追溯常熟地区最初的文明情况。

考古发掘证实,在 5000 多年前的新石器时代,先民就已在常熟这块土地上生息繁衍,这里已留下他们生产和生活的痕迹。他们在艰苦生活中辛勤创造,迎来了常熟史前文明的曙光。

建国以后,考古工作者在常熟境内发掘了一批原始社会遗址,如钱底巷遗址、罗墩遗址、嘉菱塘遗址、黄土山遗址、尚湖东北岸遗址、朱泾村遗址,等等,出土了许多文物。其中最有代表性的是钱底巷遗址和罗墩遗址。

钱底巷遗址位于原谢桥镇新光村。1988 年,市文管会与南京大学历史系联合进行了发掘，出土了200余件新石器时代完整或能修复的器物，如肩石锛、穿孔石斧、三角形石犁、夹砂红褐陶鼎、泥质灰陶扁足釜式鼎、多节文圈足敛口镂孔豆、附加堆纹折腹罐、鸡冠耳罐、网坠、纺轮等生产工具、炊具及饮食储藏器，并发现了许多灰坑、灰沟、水井、墓葬、房屋遗迹等，发现的房屋居住面均用黄土掺砂子铺垫而成，并经拍打焙烧，十分坚实。根据发掘结果分析，这是一处较大的氏族部落居地，经中科院碳14测定，距今约5500年左右。这是常熟境内发现时代最早的原始社会人类活动遗址，其特征是先民已能够使用磨制石器，属新石器时代后期的母系氏族阶段。

罗墩村遗址位于原练塘镇罗墩村朱巷。1993年，市文管会与苏州市博物馆联合进行了发掘。这是一处典型的新石器时代后期私有制已经产生时期的文化遗址，处于原始社会末期。此次发掘共清理出墓坑10座，出土文物250件，其中玉器116件，有璧、镯、环、戒、管、珠、纺轮、冠状饰、双龙连体环形饰、玛瑙珠等；石器29件，有穿孔石钺、斧、石锛等；陶器105件，有贯耳壶、陶、鼎、罐、勺、盘、钵、杯等。墓内遗骸为男性，尚未土化，手执一把带有朱砂柄的穿孔石钺，头部有玉冠饰，其身份似为一位有权威的部落首领，这说明当时已是母系社会向父系社会转变的阶段。出土文物中最有价值的是一块双龙连体环形玉饰，玉饰雕刻精细，阴刻线纹丝丝入缕。由于玉的硬度极高，在当时尚无金属材料的情况下，加工十分困难，这表明当时先民的工艺水平已达到了相当高的程度，同时还反映了当时常熟地区的先民已有对龙的崇拜。而出土的玉制纺轮则说明，当时的先民已有用纺轮制线的实践。

从上述两处文化遗址可以推知，新石器时代常熟地区的先民，穴居于高处的土堆，日出而作，日入而息，狩猎捕鱼，刀耕火种，春播秋收，在漫长而艰苦的原始社会阶段，生生不息，顽强生存，用双手和智慧，改善生活环境，改造大自然，创造出了常熟地区远古时代的文明。

良渚文化双龙连体环形玉饰

良渚文化玉琮

2. 巫咸、姜尚传奇

3500多年前的殷商西周之际，有两个伟大的历史人物与常熟联系在一起。虽然由于史籍记载不详或古迹湮没等原因，使历史蒙上了一层神秘的面纱，但两人在常熟历史上烙下了很深的印记。要了解常熟的历史，不能绕过他们，这就是巫咸和姜尚。

巫咸是商代君王太戊的大臣，相传他发明了鼓，又是用筮占卜的创始人，还是一位占星家。在商代，由于人类把握自然的能力不强，所以迷信鬼神，遇事都要用占卜的方式来预测凶吉，使人类在自然界面前保持可贵的自信力。从人类发展史来看，这是人类文明进步的必经阶段。巫咸首创了用蓍草占卜的方法，这要比龟甲占卜方便得多。当时商朝最高政务官是伊尹之子伊陟，他推荐巫咸担任巫，故称巫咸。巫是执掌祭祀和占卜的官，在朝中也是一位中枢决策人物。当时商帝太戊当政，王纲

巫咸像

不振，诸侯自行其是。经伊陟、巫咸大力整顿，恢复了中央的权威，远方各国纷纷派遣使者前来朝拜。面对如此盛况，巫咸写了一篇名为《咸艾》的文章，庆贺王家事业有成，达到天下大治。

可到祖乙继位时，王权又衰落了，这时巫咸的儿子贤为最高政务官，他大概也得到了父亲的传授，设法加强中央权威，商王朝又得到了振兴。

巫咸、巫贤父子二人在维护商王朝长治久安中发挥了重要的作用，他们与“五朝元老”伊尹及伊陟、臣扈、甘盘成为商朝开国史上杰出的贤相，他们辅佐商王的功绩见之于各种正史。

据史籍记载，巫咸父子都是常熟人。《越绝书》说：“虞山者，巫咸所生也。”《史记正义》说：“巫咸及子贤，冢皆在苏州常熟县海隅山上，盖子本吴人也。”《吴郡图经续记》说：“或曰平门者，故为巫门，巫咸所葬也。”明邓韨《常熟县志》说：“巫咸墓，在虞山上，子贤，亦葬其侧。”常熟历代所修的县志，多把巫咸父子列为邑中先贤。但由于缺少足够的史料，史学家对此也持有不同的看法。所以，1985 年出版的《常熟县志》没有将巫咸父子列入《人物传》，但在《志余》中录存了有关巫咸籍贯的各种说法，以存留后人研究。

姜尚又称姜子牙、吕望、太公望等，商末周初时人。他上知天文、下通地理，知识渊博，为一代奇才。姜尚生活的时代，正是纣王暴虐无道、社会黑暗的时期。所以他选择了隐居。在《孟子》的《离娄》《尽心》篇中都提到“太公避纣居东海之滨”。

后来，姜尚为了实现他的政治抱负，又回到了陕西渭水流域，外出打猎的周文王，遇到了姜尚，从而引出了一场“姜太公钓鱼，愿者上钩”的故事。周文王拜他为相，尊称为“太公望”。姜尚帮助文王整顿朝政，使周国的实力大大增强。周文王去世后，他又辅佐武王灭商建周，开创周朝八百年的历史，功绩卓著，载入史册。

据史学家考证，史籍所记载姜尚隐居的“东海之滨”就是虞山。唐代陆广徵《吴地记》中载：“县北二里有海隅山……山东二里有石室，太公吕望避纣之处。”宋代龚明元的《中吴纪闻》中也说：“常熟海隅山有石室十所，昔太公避纣居之，孟子所谓居东海之滨者，此也。”在历代常熟县志中，都有太公避纣隐居虞山石室之说，有的志书指称虞山东麓的石屋涧即为太公所居石室之一，还说太公曾垂钓于西湖，等等。所有这些记载都隐约反映了姜尚曾

姜尚塑像

在虞山一带活动过。

尽管巫咸、姜尚这两位历史人物与常熟的真实关系还有待于新史料的发现，但在历代常熟人的心目中，早已视巫咸和姜尚为常熟人。常熟城内历代建有巫公祠，常熟人民慷慨地把美丽的西湖命名为尚湖，表达了常熟人民对两位商代先贤的敬重，而他们的睿智聪慧与超脱飘逸的风度，也已渗入了常熟文化传统之中，深刻地影响了一代又一代的常熟人。

3. 吴地始祖仲雍

常熟的历史真正进入信史时代应从仲雍开始。

仲雍（生卒年月不详），又名虞仲，字孰哉，是商末周族领袖古公亶父即周太王的第二个儿子，在周太王率领周族部落走向强盛的过程中，出现了长子泰伯、次子仲雍让国三子季历的千古佳话。

在古公亶父三个儿子中，季历所生的儿子名昌，据说昌出生时古公亶父当着众人的面说："我们周族的兴盛大概就在昌的手里吧！"泰伯、仲雍从父亲的话中听出了弦外之音，就是要把君位传给小儿子季历，然后再传给孙子昌。两人为了顺应父亲的心愿，不和小弟争位，于是乘古公亶父生病之机，以外出为父亲采药为名，离开了故乡。

仲雍墓道

两人分析了当时形势，东方是商朝的疆域，殷周关系不正常，不能自入虎口。所以，决定到气候温暖、物产丰富、少数民族聚居之地的南方。两人南渡渭水，越秦岭，顺汉水南下，进而沿着长江东行，经过长途跋涉，最后到达长江南岸梅里（今锡山区梅村镇）。他们看到这里土地肥沃、气候湿润，有大片没有被开垦的土地，就决定在此安家落户。这段历史在《史记·吴太伯世家》中有详细的记载。

两人对土著居民以礼相待，并热心地向他们传授先进的生产技术，双方相处得相当和睦。于是土著居民推荐他们为首领，建立"勾吴"国，"勾"是发声词，无实际意义，"吴"本是"鱼"字，是当地人的图腾。泰伯为兄长，被立为国君。

附近土著居民见新任的国君道德高尚，治国有方，关心民众，于是就有千余户居民前来归顺。仲雍后来定居于常熟海隅山。

不久，周太王病逝，泰伯与仲雍回籍奔丧，季历与众人要求泰伯继位，泰伯坚辞，丧礼结束后又回到南方，王位由季历接任。后来季历被商朝暗害而死，泰伯与仲雍又回籍奔丧，群臣再次要求他继位，泰伯又不肯接受，两人又回到江南，这就是被后人称道的“三让高风”。王位由他们的侄子姬昌接任，这就是显赫一时的周文王。

泰伯死后，没有儿子，由仲雍继为“勾吴”国国君。仲雍即位后，为了更好地融入当地社会，就按照当地人的习惯剪断头发，在身上刺上龙蛇的图像，同时，裸露身体，不穿衣服，用一些贝壳之类的水中生物作装饰，以威胁其他鸟兽，防止害虫侵袭，这叫做“断发文身”，为的是从装束打扮到生活方式全部与当地人民一模一样。

仲雍死后，葬在遥对中原的海隅山东麓，以示不忘故国之心。由于仲雍又名虞仲，海隅山由此而叫虞山。今天在仲雍墓坊匾上有“让国同心”四个大字，两边坊柱上的楹联是“一时逊国难为弟，千古名山还属虞”。这是对仲雍功绩最恰当的评价。

又经过了几十年的时间，周文王的儿子周武王推翻了殷朝的统治，夺取了全国政权。而此时的“勾吴”国在仲雍死后，由儿子季简继位，然后君位传到季简之子叔达，再传到叔达之子周章。周武王统一天下以后，怀念当年出走的两位伯祖父，当他知道泰伯、仲雍在南方建立了“勾吴”国，国王周章就是他们的后代后，就封周章为吴君，建诸侯国吴国，以后代代相传。

泰伯和仲雍让国建立吴国的故事，本身具有很大的传奇色彩，然而却是真实的历史。这在吴文化的发展史上(包括常熟文化的产生与发展)具有开天辟地的意义，产生了极其深远的影响：他们带来先进的农耕技术和华夏文明，对吴地进步起了巨大的促进作用；他们在艰苦创业中所表现出来的坚强意志和坚韧毅力，在吴文化中代代相传；他们在权位面前主动避让，到吴地后又能以德服众，这种和谐思想成为吴文化中的重要传统。

4. 南方夫子言偃

常熟历来就有“文学之乡”的称誉，其渊源当属春秋战国时期的言偃。

言偃(前506—前443)，字子游，出身于“虞山东里许”的言氏家族，当时正是吴楚争霸时期，取名为偃，寓偃武修文之义。后人称他为言子，是出于对他的尊敬。

言子成年后，吴越间战争不断，国运日衰，他忧心如焚。当听说鲁国的孔子兴学，各国弟子云集，就告别父母妻子，渡江北上，踏上了游学中原的道路。言子到鲁国拜孔子为师,他比孔子年轻四十多岁,应当是孔子晚年的学生。孔子有弟子三千,贤人七十二,言子即为七十二贤人之一。孔子授徒,设有德行、政事、言语、文学等“专业”。言子列“文学”第一名。这些“专业”中共有优秀学生十名,后人称为“十哲”,言子名列第九,后人称他为“十哲人中第九人”,而言子为孔子学生中唯一的南方人,故有“北学中国,南方一人”之说。

言子在孔子处学习十分勤奋,遇到疑难问题常向孔子请教。孔子也把言子看做他所满意的学生之一。一次,言子陪孔子参加腊祭(十二月举行的一种祭祖活动),祭祀结束以后,师生走到宗庙外面高大的建筑物旁边,进行了一场有关社会政治理想的对话。孔子以雄辩家思维,滔滔不绝地向言子描述了他心目中的“大同理想”、“小康之治”、“大顺境界”三种社会形态,这也是孔子所追求的以“仁”为核心的礼治思想,它极大地开阔了言子的政治视野。言子认真地记录和整理了这次谈话的始末,共有 2885 字,题为《礼运》。孔子的这一政治理想影响了千年中国,至今仍有鲜活的生命力。

这次谈话后,经孔子推荐,言子到鲁国武城当武城宰,开始他人生中一段从政生涯。他遵照师训,以礼乐教化人民,成绩显著。一次,孔子到武城看望言子,听到处处有弦歌之声,孔子欣慰至极,微笑着对前来迎接他的言子说:“割鸡焉用牛刀?”意思为治理如此小的地方还用得着广泛推行礼乐来教育人民吗? 言子恭敬地回答说:以前老师教导我,做官的学习了就有仁爱之心,老百姓学习了就容易听指挥,教育总是有用的啊! 学生的回答使老师十分满意,孔子对随同他一起来的学生说,言偃的话是正确的,我刚才那话不过是与他开个玩笑罢了。这说明言子对孔子的思想,不仅能深刻理解,而且做到了身体力行。

言子在工作中比较注意方法,善于用仁爱之心处理好上下左右关系。他说,对待君主过于烦琐,就会招致侮辱;对待朋友过于烦琐,就反而会被疏远。他做事相当谨慎,他的同学子贡曾评论他说:做一件事之前先深思熟虑,所以行动就不出差错。孔子则赞扬他说:希望有才能就要学习,希望有知识就要多问,希望有满意的结果就要多思考。这几点言偃都做到了。可见言子在孔门弟子中不仅是出类拔萃的文学之才,而且还是位很有经验的治国之才。

言子墓道

孔子逝世以后，经同学推荐，言子与仲弓、子贡三人用三年时间，把孔子应答学生及时人的精辟言论辑成《论语》一书。后来又经过孔子再传弟子的增补，形成了今天我们所看到的《论语》。

言子在晚年回到故乡，他把孔子学说带回江南，传道讲学。在周贞定王二十五年（前444），他到杭州湾青溪（上海奉贤县青村）进行了一次历史影响深远的传道讲学活动。当地人民为纪念言子这位贤人，建祠供奉，奉贤县名由此而来。

周贞定王二十六年（前443），在传道讲学中言子病逝，葬在虞山东麓。

言子到孔子处求学，在江南地区的历史上是第一个。学成归来后，又能以传授孔子学说为己任，在常熟文化乃至吴文化的历史上作出了巨大的贡献，所以后人把他与孔子相提并论，称誉他为“南方夫子”，同时还以“道启东南”、“文开吴会”来评价他在儒学传播史上所作出的重大贡献。

5. 石城、栏马城、齐女墓

吴国建国之初，是一个被中原人鄙视的“蛮夷之邦”，经过13世吴王近500年的发愤图强，至阖闾、夫差父子当政时期，在伍子胥、孙武二位重臣的辅助下，吴国成为一个强大的诸侯国。《史记》称当时吴国“西破强楚，北慑齐晋，南服越人”，夫差一度成为号令诸侯的霸王，尽管这种霸王地位昙花一现，夫差由诸侯霸王一变而为亡国之君，但吴国对东南地区的开发却作出了巨大的贡献，在常熟留下了不少历史遗迹，如石城、栏马城、扈城、齐女墓等，由此而丰富了常熟历史文化的内涵。

石城位于镇海门外李家桥，据《越绝书》载：“石城，吴国阖闾所置美人离城也。”《吴地志》载：“越王献西施于吴王，王择虞山北麓，以石甃城，为游乐之所。”《吴越春秋》称石城为“夫差兴乐之城”，可见石城是阖闾父子置美人供其寻欢作乐的场所。扈城是吴王至石城时护驾侍从休息的场所，位于县北五里，石城之东。

栏马城为吴王夫差牧马之地，史载吴王建城以栏马。城高一丈五尺、长三里，俗称栏马城，位于原兴隆镇九里。

其中最有名的是齐女墓，因为这里有一个哀怨悱恻、令人动容的历史故事。

当吴国称霸东南、威震中原之际，齐景公图谋与楚联合，以对付吴国。吴王阖闾闻讯，准备出兵讨伐，为师出有名，伍子胥为吴王出了一个主意：吴太子波的妃子已经去世，齐景公女儿少姜才貌出众，吴国可以向齐国求婚，如齐景公不允，则可出兵讨伐。吴王于是派人出使齐国，为太子波求婚。齐景公无奈之下答应了婚事，他深知少姜嫁到吴国，实际上就是人质。成婚后，少姜郁郁寡欢。《左传》中记载太子波是个足智多谋的战将，在吴楚之战中立有战功，但他对少姜倒是一片真情，对其再三抚慰。阖闾看到这种情况，在苏州城北建了一座九层飞阁，请太子波陪少姜登楼北眺，以慰乡思。少姜登楼北望，更添家国之思，最后一病不起，临终前说："倘魂魄有知，必葬我于虞山之巅，庶几以望齐国也。"齐女死后，如愿葬于虞山之巅，后人将其葬处称为齐女墓。

老照片中的辛峰亭（最高处）与乾元宫（亭左边）

由于历史的久远，齐女墓的位置众说不一。有人根据"虞山之巅"的记载，认为应是虞山最高峰望海墩。有人认为是在辛峰亭下，因为梁代简文帝（一说昭明太子萧统）所作的《招真治碑》中有引语云："远望仲雍而高坟萧瑟，旁临齐女则哀垄苍茫。"招真治碑为汉张天师第十二代孙张道裕在梁代所建，位于虞山东南麓，后改名为乾元宫，后又称为"致道观"。唐代陆广微《吴地记》也有这样的记载："齐女丧夫，每思家国，因号齐门。后葬海隅山东南岭，与仲雍、周章等坟相近。"宋代《太平寰宇记》说得更明确："山有仲雍、齐女冢，东是仲雍，西是齐女。"明万历年间姚宗仪编纂的《常熟县私志》也说："齐女墓在乾元宫前，前旧建望湖亭，后改建达观亭（后改称辛峰亭）。"这些史料说明，齐女墓应在辛峰亭下，但具体位置已难以确认。

据《吴越春秋》记载，似乎齐女先死，而太子波因怀念齐女，不久也郁郁而终。诸说稍有不同。据《吴郡图经续记》载：“海隅山，在常熟……吴仲雍、周章、阖闾长子并葬此山。”可见，太子波的墓也在虞山，至于是否与齐女合葬，则不得而知。

第二节 县域变迁（秦至唐代）

人工运河盐铁塘流淌了 2000 多年，从虞乡到常熟县经历了 760 多年时间。虽然这一时期的资料匮乏而使人有雾里看花之感，但从南朝文化遗迹与琴川河及元和塘的相关史料中，仍能遥想当年常熟的风采。

1. 盐铁塘与常熟早期开发

常熟地区的早期开发与盐铁塘紧密相关。

盐铁塘与长江并行，西起张家港杨舍镇北，横贯常熟东乡，经福山、邓市、花庄、赵市、梅李、珍门、董浜、支塘、窑镇入太仓市，在葛隆入上海市黄渡，最后流入吴淞江，全长 95 公里，在常熟境内长 30 多公里。它开挖于公元前 179 年至公元前 154 年之间，距今已有 2160 多年历史。这条古老的人工运河至今仍发挥着水利与运输的作用，在苏南水利史上，恐怕是独一无二的。

西汉初年，实行“郡国并行制”，刘邦先是封了一批楚汉相争中的有功人员为王，史称“异姓王”，后又诛灭了这些异姓王，而封其子弟为王，史称“诸侯王”，刘濞被封为吴王。据说刘邦分封时，曾为刘濞看相，见他面有反相，心里非常懊悔，但身为皇帝，一言既出难以再改，因而手扶其背告诫说：“刘后五十年东南有乱者，岂若耶？然天下同姓为一家，慎无反。”其实刘濞也非寡仁薄义之辈，汉文帝和当时的大臣都说他“重厚”、“惠仁以好德”，是一个讲究仁义的忠厚之人。盐铁塘是刘濞时期开挖的，刘濞之所以要开挖这条人工运河，表面上是为了沟通南北交通，便于运输盐铁，但深层原因却是为反叛朝廷做准备。这要从刘濞之子的死讲起。

汉文帝时，刘濞之子至京师侍奉皇太子（即后来的汉景帝），一次与皇太子争道，表现颇为不恭而发生争执，被皇太子击杀。在封建等级制度下，吴王刘濞不敢公开表示反对，但当吴王太子的遗体被运回吴国时，刘濞以“天下同宗,死长安即葬长安,何必来葬为”的态度表露心中的愤恨。由此刘濞对中央政权产生了怨恨,他称病不朝京师,在三十多年时间里,利用封地的有利条件,开铜山铸钱币,煮东海水为盐,积蓄粮草,制造兵器,封土日益富足。为了取得民心,他免除百姓的赋税,对那些不愿服劳役的人,规定可以通过本人出钱由政府雇人代役的办法解决,在付给受雇者费用时,按照平价付钱,以示公平。同时,收容和保护其他诸侯国的逃亡人员以充实劳动力,并兴修水利,以利农耕,开挖盐铁塘就是其中的一项重要工程。

但最终促使刘濞反汉的还是汉景帝的“削藩”政策。

面对诸侯王国势力坐大的情况,汉景帝采纳了晁错削弱诸侯国力量的建议,激化了中央政权与地方诸侯国之间的矛盾,历史上的“吴楚七国之乱”由此爆发,后中央政府派太尉周亚夫率大军在三个月的时间内平定了七国

流经支塘镇区的盐铁塘

之乱,刘濞被杀,诸侯王的封地被撤销,恢复了郡县制。

盐铁塘是统治阶级内部斗争的产物,但它对常熟地区早期社会经济的发展产生了深远的影响。

首先,盐铁塘为常熟带来了调节水利的作用。常熟境内沿江平原地区地势较高,不愁水涝而苦于干旱,而昆承平原由于地势低洼,不愁干旱却苦于水涝,由于盐铁塘横贯于常熟的入江水道(旧称二十四浦)中间,这样干旱时可以引长江水调节水流,灌溉高区农田,洪涝时又可调节各入江河道的泻泄之势,使低区不受涝灾,这就确保了常熟境内的农业丰收。所以《太湖水利史》把此河作为高低分片治理的典范工程,给予很高的评价。劳动人民把这项"政治工程"誉为造福千年的"泽民工程",这是当时统治阶级所没有意料到的。盐铁塘地处长江沿岸的沙土地带,极易淤塞,所以历代不断进行疏浚,这才保持了它千年效用。

其次,盐铁塘对常熟沿江地区集镇的建设与发展起了极大的促进作用。据《重修常昭合志》记载:"沿江之地旧有土埂一条,名为冈身,塘(盐铁)自江阴东来,紧贴冈身,过耿泾乃折东南。"可见盐铁塘是一条内河,是顺着古长江岸线的高冈开挖的。由于长江中水急浪高,舟船航行比较危险,有了盐铁塘,水上运输就安全得多,而水运的繁忙促进了沿河集镇的繁荣。例如,盐铁塘畔的福山镇曾是南沙县与常熟县县治所在地,这与盐铁塘有着直接的关系;依傍盐铁塘的梅李镇、支塘镇都是常熟早期的货物集聚地和经济重镇,这也都是与盐铁塘联系在一起的。

盐铁塘是常熟早期政治、经济、文化发展的生命线。

2. 从海虞县、南沙县到常熟县

常熟地区设立县一级行政建置,经历了一个复杂而漫长的演变过程。

夏、商时期,天下分为九州,常熟为扬州属地。商代末期,常熟为勾吴国北境,西周常熟地区属吴国。东周常熟先后属越国、楚国。秦代实行郡县制,常熟属会稽郡吴县。西汉初,刘邦封刘贾于吴,称荆国,常熟属荆国,后又封刘濞为吴王,常熟又属吴国。七国之乱后,撤销刘濞封地,恢复郡县制,常熟仍属会稽郡吴县。

常熟地区开始有行政建置是在西汉景帝前元间(前156—前150),会稽郡吴县在虞山地区设置了虞乡,这是常熟历史最早的行政建置。基层管理机构的设立，说明常熟当时的社会经济已有一定的规模。

东汉永建四年(129)，因会稽郡地域辽阔，难于管理，就分郡东北部地区另设吴郡，会稽郡的郡治由吴县迁往今天的绍兴，吴郡的郡治设在吴县。同年，吴县在虞乡北境分设了南沙乡，并置司盐都尉管理盐务，当时朝廷实行盐铁专管，反映了常熟经济地位已为朝廷所重视。三国孙吴黄武年间(222—229)，在虞乡设立虞农都尉，农都尉主管屯田植谷，说明常熟已成为屯田区。这一时期常熟地区出现了两乡并存的格局。

老县场

西晋太康二年(281)南沙乡归属毗陵郡暨阳县，常熟地区的两乡分属两个郡管辖。

西晋太康四年(283)吴郡以虞乡为基础建立了海虞县，因县境东临沧海，故名海虞县。县治设在海虞城(今虞山镇)老县场一带。

东晋咸康七年(341)，以南沙乡为基础建立了南沙县，县治设在今天福山的南沙城，隶属晋陵郡(今常州)。

梁大同六年(540)，在南沙之地置常熟县，这是常熟县名之始，县治也设在南沙城，隶属于新设置的信义郡。信义郡设立于梁天监六年(507)，废于隋开皇九年(589),郡治在今昆山市西。在此期间,常熟境内先后有海阳、信义、兴国、前京等县。由于当时国家本身疆域不大,县域的面积一般都很小,有的仅是部分区域在常熟境内。

隋代开皇年间(581—600),废除信义郡,以海阳(今赵市一带)、前京、信义(今上海嘉定区西北部、原松江区部分,今昆山市东北部)、兴国(今张家港市港口以西)、海虞、南沙六县并入常熟,以常熟置常州(因县得名),不久,将常州州治移至晋陵(今常州,常州之名源于此),常熟恢复为县,县治设在南沙城,隶属苏州。可见,地理位置决定了常熟的行政地位。常熟与苏州相距仅40公里,在这样的空间距离内,要设两个州级行政单位是难以想象的。苏州一度又改名为吴州、吴郡。从此之后的1400多年内,吴郡之名在各个朝代虽有不同的称谓,如北宋称平江府,元代称平江路,明清两代称苏州府,太平天国时称苏福省,民国时期称苏常道等,但常熟受其管辖的关系一直未变。

这时常熟县的四境达六百余里,它北滨长江,西接江阴东境,东面与东南面延至今天上海市的嘉定、松江一带。

常熟县治南沙城在今天福山的铜官山下,山在城内。南沙城从公元341

南沙城内的铜官山

年作为南沙县县治开始，到公元624年常熟县治迁移至海虞城的283年内，曾经是常熟地区的政治、军事、经济中心。

至于海虞与南沙这两个行政区域的名称在历史的尘埃中隐匿了1400多年后才再次出现。民国元年，常熟全县推行市乡制，城厢设市，名为海虞市，后又改为海虞乡、海虞区，直到新中国成立。在20世纪80年代中期，常熟在对新城区道路进行命名时，把新城区一条主干道命名为海虞路，把原常熟到福山方向但已纳入城区的公路命名为南沙路，由此唤起了人们对于海虞、南沙的历史记忆。1999年，在常熟乡镇区域调整中，福山、王市、周行三镇合并，命名为海虞镇，从而使海虞这一古老的县名又一次成为常熟的一个行政区域。

3. 侨县(郡)的设置与南朝文化遗址

西晋结束了三国鼎立的局面，但它的统治仅维持了二十七年，永嘉之乱后，晋室南渡，建立了东晋政权，定都建康(今南京)。

东晋虽是一个偏安江南的政权，但在汉族人心目中，仍被视为“正统”。由于当时黄河流域陷入了战乱，即“五胡十六国”时期，为逃避异族的压迫，在西晋末年至北魏统一北方的百数十年间，中原一部分士族和民众开始渡江南来，这是历史上汉族南迁的第一次高潮，也是江南地区第一次南北文化大交流、大融合。著名历史学家谭其骧教授据有关资料统计，东晋江南人口中有六分之一是北方来的移民，其中在江苏最多，约有26万人。东晋政权和后来的南朝政权，出于政治和经济发展的需要，为安抚和安置移民，采取了一系列措施，其中之一是在移民较多地区设立原籍地区的行政机构——侨郡和侨县，从事接收、安置和管理移民工作，它类似今天所说的“流亡政府”。从而使移民处异地而有家乡之感，增强对朝廷的归属感。

东晋元帝统治期间(317—322)，东晋政权在海虞县北境侨置了郯县、朐县、利城县三个侨县，并由同是侨置的东海郡管辖。北方移民南下到常熟，在常熟发展史上具有重大的意义。

秦汉时期，江南地区由于人口稀少，未能得到很好的开发，经济发展水平大大落后于中原地区。司马迁的《史记·货殖列传》中有这样一段话形象地描绘了当时江南地区的社会面貌：“楚越之地，地广人稀，饭稻羹鱼，或火耕而水耨，果隋蠃蛤，不待贾而足，地势饶食，无饥馑之患，以故呰窳偷生，无积聚而多贫。是故江淮以南,无冻饿之人,亦无千金之家。"北方移民进入江南地区,改变了这种局面。在南下的北方汉人中,有不少士族豪门,所以实际上是一次社会财富的大转移,更重要的是大量知识分子、农民、手工业者、商人的到来,不仅带来了大量的劳动力,使大量荒地得到了开发,扩大了耕地面积,而且带来了北方先进的农耕技术,从而使原来"火耕水耨"式的粗放耕种变成精耕细作。而牛耕田的推广,既提高了劳动生产力,又使土地得到了深耕,有利于农作物丰收。北方的农作物如麦等作物的种植推广,又扩大了粮食生产的种类。而由北方带来的技术,使南方的手工业生产如冶炼、纺织等技术也有了很大的进步,商业也由此得到了繁荣,等等。这次中国历史上第一次南北文化大交流,为南方经济、文化的发展注入了新的血液,使江南地区日渐富庶和繁华,最终取代中原而成为全国经济中心。

常熟地近南朝的政治经济文化中心建康,又有三个侨郡、侨县,所受到的影响自然也不同寻常,这可以从东晋著名僧人支遁的行踪看到一点痕迹。支遁(314—366),晋代陈留(今河南开封)人,他是中国历史上著名的佛学者,他曾到吴(今苏州)、剡(今浙江嵊州市西)建寺讲佛,后又从建康(今南京)到南沙县创立了双凤寺(今太仓双凤镇境内),他与当时名流谢安、王羲之交游,王羲之用"器朗神俊"四字来品评他的风采,是一位具有典型"魏晋风度"的名人。支遁一度隐居于侨县利城。《重修常昭合志·名迹志》载:"利城,在县北,晋元帝以海虞北境之土山立利城,以处流民","今相传福山、金村间有西山堡,即其故址。"支遁在隐居期间,有《利城山居》一诗传世:

五岳盘神基,四渎涌荡津。
动求自方智,默守标静仁。
苟不宴出处,托好有常因。
寻元存终古,洞往想逸民。
玉洁箕岩下,金声瀨沂滨。
卷华藏纷雾,振褐拂埃尘。
迹从尺蠖屈,道与腾龙伸。
峻无单豹伐,分非首阳真。
长啸归林岭,潇沥任陶钧。

诗歌前四句说智者仁者流连山水，接下去四句说诗人对古代隐士的向往，再下去六句说山居的修道生活，最后四句说诗人依恋自然的情怀。可见当时的利城已有一定的影响，它从一个侧面反映了侨县、侨郡对常熟经济社会文化所产生的影响。

由于缺乏历史资料，我们对南朝时期常熟历史文化的发展常有雾里看花之感。但是，常熟有很多南朝时期留下来的文化遗迹，从中还是能窥见当时社会发展情况之一斑。

南朝佛教兴盛，唐代诗人杜牧的《江南绝句》中，描写了一幅春色迷离的江南画卷："千里莺啼绿映红，水村山廓酒旗风。南朝四百八十寺，多少楼台烟雨中。"诗中的四百八十寺，虽是虚数，却从一个侧面反映了南朝江南佛教发展的盛况。相传在三国时期佛教已传入常熟，梅李镇有"赤乌古刹"（"赤乌"为孙吴年号）吉祥庵，新中国建国前已废，近年重建。南朝齐梁年间，佛学盛行，据《常熟市志》记载，常熟地区建有较大规模的寺院近二十所。宗教具有极强的传承性，这些寺院历经千年，香火不绝，其中有些寺院已成为今天常熟境内重要的人文景观，它为我们了解当时常熟社会文化的发展提供了重要线索。

常熟在南朝齐梁时期所建的寺院，至今仍香火旺盛而成为重要宗教活动场所的有兴福寺、三峰寺、宝岩寺、白雀寺等，其中以兴福寺最为著名。

兴福寺位于虞山北麓，建于南朝齐代，后为邑人郴州刺史倪德光的住宅，他信奉佛教，舍宅为寺，初名大慈寺。南朝梁大同三年（537），改名兴福寺。唐代贞观年间改名破山寺。唐咸通三年（862），唐懿宗赐寺大钟并题"破山兴福寺"匾额，兴福寺名得以恢复并一直沿用至今。日本也有一座兴福寺，据说20世纪70年代初日本首相田中角荣曾向周恩来总理提出要到常熟兴福寺参观，因当时正值"文革"时期，这一愿望未能实现。常熟的兴福寺与日本的兴福寺在历史上是否有某种联系还有待于史学家考证，但兴福寺无疑是常熟文化的标志之一。外地游客到常熟，必定要参观兴福寺，常熟本地人到得最多的地方也是兴福寺。

常熟现存的南朝文化遗址还有昭明太子读书台。昭明太子即梁武帝之子萧统。他爱好文学，博览众书，喜欢山水，经常外出游览，在游山玩水之际不忘读书。常熟在梁代是京辅之地，昭明太子到常熟游览并留下读书之处

齐梁古刹兴福寺

昭明太子读书台

也在情理之中。读书台建于何时已无可考,但昭明太子在常熟读书的故事却流传至今,影响了一代又一代常熟人。

南朝时期留下的文化遗迹,成为常熟历史文化的一部分。这些珍贵的文化遗迹,不仅能使人触发怀古思幽之情,更重要的是能触摸到南朝时常熟文化发展所达到的高度。

4. 县治迁移

隋初,海虞、南沙、海阳、兴国、前京、信义等地域大部分并入常熟县,常熟疆域实领七县之广,为历史之最。因辖区辽阔,为便于施政,唐武德七年(624),常熟县治从南沙城迁移到原海虞县县治所在地海虞城,这在常熟历史上是具有里程碑式意义的一件大事:常熟的政治、经济、文化中心从北境的南沙城转移到了海虞城。

始建于西晋太康四年(283)的海虞城规模很小,"城固二百四十步(约400米),高一丈,厚四尺",而且城垣相当简陋,列竹木为栅,无城楼雉堞。古代城与市是分离的两个概念,城者,王者所居,权财所在,有护墙、护城河,辅之以吊桥,对外封闭,而市是商贾汇集之地。从空间而言,市在城门之外;从时间而言,并非天天有市,或半月或十天或五天集市一次;从内容而言,市是为城里人提供生活必需品。考古发掘证明,海虞城中心位置在今天常熟古城区老县场广场偏西,接近书院街。此后,老县场一直是常熟历代县治所在地。元代常熟县升为常熟州时,州府仍设在老县场,直到太平天国农民军攻入常熟,老县场毁于战火,在长达1400多年时间里,它一直是常熟的行政中心。

常熟县治迁至海虞城后,城市的规模得到了扩展,为了泄洪和运输的需要,当时百姓开挖了贯通城区南北、长达1.6公里的运河,这就是后人所称的琴川河,这是常熟城建历史上最早的城建设施。琴川河北端通福山塘直至福山港,南通横泾塘、白茆塘和后来开挖的元和塘。当时的琴川河宽约30米以上,大吨位的运输船只均可航行,琴川河成了县治通往外河以至到达各地的主要水上交通要道。

琴川河的开挖,贯通了原来发源于虞山东麓东西走向的七条小河,从此以后在七条小河上航行的船只再也不必绕道,通过琴川河这条捷径就可方便来往,这对当时的城区经济发展起了很大的促进作用。大约北至章家角、南至周神庙弄、西至书院街、东至琴川河东岸，在这周长二千四五百米的范围内，唐代开始就形成了最繁华的地块。

琴川河

琴川河所沟通的七条小溪，就是常熟历史上著名的“七弦”。因为这七条小河状若七弦琴，所以常熟就有了“琴川”这个别称。“七弦”的具体位置为：

一弦河：位于今天周神庙弄南侧，旧时那里有纪念张旭的草圣祠，是为了便于到祠庙进香和集市贸易而在唐以后开挖的人工河。

二弦河：即今天的山塘泾岸，是山前河东延之河，由颜港入外河。

三弦河：由今天的西泾岸经草荡由颜港入外河。

四弦河：从小山台经引线街到章家角，再到班巷流经西板桥、东板桥后入颜港。在古代，这是一条重要的河道。渔民们在言子墓道北侧的“龙石头”下祭祀后，从此地出海捕鱼。

五弦河：发源于言子墓道北侧的山溪，经原电讯厂之南今燕园之北，经大桥头南侧流经城东而汇入外河。

六弦河：发源于原体育场与原中医院之间的山溪，向东流经椐树弄入城东而汇入外河。

七弦河：发源于原体育场北侧的山溪，流经城东汇入外河。

常熟用琴川作别称，可能并不因为仅仅有“七弦”之故，它似乎与言子实践的“弦歌之治”也有关系。常熟被称为琴川是南宋初才出现的，而言子是在北宋时代开始被尊崇而且被追封为丹阳公，他所倡导的“弦歌之治”向来为统治者所重视。“琴”即七弦琴，“川”即大地，“琴川”就是琴声歌声遍布大地，用来赞美常熟这一礼义之乡也是贴切的，也可能是城内河道状若“七弦”与言子的“弦歌之治”兼而有之。但把琴川作为常熟的别称，无疑为常熟赋予了浓郁的人文色彩而足以让常熟人无比自豪。

今天“七弦”中的前“五弦”已经湮没无闻，只是在城市建设开挖地基时偶尔见其影踪，剩下的仅为六弦河与七弦河，人们只能从它们身上遥想当年“七溪流水皆通海”的神韵。

5. 疏浚元和塘与张旭任常熟县尉

唐代常熟的经济文化发展已初具规模，而当时的州府所在地苏州随着南朝时期江南地区经济的快速增长和全国经济重心的逐渐南移，已发展成为江南地区的经济中心城市。同时，由于苏州对常熟领属关系的形成并长期稳定，使常熟与苏州的政治、经济的联系更为密切，交流更为深入，州府对

元和塘

常熟的治理也更为用心，采取一系列措施帮助常熟发展，见之于史籍的有元和塘的疏浚与张旭任常熟县尉两件大事。

唐元和三年（808），苏州刺史李素主持疏浚了从苏州齐门至常熟南门的河道，这就是区间运河元和塘，这是唐代太湖流域的一项重要水利工程。元和塘全长39公里，在常熟境内有19公里。此塘本名常熟塘，后称为州塘，今讹称为周塘。

元和塘的疏浚，对常熟的发展具有重要的意义。在水利上它解决了长期以来困扰常熟西南部低平原区的排涝引水问题，是阳澄湖西部的主要引排河道，为该地区的农业丰收打下了基础。在交通运输上，元和塘使常熟与苏州之间有了一条便捷的水路交通要道，常熟地区丰富的农副产品和手工业制品都通过这条水道运至苏州。元和塘对常熟经济的促进作用是不言而喻的。

在政治文化上，这条水道是常熟与苏州之间的交流通道。疏浚后的元和塘，在东岸用长方形的青石筑成石塘，用作驿道，可驰快马，并便利行人。驿道十里一铺，建有驿舍并置驿卒，常熟境内有戴渡的十里铺、张家甸的二十里铺两个驿舍。驿道是古代政治、军事信息的“高速公路”，它缩短了常熟与苏州之间的空间距离与心理距离，使常熟对苏州的政治归属感与文化认同感更为强烈，它在常熟对外文化交流中产生的影响也不可低估。唐代很多著名诗人来过常熟，盛唐时的常建、李欣，中唐时的皎然、常达，晚唐时的吴融、皮日休等，他们都从这条通道或骑马或坐船来到常熟，并留下了不少脍炙人口的名篇佳作，而在常熟文化史上熠熠生辉。在元和塘疏浚之前则很少有外地文人到常熟的记载。至于常熟与苏州文化的交流，也是通过这条通道完成的。可见元和塘在常熟文化发展中的作用。

张旭像

张旭任常熟县尉是在唐开元年间。张旭为吴县人，州府派他到常熟任职可以看做是在政治上加强对常熟的控制。但从史实来看，张旭到常熟，更多的意义体现在文化上。张旭是唐代著名的大书法家，他的草书与李白的诗歌、裴旻的剑舞并称为“三绝”。大诗人杜甫在《饮中八仙歌》中以“张旭三杯草圣传，脱帽露顶王公前，挥毫落笔如云烟”的诗句来称誉这位绝代“草圣”，他在中国书法史上有崇高的地位。但很少有人知道，张旭书法艺术的提高，与他任常熟县尉的经历有很大的关系。唐人张固在《幽闲鼓吹》中记述了张旭从常熟一位老人处获得教益而使其书法艺术突飞猛进的故事：常熟城内有一老人，当他知道张旭是书法大家之后，常借一些小事到县衙门告状，得到张旭所写的判决文书后即面露喜色而去。张旭为此非常恼火，要以骚扰衙门之罪治老人，老人不得已讲出原委：求判是假，求取墨宝珍藏是真。张旭以一个书法家特有的洞察力，敏锐地知道遇见了知音。通过交谈，了解到老人先父是一位很有成就的书法家，并且有书法论著，张旭立即借阅了老人先父的著作，反复研究，并细心临摹老人先父留下的遗墨精品，后来终成一代大家。可见在张旭的艺术成就中，也有常熟这位不知名老人先父的影子。

常熟人民为纪念张旭，城内建有“草圣祠”，方塔附近有一街道名“醉尉街”，张旭洗笔的池塘称为“洗砚池”。醉尉街与洗砚池至今犹存。

第三节　江南望县（北宋至清代前期）

由于加强了水利建设，农业丰收有了保证，赋粮大县常熟在宋代成为江南望县，在元代由县升州。而城市与集镇的繁荣景象，引来了倭寇觊觎的目光，以王铁为代表的抗倭英雄展示了常熟人民刚强不屈的精神。

1. 范仲淹主持疏浚白茆塘

常熟地处江海之交，三面受潮汐侵扰，而境内河道纵横，南接太湖，居苏州、常州、湖州、秀山（今嘉兴）诸府下游，太湖地区的洪水大都由此入海，极易造成洪涝灾害。因此，水利建设就成为历代官员的首要任务。

常熟历史上大规模兴修水利见之于史载的有南朝时期梁大通二年（528）朝廷征发吴、吴兴、信义三郡民工开浚整治长江南岸通江二十四浦（今存黄泗浦、福山港、浒浦、白茆港、耿泾塘等，其余大都已淤塞）以引江水灌溉，兼利泄洪。唐和五代时期，朝廷对常熟沿江诸浦水利的管理相当重视。五代吴越时，设有撩浅军七八千人在“都水营田使”的率领下，专做导河筑堤

流经白茆镇区的白茆塘

工程,这支军队分四路执行任务:吴淞江及其支流的浚治;淀泖地区东南出海河浦的开浚;杭州西湖地区的清淤及运河航道的管理;常熟昆山地区通江港浦的疏浚及堰闸管理。同时设有一整套管理养护制度,所以水患很少。但至北宋初年,由于轻视水利,通江二十四浦大都淤塞,泄水不畅,水患严重。

北宋景佑元年(1034)六月,范仲淹出任苏州知府,时值太湖地区大水。原来排泄洪水的娄江、东江和吴淞江三条主干道,东江、娄江已先后淤塞,太湖洪水仅靠吴淞江泄入大海。常熟与昆山之间众多的港浦,原来也是太湖重要泄洪通道,也已先后淤塞。范仲淹经过考察,决定疏浚常熟与昆山之间的通江河道,分流太湖入江海,重点是白茆塘。但他这一造福于百姓的主张还未付之实施,就遭到了许多人的激烈反对,从而引发了太湖治水史上的一场著名的论争。

反对者认为,长江水位高,无法接纳河水。范仲淹认为,长江水东流不息,积水就一定能通江入海。反对者认为,长江"日有潮至,水安得下?"范仲淹认为,涨潮时间短,退潮时间长,泄水必然多于积水。反对者认为,潮水会带来大量泥沙,河道很快会淤塞。范仲淹认为,只要在疏浚的河道上设置闸门,洪涝时,潮来关闭以挡沙,潮退开启以泄洪,干旱时反之,到春天枯水时节,清理闸门外的泥沙,就可有效防止泥沙堵塞闸门。反对者认为,疏浚工程会劳命伤财。范仲淹认为,东南地区是水稻产区,治水之后,水稻丰收,百姓不至于饥饿,粮赋也有保证。他同时提出了以工代赋兴修水利的办法:召民兴修水利并每日给每位民工5升粮食,苏州府每年交纳的税粮不下数百万斛,假如有万人疏浚河浦,一个月至多用1.5万石粮食,两相比较,怎么能说是劳命伤财呢?

范仲淹力排众议,在常熟疏浚了白茆、福山、茜泾、黄泗浦、奚浦、下张、七丫、浒浦等河道,并在疏浚的河道上设置闸门,平时关闭阻沙,旱时引水灌溉,涝时开启泄水,效果显著。

自范仲淹疏浚白茆塘以后,历南宋、元、明、清直到今天,白茆塘一直是排泄太湖积水的重要通道。而范仲淹分流入江海的主张,成为治理太湖的基本原则。白茆塘每隔三五十年,就要大规模疏浚一次。仅两宋时期,大规模的疏浚就有四次。明代的海瑞、清代的林则徐都曾主持过疏浚白茆塘,并留下了不少民间传说与历史佳话。如流传于常熟的民间故事《大鲇鱼耕深白茆塘》,讲的是海瑞在疏浚白茆塘时由于要求很高,而朝廷所拨经费有限,当疏浚到鲇鱼口(今古里与白茆之间)时,经费已用尽。此时,一直把海瑞视为眼中钉的大奸臣严嵩故意乘一艘大船从长江口进入白茆塘,想以大船搁浅为名治罪海瑞。不料夜间大雨倾盆,河水暴涨,使严嵩大船顺利通过而其阴谋没有得逞。民间传说是大海里的一条鲇鱼在鲇鱼口那里翻了个身,耕深了河塘,救了海瑞。所以,那个地方至今仍名鲇鱼口(谐音为念五口)。这个传说是对奸臣严嵩的鞭挞,更是对海瑞的歌颂。而林则徐主持疏浚白茆塘时,因经费紧张,自捐俸银1000两,在历史上传为佳话。

范仲淹在治水中首创的“浚河、置闸”的方法,开启了常熟历史上沿江诸浦置闸的先河。同时,他结合前人的实践,进一步提出了“修围、浚河、置闸”三位一体的治水方针。低洼地区筑圩,常熟古已有之,范仲淹创造性地在围圩堤岸上建闸,把“置闸”的方法引用到筑圩上,以控制围圩内的水位。后来沿江地区人民进一步发展了范仲淹的治水思想,提出了沿长江筑堤以防江潮内侵。自此以后,浚河、置闸、修围、筑堤成为常熟人民水利建设的四大法宝,至今仍然沿用。

常熟人民为表达对范仲淹治水的感激之情，把范仲淹治水时在福山港所建的闸门称为“范公闸”，在常熟城迎春门外二里建有“范公亭”，常熟翼京门外风纪坊之北立有“范公祠”，等等。可见，历史上的官员，只要实实在在为百姓办实事，人民就会永远记住他。

2. 新建顺民仓

大规模地兴修水利，改善了常熟农田的水利条件，同时由于南北朝时期中原地区的大批移民南下，不仅为扩大常熟的耕地面积提供了大量的劳动力，而且带来了先进的农田耕作技术及农具，加上常熟优越的自然环境为农业生产所提供的适宜条件，使常熟的粮食生产出现了持续丰收。更重要的是，这一时期常熟的粮食生产还出现了一个重大的特点，这就是从以往依靠扩大耕地面积求产量的方式转变成以提高复种指数和提高单位面积产量为主要生产目标的新途径，稻麦两熟制普遍形成，稻作技术的提高，在常熟的粮食生产历史上具有重大的意义。它缓解了人口与土地的矛盾，同时改变了当地农民的饮食习惯。农业的丰收又促进了工商贸易的发展，昔日地广人稀的面貌正在逐渐改变。《宋史·列传第十四》对当时江南沿江地区这样描述：“地广野丰，民勤本业，一岁或稔，则数郡忘饥。会土带海傍湖，良畴亦数十万顷，膏腴土地，亩直一金。”这和《史记·货殖列传》中所说的“江南卑湿，丈夫早夭”、“楚越之地，地广人稀，饮稻羹鱼，或火耕而水耨”的情况已不可同日而语了。

此后，又逢唐朝天下统一，人民安居乐业，生产蓬勃发展。常熟地处江南水乡，水稻种植引进了先进的生产工具龙骨水车，提高了稻田灌溉的效率，使水稻种植面积得以大幅度增加。到北宋时期，常熟地区已成为水稻种植的中心地区之一。凭借着地利天时人和，常熟的经济发展出现了前所未有的繁荣状况。北宋诗人杨备在《题常熟》一诗中，对常熟地区的经济繁荣、国泰民安、岁岁丰收的社会状况作了这样的描述：

远逼江垠傍海壖，
落帆多是往来船。
县庭无讼乡闾富，
岁岁多收常熟田。

常熟田

常熟依江傍海的优越地理位置、繁忙的水上运输、安定的社会环境、岁岁丰收的沃野,给诗人留下了难以忘怀的印象。

北宋治平年间(1064—1067),知县向宗旦因县府的仓库只能容纳每年赋粮的四分之一,在县治东北征空地数十亩,新建顺民仓以贮藏赋粮。粮仓建成后,请人写了一篇《新建顺民仓记》,这篇用地方长官口吻写成的文章大意是:常熟是大县,全县有四万多民户,每年向朝廷输送的粮食达8万石,而现有的仓库规模太小,只能容纳四分之一的赋粮。长江边的百姓,交纳粮食的路程有百里之遥,有的用船水运,有的用车陆运,捆载而至,但粮仓已满。交粮者往往等上数天也无法交上粮食,运到州府去又太难,这是问题之一。为解决收粮难的问题,在每年收粮时,就借用附近的寺院做临时粮仓,分散贮藏,但也不能从根本上解决问题。粮食多得连走廊屋檐下都堆满了,假如保管不严,粮堆防雨的器具盖得不严实,就很容易被人偷盗或遭雨淋,这是问题之二。这段话反映了当时常熟粮食的丰收景象,官府所收的赋粮已没有贮藏的地方,只能新建粮仓来适应丰年粮食的储存。知县扩建粮仓的想法得到了百姓的拥护,"莫不奔走以听命",都表示愿意在家准备好材料,到规定时间“合而成之”，于是“仓遂以成”。因为这是顺应民心的好事，所以取名为“顺民仓”。

按宋代制度，全国各县以户口、土地、税赋依次分为望、紧、上、中、下数等。常熟作为赋粮大县，理所当然地于政和三年(1113)由紧县升为望县，这说明当时常熟的综合经济实力已得到全国的认可。

3. 南宋时期的江防重镇

南宋朝廷初建都于建康(今南京)，后又迁都临安(今杭州)，偏安江南，形成了中国历史上又一次长达150年之久的南北对峙的局面。

在这种政治、军事局势下，位于长江南岸的常熟因具有十分重要的战略地位而成为苏杭屏障中的江防重镇。

南宋建炎二年(1128)，南宋朝廷在长江下游布置了庞大的水军，驻扎在浒浦港和福山港。其中的浒浦水军分为四军、八将、六十三队，辖一万四千人，南宋朝廷对这支最大的水军十分重视，由御前水军设副都统制直接管辖，军中拥有当时最优良的装备——巨艨大舟，舟上有城壁楼橹，旗帜鲜明，操练时金鼓镗镗，在江面上破浪往来，捷飞如翔，每当演习时，极其壮观，观者如潮。南宋抗金名将韩世忠曾率领这支水军，打过一些漂亮的水战，最著名的是镇江黄天荡战役。建炎四年(1130)，金兀术率十万大军长驱直入，一直打到杭州，大肆抢劫掳掠以后，准备从镇江渡江北上。韩世忠率领八千水军迎战，把金兀术军队打得落花流水，金兀术被部下杀死，南宋百姓民心振奋，军队士气高涨。自此以后，金兵再也不敢渡江，这成为南宋政权得以延续150余年的关键。

韩世忠的水军驻扎常熟时留下了很多历史遗迹。如他曾屯兵于梅李镇的韩家浜与寨角，韩家浜、寨角由此得名。常熟的出土文物中有一种“韩瓶”，据传此瓶是韩世忠因士兵抗金有功，犒赏瓶装美酒，士兵喝完酒后将瓶抛于河中，如今“韩瓶”在常熟博物馆收藏有不少。

黄天荡战役之后，浒浦在军事上的地位越来越重要，由于它港汊深远，可藏战舰，土地高旷，可立寨栅，而且与淮河地区相距不远，所以成为南宋朝廷的军事要塞。绍兴二年(1132)，南宋朝廷成立了管辖福建、浙西、淮东地区的沿海置制使，置使浒浦；绍兴五年(1135)，南宋朝廷又在浒浦建立了乡民、山、水三寨；乾道六年(1170)，南宋朝廷再建浒浦军寨，占地3500亩，建

浒浦港

房一万多间，这都说明南宋朝廷对浒浦水军基地的重视。

此时的常熟城，因其北滨长江，南控苏州太湖地区，成为武备要地。因海虞城已不能适应军事需要，为防备金兵南犯，知县李恺元主持建了五座城门，东有行春门，西有报秋门，南有承流门，北有宣化门，东北有介福门。常熟的城垣至此初具规模，海虞城成为一座倚山而筑，能闭关自守的军事要塞。

南宋水军在常熟长期驻守，这对常熟的经济发展及风尚习俗产生了深刻的影响：常熟地区一些集镇经济的发展及规模的扩大，在这一时期上了一个台阶，如福山、浒浦、梅李、支塘等；常熟人的尚武精神在这一时期也得到了极大的张扬，抗金英雄周虎、抗蒙古兵英雄印应雷的出现就说明了这一点。

周虎（1161—1229），字叔之，祖籍临淮（今洪泽县临淮镇）。南宋庆元二年（1196）武科第一，是常熟历史上唯一的一位武状元。他曾出使金国，为副使，后任和州守。开禧二年（1206）金兵围攻和州，当时城中守军不足两千，周虎率兵誓死守城，一个月内作战34次，杀死金兵右帅石硊石达及将领数十人，挫败了金兵南侵计划，从而不得不与宋朝议和，江淮地区得以安定。

印应雷（？—1273），字德豫，南宋嘉熙二年（1238）进士。宝祐二年（1254）任和州守。赴任时，正值蒙古兵南侵，他奉沿江制度使邱岳之命，率兵入和州，击退进犯敌军。

常熟历史上文人众多，武将少见。周虎、印应雷是常熟成为军事重镇时代的产物，是社会弘扬尚武风气结出的果实。

4. 常熟县升为常熟州

南宋咸淳七年（1271），来自北方蒙古高原的忽必烈建立了元朝，开始了统一中国的进程。四年后元军占领江南地区，战乱使生产力又一次遭到了严重的破坏。元代统治者在政局稳定之后，采取了一系列措施发展生产，加上北宋时期全国经济重心已转移到江南地区，特别是出现在南宋初年的中国历史上第二次汉族南迁高潮，使中原地区大批包括皇亲贵族、文人学士、工匠、农夫、流民涌向南方，常熟作为江南地区的北大门，接纳了大批北来的流亡者。今天，在查阅家谱时，可以看到很多姓氏的祖先都是北宋末年随宋高宗自汴梁（河南开封）南渡而来的。北方百姓流寓来常，使常熟人口得到了大幅度的增长。据县志记载，南宋淳熙十年（1183），常熟有 2650 户，132500 人。九十多年以后的南宋德佑元年（1275），常熟有 54933 户，274500 人，可见人口增长之快。南宋朝廷为了发展生产，鼓励北方移民开垦荒田，采取了一系列措施。南宋绍兴五年（1135），屯田郎中樊宾曾向朝廷建议："荆南、江南和两浙膏腴之田弥亘数十里，无人可耕。中原人士扶携南渡几千万人，若使流寓失业之人，尽田荒闲不耕之田，则地无遗利、人无遗力，可资中兴。"南宋时期打下了雄厚经济基础的常熟，虽经过元初战乱，但经济恢复迅速。

元元贞元年（1295），常熟县升为常熟州。元代全国地方行政机构按行中书省（简称"行省"）、路、州（府）、县四级设置。常熟由县升为州，经济起了决定性作用。常熟由县升为州，在历史上仅有一次，历时七十四年。

由于元末明初的战火，常熟元代的史料相当匮乏，今天仅能从那些有限的资料中去探究当时常熟社会经济的发展状况。

明代常熟人陈三恪在《海虞别乘》中有这样一段话：元代时习俗侈靡，邑中大户如陆庄曹氏、城北徐氏最为突出，园林和家中的日常用品都超越了王公贵族，真是太过分了。而且为了自我标榜，不惜重金招揽名士，以提高身价。短短的几句话，把当时富户生存状态刻画得入木三分。

清代中叶的常熟人王应奎在《柳南随笔》中对元代邑中另一富户虞宗蕃侈靡生活也有比较具体的描述：虞氏庄园规模宏大，位于今天支塘镇贺舍村与原何市镇的小圩、花桥一带，庄园在明初被抄没，今天仅存几个地名：贺舍，是虞氏家族专门用来接待宾客的住所；花桥，为虞氏庄园内的花圃；鹿皮弄、勒血沟，虞氏喜食鹿肉，宰鹿剥皮堆积之处称鹿皮弄，宰杀牲畜的血水从沟中流出，沟称勒血沟。常熟富户的生活状况在一定程度上应证了当时经济发展的程度。

元代常熟城垣的规模在南宋的基础上得到了扩大，建有水陆城门11座，东、南、西、北四座城门均为水陆两门，另建了小西门、小北门和小南门3座水城门，并拓宽了城基，夯筑了城墙。

但这种历史积累的财富大都毁于元末明初张士诚与朱元璋拉锯战式的战火中。

张士诚在常熟的影响颇大，常熟民间有在农历七月三十（地藏王生日）烧“狗屎香”的风俗，传说这是为了纪念元末在苏州称王的张士诚。因张士诚幼名九四，与常熟口音“狗屎”相近。

张士诚为元末泰州白驹场（今江苏大丰县西南）人，贩盐出身，元至正十三年（1353）他与弟张士德、张士信率领盐丁起兵，至正十四年（1354），在高邮建立了大周政权，自称诚王。

至正十五年（1355）五月，张士诚派兵由通州（今南通）渡江南下，攻占福山，驻扎于福山殿山大慈寺内，筑大将行台，以瞭望大江南北战火，指挥作战，并在寺的前后开掘壕堑，在寺院的周围构筑土城。《常熟县志》载，“福山旧城，三山一寺在城中，乃张士诚所筑”，这就是福山历史上著名的福山旧城。福山旧城虽年代久远，但至今仍有遗迹可寻。茅家山西坡有一条深沟叫壕底，沟旁有层层堆叠土。在涛山的西北面也有类似的堑壕，在殿山的堑壕外面东坡有条长长的土岗，这就是土城遗址。传说张士诚筑土城后，原准备造金銮殿，并将福山改名为殿山，山南街道命名为御前街，桥名殿桥，因为信了星相术士关于“福山前有虎丘，后有狼山，前虎后狼恐不是吉祥之地”的迷信之言而放弃了原有主意。

元至正十六年（1356）二月，张士诚从福山发兵，攻占了平江城（苏州），

贺舍遗址上的元代古井

之后又分兵四击，东南富庶之地大部分为其所有，并把大周政权中心由高邮迁移到平江。

张士诚占据吴地以后，把常熟城作为重要的军事基地经营，扩大了城垣的规模，并改土城为砖城，在原有11座城门的基础上，增设了小东门，城周围九里三十步，高二丈二尺，厚一丈二尺，常熟城区的形制基本固定了下来，但当时的辛峰亭还不在城内。

最重要的是，张士诚采取了一系列措施安定人民生活。他免除百姓的欠赋，减轻农民负担，设劝农官发展农业生产，把富户财产分给贫苦农民。据历史记载，张士诚在驻扎福山期间，“市肆不扰，民安各业”，所以常熟人民对他颇有好感，加上后来明代的开国皇帝朱元璋因为江南地区的百姓支持张士诚，格外加重江南的田赋，两者相比，人民就更加怀念张士诚，所以要用烧“狗屎香”的形式来纪念他。

当然，我们还要指出的是，张士诚与朱元璋争夺吴地拉锯战式的战争持续了多年，战争的残酷性是空前的，常熟地区由此而遭到空前浩劫。在原何市镇南渡桥附近原有一个万商云集的繁华集镇邵家集，东西长达2公里，南北宽达1公里，这个白茆塘畔的名镇毁于元末明初的战火。据《桂村小志》载：“管副七与其兄副六，世居横沥，兄弟两人于荆州、襄阳一带经商，元末兵起，副七旋返里。时闾巷毁于兵燹，残破莫辨，极目四望，都无村落”，可见战争破坏之烈。

张士诚的大周政权存在十四年，他作为农民起义的领袖，在政治上反复无常，曾多次降元，并杀死同是农民起义队伍的红巾军领袖刘福通，成为元统治者的帮凶，同时他在生活上骄奢淫逸，所以最终被朱元璋打败，落得个自缢身亡的下场，成为昙花一现的历史过客。

5. 市镇的兴起与城区的发展

明代初期，战争的重创使常熟的社会经济一度处于萧条状态。但朱元璋采取了“与民休息”的政策，在明初三十多年的时间里，基本上完成了社会经济关系的调整，常熟地区社会经济逐步得到恢复和发展。此后常熟的社会发展中，产生了两件对常熟历史影响深远的大事：一是辖区的改变。明代弘治十年(1497)，常熟县双凤乡等五个乡都划入新设立的太仓县，面积达172.5平方公里(在这之前，常熟还有一次辖区改变，这就是南宋嘉定十年(1217)常熟东南境部分土地划给新设置的嘉定县)。这次调整使常熟的辖区基本稳定了460年时间。从此以后，常熟四境虽有变更，但范围都很小。二是由于商品经济的发展，商品流通的日益扩大，对市场的需求越来越大，从农民中分化出来的以手工、商务谋生的手艺人和商人自然聚集到集镇上，整个社会经济开始向近代缓慢前进，所以在常熟广大农村地区，产生了大量的市镇，海虞城区的面貌也有了很大改观，市镇的兴起与城区的繁华，为近代常熟农村集镇的发展及城区规模与格局的形成奠定了基础。

而市与镇在唐以前是有严格区分的。“市”很早以来就是商贾贸易的地方，开始是不定期的、临时性的，名为“草市”。中唐以后，变为定期开市的集市。宋以后，随着商品经济的发展，这种临时性的、小规模的地方市场已同日益扩大的商品流通不相适应，在广大农村需要建立起更大规模的固定市场，草市就演变成了市镇。而“镇”在宋以前原指戍兵设将的军镇。北宋建立以后，为加强中央集权，废除藩镇，镇的含义由军事戍地变为管理烟火和征收商税的行政组织，变成与“市”联系的商业聚集之地。到明代，镇已完全失去了原来军事的含义，变成只有市的概念。通常“市镇”或“镇市”通用。不过，在苏南地区还是有区别的，即是以居住户数确定的，市的居民户数少于镇，规模小于镇，一般是先兴市后上升为镇。当时的福山镇、梅李镇、支塘镇居民达2000余户，人口近万人，如果加上外来的人口，数量更多。而“市”的居民一般在100户至300户之间，500户以上的较少。市镇发展之迅猛远非宋元时代可比，这主要反映了这一时期常熟经济发展迅猛，商品活动迅速增长，农村区域市场迅速扩展，等等。因为市场的产生与发展，与经济发展水平是相适应的。

常熟的集镇在明代之前并不多，见之于史载的主要有五代十国时期在军镇基础上发展起来的福山镇、梅李镇，南宋时期的浒浦镇，北宋时期的练塘市，南宋时期的支塘市等。但到明中叶以后，农村市镇大量涌现，这极大地改变了农村的面貌。据明正德年间（1506—1521）编写的《姑苏志》载，常熟当时已有九市五镇：吴市、扬尖市、河阳市、奚浦市、徐家市、唐市、李市、支塘市、练塘市、福山镇、浒浦镇、梅李镇、庆安镇、常熟镇。

常熟农村市镇的格局是以县治为中心层层辐射而形成网络的。县治是市镇分布的核心，再以一定的间距分布。常熟市镇在发展中呈现出明显的特点：一是一般都夹河为镇，沿河设镇；二是常熟农村的市镇数量多，但规模都很小。规模小，密度就大，市镇相互之间的距离一般只有3～5里，有的更短。最典型的如清中期的里睦镇（原徐市镇），东距何市10里，西距周泾口4里，南距董浜4里，北距吴市10里，东北距归家市4里，西北距陆家市4里，东南距支塘镇10里，西南距沈家市5里，当时该镇与梅李镇、支塘镇、吴市镇为昭文县四大镇。可见大镇之间相距不过10里,小镇之间仅距4里。其主要原因是常熟的自然环境优越,土地肥沃,物产丰饶,除自给自足以外,剩余部分需转运到别处去的相当多,所以市镇的密度就自然会高,但也不可能形成较大的规模,因为在自给自足的农耕条件下,自然不会形成大的集镇。常熟较大规模的市镇,一般都处于水道、交通、港口方便之处,如福山镇、浒浦镇、梅李镇,都处于长江边上,集镇上商舶云集,是以商品流通为主要功能的商贸集镇。

市镇由于交通方便、经济发达、信息灵通、环境舒适,成了士大夫阶层的集聚之地,具有知识密集、文化凝聚力强的优势。常熟市镇中最典型的是唐市。唐市农业经济发达,是江南地区有名的米市,镇上资产超过20多万两银子的富户有数十家,而且科举鼎盛,在明代入仕当官的就有20多人,其中以杨彝和柏小坡最为有名。杨彝的诗歌与太仓的顾梦麟并称为"杨顾",被诗界称为"唐市派",他的学生有记载的就达百人之多,当时江南地区最大的文学社团应社社员均为社会名流,在他的召集下纷纷来到唐市,在他的私家园林凤基园集会,盛况空前,传为文坛佳话。柏小坡家中建有著名的私家园林柏园,大学士董其昌为之题写了"十亩之园"的匾额,园内有亭台楼阁,假山绕池,极为雅致,当时吴中地区的骚人墨客、琴师、棋手常到柏园集会。一个集镇,能聚集这么多文化名流,这与经济繁荣、教育发达是密切相关的。

唐市是明代中期常熟集镇繁荣的缩影。这种发展势头,一直保持了近300年时间,从明正德年间《姑苏志》所载的九市五镇,到清康熙年间的《常熟县志》所载的十七市三大镇,再到嘉庆年间的《常昭合志》所载的三十市六大镇,前后相距不足300年。常熟市镇数量增长了两倍多,这在苏州府及江南地区都是少见的。农村经济商品化的发展,是促进市镇化的根本动因,反映了这一阶段常熟经济的发展水平。

海虞城在明代中叶以前并不繁华,与同时期苏州府下属的松江、盛泽等城镇相比,要冷落萧条得多。据明代常熟人陈三恪所编纂的《海虞别乘》记载:嘉靖癸丑、甲寅(1553—1554)之前,城中还比较荒凉,察院以西及北门街上看不到行人,街道两旁或是荆刺树丛,或是柏树夹道的坟墓。城内大都是草房,即使是瓦房,也是用竹子做椽子,院墙都是土墙,房屋相当简陋,只是

唐市古镇石板街

在中间用柱子，两边的桁条搁在砖墙上，有围墙门的仅有三户，但也与乡村差不多。但到隆庆、万历、天启年间，城内已是甲第连云、民居稠密、街巷遍地，成为富豪家之居处，贫寒之士几乎没有立锥之地。陈三恪是明末人，他编纂《海虞别乘》时已是年过七十的古稀老人。从他的经历中，可见常熟城区在明代中后期已发生了巨大的变化：由荒凉寥落变成民居稠密，由简陋草舍变成甲第连云。今天，虽然缺少明中叶以后常熟城区经济发展的具体材

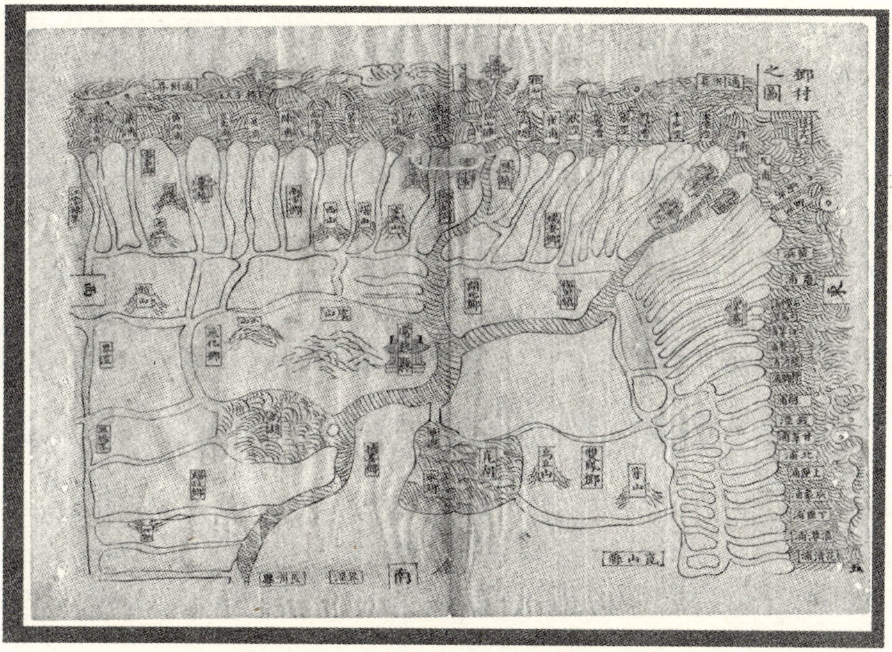

明嘉靖年间常熟县城区图

料，但从这段描述中已大体可以看到常熟境内市镇的财富正在逐渐向城区聚集，官绅富商不断涌向城区，“贩夫走卒”也到城区谋生，以至于城邑四门拥挤，可见常熟城区商贸的兴起是从明中叶以后开始的。

6. 王铁与抗倭斗争

明中叶以后，由于朝政渐趋腐败，海防松弛，同时由于东南沿海地区经济发展，城市集镇兴起并呈繁荣景象，产生于明初的倭寇之患日益严重起来。

王铁像

倭寇是由日本的一些没落武士、封建主浪人所组成，他们与中国的走私商人、海盗、流氓相勾结，组成武装队伍，以抢劫财富为目的。所到之处，掠夺财富，杀害百姓，无恶不作。常熟濒临长江，经济富庶，自然就成了倭寇袭击的重要目标。

为了防备倭寇，天顺年间（1457—1464），常熟城内设置了海防所，并于白茆口设备倭寨，于福山设总兵，驻扎军队，专事对付倭寇。

当时常熟的知县王铁（1514—1555），字德威，号苍野，浙江东阳人，明嘉靖二十九年（1550）进士，三十一年（1552）任常熟知县。他刚上任，倭寇就在福山登陆。王铁在邑内名士钱泮、归雷等人的支持下，召募兵勇，在福山塘东岸尚墅墩迎击倭寇，王铁率军隐蔽于茂密的竹林之中，因倭寇的战刀相当锋利，王铁命令士兵就地取竹竿削尖为武器。锋利的倭刀在与竹竿交战中难占优势：竹竿要比倭刀长，遇倭刀越削越尖，倭刀在长竹竿前很难发挥作用。士兵越战越勇，倭寇丢弃两艘战船落荒而逃。

为了防备倭寇侵入城区，根据当时城墙已年久失修的状况，王铁决心修复城墙。在缺乏经费的情况下，王铁动员官员及富户捐款并划段筑城。唐市的谭晓兄弟两人献白银四万两，被誉为“谭半城”；徐市归雷、归霆两兄弟，独资筑南门段城墙；在外地任职的一些常熟籍官员也慷慨解囊，沅州判官王鲁

明城墙遗址

独认西门段城墙，山东按察副使顾玉柱也捐金助筑。仅用5个月时间，城墙全部竣工。新城墙周围长度1666丈，高2丈4尺，厚8尺，有内外城壕、城垣。新建城门7座：虞山之巅有虞山门，东有宾汤门，西有阜城门，南有翼京门，东南有迎春门，东北有望洋门，西北有镇海门，各门楼之上皆建城楼。除虞山门、镇海门之外，其余5座城门均设水关，并把辛峰亭纳入城垣之中。这一格局，直至清末一直未有变化。

嘉靖三十三年（1554）正月，倭寇由白茆港直达小东门。时值大雨滂沱，小东门附近的20余丈城墙被大雨冲塌，倭寇乘机攻城。王铁命令士兵用强弩射击，使倭寇不能靠近城墙，同时以门板等堵住缺口，击退了倭寇的反复进攻。当时城防武器中最有威力的是打生弩，此弓必须由巨大臂力的士兵方能拉开，城上的弓弩手倚墙射击，倭寇往往应声倒地，威慑力极大，倭寇从而再也不敢靠近城墙。在守城的日子里，王铁亲临一线，即使深夜也必上城查哨，遇到有打瞌睡的士兵就随时叫醒，并亲自处决了几个为虎作伥的内奸。倭寇见城防坚固，一时难以攻下，不得不撤退。嘉靖三十四年（1555）四月，倭寇自三丈浦登陆后分道袭击常熟。王铁配合苏州参政任环将军，率部在鹿苑一带围歼倭寇。此战歼敌55人，俘获7人，倭寇溺死者不计其数，成为常熟抗倭史上战果最辉煌的一役。同月，另一股倭寇从通州进入福山港，登陆后四处流窜作恶，其中有一股已窜至常熟城下。王铁命令守城士兵以打生弩击毙两个头目，其余见势不妙逃窜。五月二十四日，又一股倭寇在苏州劫掠了大批财物后经尚湖到达丁家巷。王铁得到情报，与钱泮一起主动出击，战斗中不幸中倭寇埋伏，陷入泥潭，被倭寇用刀刺中腹部，壮烈牺牲。钱泮也在杀死三个倭寇后中弹身亡。苏州参政任环将军闻讯驰援，倭寇已从三丈浦退至长江，最后被总兵俞大猷率部击败。

在抗倭斗争中，常熟人民表现出了大无畏的英雄气概。据有关镇志记载，福山的李安一人就在战斗中射杀倭寇3人，徐市的赵白金训练乡兵围歼入侵倭寇，何市的何钫率众围歼倭寇，等等。

王铁与常熟人民的抗倭斗争，表现了常熟人民在外敌入侵时不畏强暴、奋不顾身的献身精神。王铁牺牲后，忠骨留葬于虞山南麓。城内建有专祠，纪念这位不朽的民族英雄。

7. 明中后期的科技人才

明中叶以后，常熟经济文化已开始繁荣，科技人才大量涌现，他们在各自的领域中取得了重大的成就，为社会经济发展作出了很大的贡献。

建筑专家朱文铭、蔡思诚

建筑是传统技术行业，常熟的民间建筑工匠中有一批高水平的技术人才。朱文铭与蔡思诚是代表人物，他们在建造北京故宫的工程中，起了极为重要的指导和指挥作用。

朱文铭（？—1437）是一位石匠，他从小随父学习石匠技艺，青年时期就能设计筹划。永乐初年，明成祖朱棣决定迁都北京，集中了全国各地的一批能工巧匠建造宫殿。在施工过程中，需要一位技术水平高、有指挥协调能力的工匠担当总负责，众人一致推选朱文铭担此重任。朱文铭不负众望，完成了工程，明成祖十分满意，授予工部营缮所丞高位；宣德五年（1430），明宣宗又提升其为营缮所副阶修职郎。

蔡思诚（？—1473）是一位木工，是明代著名的建筑师蒯祥的师傅。永乐初年，明成祖在北京建造内府，少师姚广孝推荐蔡思诚规划营建。明成祖召其到便殿考问，蔡思诚详细介绍了汉唐宋元以来宫廷殿宇高度和深浅的衍变情况，深得成祖赏识，于是委托他建造内府。

朱文铭与蔡思诚在建造故宫的过程中表现出了杰出的才能，他们不仅是实践经验丰富的能工巧匠，而且施工的水平已经达到类似今天的总设计师、总工程师、总监理师。

水利专家耿桔

常熟为江南水乡，在长期的水利建设中出现了许多水利专家。耿桔是其中的一个代表。

耿桔（生卒年不详），河北献县人，明万历进士，万历三十二年（1604）任常熟知县。耿桔深知，水乡地区的地方官员要有所作为，必须兴修水利以抵御自然灾害。他到任后，就单骑轻舟，走遍了全县各主要河流，实地勘察地势，访问乡老，研究治水之道。他先后组织疏浚了境内横浦、横泾塘、李墓塘、盐铁塘、福山塘、山塘、奚浦、三丈浦等干流，而且对全县境内200余条支河中的半数进行了疏浚，使常熟境内的水利状况有了很大的改善。

在水利建设中，耿桔主要作出了两大贡献：

一是通过政府干预，解决了劳力征用和费用分担等关键问题，协调了社会各阶层在水利建设中的利益关系。在中央财政无力参与而地方财政困难的情况下，耿桔确定了水利费用主要由民间自负的原则，具体为干河建设费用官七民三，支河建设费用民间自理，所有得益农户均要根据田地数分推水利费用。

为解决富户田多人少难出夫，贫户田少或无田不必出夫及稍应夫役的矛盾，耿桔推出了佃农代役、田主付银两的方法，同时制定了严禁克扣的措施，保护了佃农的利益。

耿桔的治水之策，缓解了当时常熟水利建设面临的严峻困难，而且为后世水利修治提供了范例，并产生了深远的影响。至今，我们的一些做法，仍没有超出或突破耿桔当时规范的水平。

二是耿桔为总结历代的治水经验，根据自己的实践将所能见到的有价值的治水资料汇编成《常熟水利全书》刊行，这是常熟历史上第一本全面总结境内水利建设的著作，在苏南地区的水利史上有着重要的地位。此书目前国内仅有一部，由北京图书馆珍藏，不轻易示人。国外已知的仅在日本内阁有藏，十分珍贵。此书的一些基本观念直到今天仍在发挥作用，是研究古代江南水利极有价值的书籍。

《神农本草经》专家缪希雍

《神农本草经》是我国现存较早的一部药物学重要文献，中药分为君、臣、佐使三品之说就是出于该书，对此书研究最有成就者之一即为缪希雍。

缪希雍塑像

缪希雍(1546—1627)，字仲淳，出身于常熟城新巷(今辛峰巷)的仕宦之家，8岁丧父，家道中落。17岁时患病，因贫无钱请医，就自学医书，得法治愈，从此立志从医，以利民济世。他见当时常熟著名藏书楼“脉望馆”内珍藏有许多宋刻善本医书，就经常去借阅，“遇会心处，辄摘记之”，由于能持之以恒地学习钻研，所以在病理和药理方面打下了厚实的理论基础。

行医治病，光有书本知识是不够的，因为诊断下药最讲因人而异、因病而异。缪希雍一方面搜求各种草药偏方，一方面悉心揣摩每位医生用药治病的独特方法。为了提高医术，他外出旅游行医，足迹遍布江苏、浙江、福建、江西、安徽、湖南、湖北、山东、山西、河南、河北等地，以结识各地名医，研讨治病用药之术，搜罗民间秘方。如鱼腥草治肺病、西河柳治麻疹、五味子抗衰老等民间药方，在古代医书上都没有记载，都是由其访求记载才得以流传至今。

缪希雍在长期行医过程中认识到“古今不同，五方异处，感受之深浅，禀赋之厚薄”，是因人而异、因病而异的，如医者“执古方以临之，则似胶柱鼓瑟矣”，必然会出现误诊。所以他提出“古方新病不相能”的观点，认为行医者必须读古代医学名著以打好基础，但最重要的是要“变而通之，则法不穷矣”。这就是说，行医者不仅要善于学习前人，更要勇于创新，这样才能形成自己的特色。

在行医实践中，缪希雍积累了丰富的经验。他一方面专心为百姓治病，一方面专注于医学教育与著述，对前来求教的人，都能悉心传授医术，他所培养的学生有成就并见之于史籍的就有八人之多。他晚年精研本草，尤重《神农本草经》的研究，著有《神农本草经疏》三十卷及《续神农本草经》十二卷，对各种药物的药性作用进行了详细的阐述，这些都成为我国药学史上的重要著作。

三次随郑和下西洋的名医匡愚

在常熟医林中，有一位三次随郑和下西洋的名医匡愚。

匡愚（生卒年月不详），字希颜，幼时由父匡忠（1359—1428）传授医术。匡忠，字体道，钱陆灿在《常熟县志》中谓其“读书乐道，永乐中以医征，晚年以家事付子愚”。后又从同里吴纳学习岐黄之术，吴纳曾于永乐十四年（1416）以名医入京，典教太医院并奉侍内廷，既是一位名儒又是一位名医。在父亲和吴纳的精心培养下，匡愚成年后出任常熟惠民药局医士，为贫民百姓医病，在社会上有很高的声望。

明永乐三年（1405）六月十五日，匡愚以其精湛的医术被郑和征召出使西洋。船队自太仓娄江口出发，穿越台湾海峡，入南洋，达占城，再至爪哇、苏门答腊，到满剌加。在满剌加稍作停留后，自印度半岛西南端的古里启程回航。归途中访问了三佛齐，参加了生擒海盗陈祖义战斗的救护工作。永乐五年（1407）九月二日回到南京。以后，匡愚又随郑和参加了永乐五年、永乐七年的第二、第三次下西洋活动。

匡愚在随郑和出使西洋的过程中，把西洋出产的很多药材如犀角、羚羊、阿魏、丁香、乳香、没药、血竭等充实到我国中药中，提高了中药的医疗作用，从而促进了我国与西洋各国在医药学方面的交流。

匡愚在出使西洋的航途中，留心观察各国的山川形胜，并记录绘图，成《华夷胜览》，闻名一时。匡愚为中外文化交流作出了贡献，也为常熟文化（包括医术、中药）走向世界作出了积极的努力。

8．常昭分治

常熟历史上，行政区划有过一次重大变革，这就是著名的常昭分治，它影响了常熟187年历史。

清军南下，常熟又经历了一场血与火的洗礼，海虞城几乎被洗劫一空，百业凋零，人口锐减。然而经过几十年的休养生息，大致到康熙中期，常熟的经济已逐步恢复并取得了初步的发展。康熙五十年（1711），常熟的人口已增长至431205人。

在人口不断增长、经济持续发展的情况下，江南地区农耕经济的发展逐渐达到了顶峰，而资本主义萌芽正在悄然成长。社会正处在近代社会转型的前期，社会冲突剧烈，如何提高政府的管理水平，是摆在统治者面前的一个新的课题。这样，江南地区行政建置的变革就成为必然。

雍正二年（1724），两江总督查弼纳向朝廷建议，江南是财赋重地，苏（州）、松（江）、常（州）三府所属之县尤其繁重，一个县的钱粮，多的达四十余万，少的不小于二三十万，地方长官，即使有熟练的管理才能，也已难以治理，所以必须以“升州、增县”的办法去分解他们的责任。朝廷批准了这一建议。它以苏州府涉及范围最广。“升州”即把原属苏州府的太仓州升为直隶州，同时把原太仓州的一部分置镇洋县，因州署后有镇洋山而名镇洋县，与州域划分而治；析嘉定县东境置宝山县；析长洲县北境置元和县；析昆山县西境置新阳县，因境内有新阳江而名新阳县；析吴江县西境置震泽县，因境内的太湖古称震泽而名震泽县；析常熟县东境置昭文县，因是言子故里称昭文县。这样，苏州府共领属九县：吴县、震泽县、吴江县、长洲县、元和县、昆山县、新阳县、常熟县、昭文县。

昭文县署旧址

雍正四年(1726)，常熟与昭文两县正式分治，析常熟东境置昭文县，因这里是言子乡里，故称昭文县。如何分界，在当时曾引起了一番争论。官府本来准备以南北分治，但遭到邑内人士的竭力反对，他们认为地有肥瘠，必须进行搭配，这样才能均衡。最后采取了东西分治的方法，大致疆界为：北出镇海门(今水北门)，沿福山塘过谢桥，折东而入坊浜，北趋耿泾，东为昭文，西为常熟；东出迎春门(小东门)、通河桥、陈家市、范家市，以河为界，东南至戈庄、七星桥，以东西分界；自山泾由石牌湾出七浦，又西北分界达昆山县。城内自镇海门以河(琴川河)为界，南过通江桥折向西于炳灵公殿、南循大街(今和平街)，向东入东言子巷，过醋库桥，再以河为界向南至迎春门的水城门，东为昭文，西为常熟。两县县治同城而设，常熟县署仍设在老县场县署，昭文县署设在东门大街坊桥东侧，故后人一度称此地为新县前。

两县同城而治，曾产生过很多问题，最突出的是每逢交界处发生治安事件，两县县令总要互相推诿，唯恐牵连，但求自己境内平安无事，真所谓"只扫自己门前雪，哪管他人瓦上霜”。假如有路毙的人倒卧在横跨界河的桥面中间，究竟由哪方面处理就成了问题。后经有关方面商定，以死者两足所在地为断，头东脚西为常熟，头西脚东为昭文，可见当时吏治的腐败。

1912 年，昭文县并入常熟县，从此结束了 187 年分治的历史。

第四节　转型时期(清中期至民国)

常熟的家庭纺织土布，催生了资本主义的萌芽，从明代后期已经积累、孕育出的新的社会因素普遍而显著地增长起来，它们首先出现在经济领域，然后引起阶级关系、社会生活、政治关系、思想意识等发生相应变化，向近代社会的转型开始启动。近代化进程中的常熟跟上了时代的每一个节拍，常熟纺织工业在全国领先。但日本帝国主义的侵华战争给常熟造成了深重的灾难，于是有了沙家浜的抗日烽火，这在历史上留下回肠荡气的一页。

1. 清中期家庭纺织业的兴起

清代中叶以后，常昭两县经济得到了全面的发展，其特点是资本主义萌芽快速滋生，主要反映在家庭手工纺织土布业的发展与兴盛。

常熟家庭纺织手工业的发展有其得天独厚的自然条件。在明代，由于常熟沿江地带因“地性夹沙”而开始大范围植棉；至清代，常熟已成为江南的重要产棉区，这为常熟家庭纺织业的发展打下了基础。

常熟的土布生产始于 14 世纪，开始时仅为百姓自织自用。后来，随着棉种的改良和纺织技术的提高，土布逐渐进入交易市场而成为商品。据嘉靖《常熟县志》载：当时常熟土布“用之邑者有限而捆载舟输，行贾于齐鲁之境常十六，彼民之衣缕，往往为邑工也”。

1740 年，福建商人在梅李设布庄收购土布，常熟土布如何进入福建市场目前还缺乏详细的史料。但从福建商人到常熟开设布庄来看，它进入市场的时间应该早于 1740 年。

与传统农业生产相比，纺纱、织布的效益比种水稻高。专家曾作过研究，当时一个具有熟练纺织技术的农妇，三个月的收益可抵五六亩水稻。所以，土布生产逐渐成为一些农家的主要经济来源。当时的地主也允许佃农把租粮折合成等值的货币交租，农家用纺纱、织布的收益交了田租后，剩余部分还可以补贴家用，这一方面刺激了这一家庭手工业的发展，另一方面又刺激了棉花种植，棉稻种植比例很快从“三棉七稻”改变为“七棉三稻”。沿江西北诸乡也开始围沙植棉，以至秋来“棉花开得遍江乡”。凡有“本千金者”，往往开行收购，“雇船装运籽花”，外销大江南北各地（柯悟迟《漏网喁鱼集》）。

土布都是由家庭手工完成，农家都有简易的纺织工具，由棉花到布各道工序（收棉花、去籽、纺纱、浆纱、染纱、经纱、织布）都由自己完成，所谓“一朵棉花做到头”。所织土布，视门幅大小，分为小布、大布两种。小布门幅 8 寸，大布门幅 1 尺 1 寸，长度均为 1 丈 6 尺。17 世纪后期土染开始后，逐步由本色布、条色布和色布演变到蓝花布。由于土布结实耐穿，柔软舒适，因此深受消费者欢迎，其中常熟生产的蓝花布曾一度远销至东南亚，有的消费者视为艺术珍品而珍藏，并绘制图案，专门定做收购。

纺棉纱

当时常熟东乡地区的农家妇女几乎都有夜织的习惯，“轧轧机声巷几条”为农村一大景观。支塘赤沙塘两岸农家生产的水纱布以“细密匀净”著称于市场，福建及江南的布贩收购时，都要打上“赤沙”两字以示区别，可见当时的商家已初步具有商标意识。梅李镇以棉花、棉布、粮食为三种外销的大宗产品。在利益的驱动下，这种家庭手工业开始从沿江植棉区迅速扩展到植稻区。如著名植稻区唐市镇，妇女都以纺织为主，乾隆时的《唐市志》载：“女则擗绩纺织。”所用棉花不仅限于本地所产，而且还通过福山港从苏北运进原棉进行加工生产。到道光年间，常熟土布年产值500万贯，以当时一匹阔八寸三分、长十七尺的土布卖250文计算，估计常熟年产土布2000万匹。这些土布远销两广、浙闽、东三省、淮河流域及山东等地，成为常熟经济的重要支柱。

织土布

家织土布的发展，刺激了土布商业的繁荣。到1860年前后，梅李已成为常熟最大的土布集散市场。1864年，资金雄厚的金源兴布行在常熟开业，这是城区最早的布行。接着郑隆茂布行和陆同福布行相继开业。到1910年前后，全市有布行二十余家，如浒浦就有许瑞记、潘裕顺、裕成公、信诚4家。布行又称布号，都要向官府领贴纳税，它控制价格，左右市场。金源兴一年销售的土布最多达万匹以上，占常昭两县总产量的十分之一，净利时值达4万多元。布行下边有布庄和布贩。布庄的资金实力不及布行，收购的布直销外地。沿江棉区集镇，大镇布行多至七八家，小镇也有一二家。布贩数量多得难以统计，他们设摊或下乡收购土布，转售布庄或布行，朝收暮售，利润较薄。

家庭手工业的发展，使城区的商业出现了前所未有的繁荣。在乾隆元年，常熟城内有牙行1000多家（牙行是商品贸易中联系买卖双方的中枢，它们在一定程度上操纵着市镇商品运行，它类似今天的收购批发商），典当79户，绸缎商17户，染坊17户，杂货铺10户，家产在二三十万的殷实户比比皆是，“他们大抵本（农）富者十之五六，末（商）富者十之三四，奸富者十之一二”。城区街市繁荣，形成了“北市心”、“南市里”这样的中心商业区，而且一些外地商人也纷纷进入常熟，乾隆五十七年（1792），宁波、绍兴商人在北门外建立了“宁绍会馆”，乾隆六十年（1795），徽商在南门外建立了“徽州会馆”。可见外来商人已有相当规模。

可以这样说，常熟的家庭手工纺织土布业的发展促进了商品贸易的兴盛，是常熟资本主义萌芽的催生者。

2. 风雨飘摇的晚清时局

1840年的鸦片战争，揭开了中国近代史的序幕。

鸦片战争后，清政府把大量的战争赔款转嫁到人民头上，当时全国征收的漕粮400余万石，其中半数取于苏南，田赋既重，官吏又从中渔利，使阶级矛盾不断激化，贫苦农民被迫揭竿而起抗粮抗租。昭文县的徐二蛮与金顺德就是农民抗租的领袖。

徐二蛮（？—1843），昭文县碧溪商人，家道殷实，但他刚直不阿，富于同情心。道光晚年，由于水利失修，苏南沿江地区几乎是无年不荒。道光二十一年（1841），昭文县遭遇荒年，佃农无力交租，拖欠田租的佃户很多。次年收成又不好，官府却又增加租额，而且限期清欠陈租。被逼上绝境的佃农群起而殴为虎作伥的收租者，烧毁了多艘收租的官船。这事本来与徐二蛮无关，但他对佃农的悲惨处境十分同情，被佃农推举为抗租首领。在抗争无效的情况下，他率领佃户捣毁了牛角尖、陆市、小吴市、彭家桥、先生桥、梅李、东张等七八个乡镇收租大户的房屋和家具。知县蓝蔚雯率兵差下乡镇压，徐二蛮被捕。在公堂上,他大义凛然,承认自己是抗租的领袖,并当庭痛斥这是因为“官长浮收”。道光二十三年(1843)正月二十七日,徐二蛮被杀害于苏州。徐二蛮领导的抗租斗争虽然失败了,但阶级矛盾并未缓和。三年之后,一场声势更为浩大的抗租斗争在金德顺领导下爆发。

金德顺(？—1846),昭文县梅李人,他体格魁伟,好见义勇为,曾因捕海盗有功,被官府授予“千总”之职,但因不满官场腐败而出家为僧,还俗后当了一个自食其力的农民,在群众中很有威望。道光二十六年(1846),夏粮遭荒,昭文知县毓成借口军粮紧急,非但不准减租,反而规定折银计算租粮,竟然高出时价两倍有余,盘剥更为厉害。差役四出勒索,动辄杖责枷号示众。金德顺挺身而出,率佃农入城请命,因县令避而不见激成众怒,拆毁了县署暖阁及漕总家的房屋。县令毓成见众怒难犯,采用两面派手法,当面答应注荒,背后却派差役下乡抓捕佃农。义愤填膺的佃农当场打死兵差二人。抗租队伍迅速扩大至千人以上,梅李、浒浦、牛角尖、碧溪、周泾一带拒不减租地主的房屋几乎都被拆毁。此时,镇洋县(今太仓县)的佃农也纷纷响应,捣毁县衙,昆山、吴江等地为之震动。江苏巡抚李星沅闻讯,调福山军港标兵营官兵800名会同各地调集来的官兵3000余人,在梅李浒浦塘上架设大炮镇压,金德顺被捕,于这年农历八月二十二日被害于苏州北寺塔教场。

昭文县农民的抗租斗争,是整个社会阶级矛盾激化、社会动荡的一个缩影。1851年1月,太平天国农民起义爆发。1853年,太平天国攻占金陵,改名天京,建立了农民政权。1860年,李秀成奉洪秀全之命到苏州开辟苏福省根据地。1860年8月,太平天国占领常昭,控制了常昭全境。

太平天国攻占常昭以后,推行乡官制度,以军事组织体系建立地方政权;在虞山门外筑大石营,在福山重建城堡,加强城防工事;在保护贫苦农民利益的前提下,开征田赋及各种捐税;开科进行文武秀才考试;严禁吸食鸦片,并于南门设局收养难民,修筑元和塘等。百姓在南门外丰乐桥建“报恩牌坊”,并镌《报恩牌坊序》,歌颂太平天国“平租庸之额赋,准课税之重轻,仕农工商,各安其业”的功绩。

1862年11月,清军攻占常昭,农民军撤退。

太平天国军队占领常昭历时两年半,它对清政府地方政权的打击是致命的,老县场常熟县署被烧毁后,官府再也没有力量重建,常熟县署一直借

虞山上太平天国石营遗址

用民宅办公至辛亥革命爆发。

从徐二蛮、金德顺领导的抗租斗争至太平天国农民军撤出常昭，二十多年风雨飘摇的岁月，不过是封建王朝末世景象的缩影，一场大革命的爆发为期不远了。

3. 辛亥光复

在近代社会的转型时期，常熟的知识阶层都作出了积极的回应，特别是在戊戌变法前后表现得尤为突出：1883 年，城区就设有西医诊所，1897 年，创立“中西学社”，1904 年，创办《女子世界月刊》，等等。他们推广西医，鼓吹新式教育，提倡男女平等，特别是女子解放历来是衡量社会观念进步的一个天然标尺，这说明常熟知识阶层思想观念的开放。这一方面是由于常熟邻近上海，接受西方现代思想较早，得风气之先；另一方面也由于受维新变法领袖人物翁同龢的影响。翁同龢是常熟人，是常熟知识分子心中的偶像。所以当辛亥革命爆发，常熟的知识分子就积极地顺应了这一历史潮流。

1911 年 10 月 10 日，武昌起义的枪声拉开了资产阶级领导的辛亥革命的序幕。常熟与上海、苏州相邻，第二天就得到了消息。民众怀着热切的心情，注视着局势的发展。关心时局的人纷纷到城中的“湖园”茶馆，那里设有外埠报纸的阅报处，茶馆终日座无虚席。当时，常熟知县是新上任的汉人翁有成，昭文知县是满族人魁福。魁福思量自己是满族人，在邑内绅士的劝导下顺势以辞职为名离开常熟，江苏巡抚程德全委托翁有成兼理昭文事务。

辛亥革命爆发后，各省纷纷宣布独立。11 月 4 日，上海的革命党人宣布光复。在苏州的江苏巡抚程德全也宣布独立，并自任江苏都督。

11 月 6 日，驻福山的淞北营统带龚先耀奉沪军都督府之命，带领队伍驻扎在常熟城隍庙内。一时间，从虞山辛峰亭到各城门，遍树“兴汉灭满”的白旗，常熟政局激变一触即发。

这时，上海圣约翰大学教授、同盟会会员、南社社员庞树柏，在参加策划上海光复之役后回到了家乡策动光复。他召集士绅、民团首领、淞北营统带龚先耀、常熟县令翁有成商讨常熟光复事宜，以避免流血，翁有成被迫交出了常昭两县的大印。

11 月 7 日，翁有成接到了程德全的亲笔信后，托人向正在集会的常昭两县的士绅表示了唯大众是从的态度，于是当天晚上在会元坊召开了市民大会，宣布常昭光复，常昭两县合并为常熟县，几千年的封建制度就此结束，一切是那样的顺利。

会上对地方政权组织进行了讨论，民主意识颇强的与会者经过激烈的争论，决定按军政分治的模式组织政府，县政府设民政、财政、司法三署。推选丁祖荫任民政长，杨孟龙任财政长，翁有成任司法长，邹鲁望任军事长。丁祖荫为省咨询议员，曾任过自治会总董、劝学会会长，思想进步，有较高的社会声望。杨孟龙为银钱业巨东，推选他当财政长的本意是从财政着眼。推选翁有成为司法长，则反映了与会者政治上的幼稚。而此时丁祖荫还在到上海的旅途中，所以民政长一职暂由严树声代理，办公地点在原昭文县署。

严树声曾当过江西省一个县的候补知县，平时对地方的公益事业也颇为关心，在众人心目中是个好好先生，由其暂任民政长实在是勉为其难。当杨孟龙因家族的反对而将任命退回，翁有成以任命书不合书写规范而置之不理时，严束手无策，五天后就致电在上海的丁祖荫，催其回常就任。

丁祖荫像

11月13日，丁祖荫从上海到苏州拜会了程德全，14日回常正式就任民政长。通过公推，对政府三署人选进行正式选举，增选徐兆玮为副民政长，改选胡君巘为财政长，狄巽行为司法长，并上报江苏都督府。11月15日，江苏都督府回电，批准常昭合并，丁祖荫任民政长。

在历史的大变革中，旧制度已破，新制度刚立，民政长丁祖荫感到事事难办。他在1912年的《常熟民政署报告》中诉说了民政长工作的"四难"：书生从政，摸索政途，此为一难；财政拮据，应付无方，此为二难；军政分治，难以协调，此为三难；灾情严重，赈济无款，此为四难。丁祖荫所说的"四难"，反映了历史大转折时期的普遍情形。

丁祖荫任民政长一年多时间里，在极其困难的情况下，兴修水利，发展教育，改革漕赋与司法，建树颇多。但作为常熟县民国以后第一任民政长（后改称为县知事）也因镇压贫苦农民而留下劣迹。1911年秋天，城内暴雨成灾，农田被淹，水稻绝收。农民要求减租赈灾，而商人却囤积居奇，从而激发了抢米风潮。他派兵镇压，打死农民多人。12月，地处常熟、江阴、无锡三县交界处的王庄农民，以"同抗租同得福"相号召，组织千人会宣布起义，丁祖荫力主"严治"，派兵抓捕了大义地保李同、千人会首领周天宝，用尽酷刑，最后将他们杀害，这成为丁祖荫人生中难以抹去的污点。

4. 震撼常熟的五四运动

1919年的五四运动，在常熟大地上也卷起了撼人心魄的波澜。

五四运动爆发震撼了千年古城。5月8日，《常熟日报》率先报道了这一消息并发出了激愤的呼号："我邑教育机关，如劝学会、教育会，亦当出个主张，若袖手旁观，何以对我爱国学生，何以救吾将亡的中国。"常熟人民由此行动起来。

教育界名士胡天籁最先发出声援电，他致电江苏省议会本县籍议员，要求他们电请总统：勿解散大学，即行释放被捕学生，以维国本，而固民气。县教育会致电北京当局，要求还我青岛，勿擅在巴黎和会上签约。县教育工会则致电北京大学学生，表示声援和支持。

在此同时，报纸刊登了大量痛斥卖国贼、支持学生运动的文章。在舆论的引导和教育界的推动下，各行各业群情激愤，运动迅速转入罢课罢市。

5月11日，县教育会部分议员提出了组织常熟学生联合会的动议案。5月15日，动议案得到了通过。各校学生联合会相继成立，酝酿统一行动。

5月27日，常熟城区各学校两千多学生于上午9时前陆续到达公共体育场。学生们高举"还我青岛"、"闻鸡起舞"、"时日曷丧"、"抵制日货，劝用国货"、"齐心爱国，坚持到底"等标语，按预定路线进行游行。游行队伍秩序井然，精神振作，有的沿途分发油印传单，有的高呼口号，有的高唱爱国歌曲，阵营壮观，市民观报以热烈掌声。《常熟日报》评论道："观于此，则知民气之未死，国家有转强的希望。"

学生联合会组织的演说团，一处讲完，再换一处，他们声泪俱下的演讲，使市民无不为之动容。在学生的带动下，各界也纷纷组织演讲团，奔赴城镇各处演讲。他们一边演讲，一边分发自己编写刊印的《韩氏亡国惨状》《亡国奴苦况》《国耻小史》等传单，起了极好的宣传鼓动作用。

6月10日下午1时起，全城学校一律罢课。在学界的影响下，商界各业也在14日上午进行罢市。因罢市涉及各商号的实际利益，为郑重计，各业代表都签了字，以示决心。

在声势浩大的罢市罢课以后，抵制日货的斗争达到了高潮。广大学生有组织地奔走于大小商号之间调查日货。江苏师范学校的几位常熟籍学生，经过详细调查，列出了36种常用的可代替日货的国货名单，以供市民参考。儒英小学学生借用救火会竹梯，分别将城内103块日本货广告全部涂上黑色，写上抵制日货、劝用国货的标语。县商会专门召开了特别会议，讨论抵制日货的措施。他们组织调查员检查各店所存日货，限期肃清。对违反规定者，处于"公同监察焚毁"，并开除出同业公会。如向以出售日产药品为主的耀华药房，因不肯牺牲私利，把县立小学分送该店抵制日货的传单撕掉。报纸当即披露了这一消息，号召市民勿与该店交易。迫于社会压力，该药房不得不把日货当众焚毁，以示悔过。布厂的同业公会雇船派人在水道上检查日货，在鲇鱼口附近发现一艘纱船装运14件日本纱线，经调查是城内勤德布厂货物。由同业公会公议，罚银800两。

在反帝反封建的五四运动中，常熟各界参加者之众，声势之大，影响之广，在常熟的历史上前所未有，它激发了人民的爱国热情，掀开了常熟现代历史崭新的一页。

5. 近代化进程中的工业

常熟得天独厚的地理优势及发达的农业经济，使城乡进入商品经济的程度要高于全国平均水平。所以，常熟对近代化的回应是积极主动的，它几乎跟上了近代化进程的每一个节拍而较早地迈进了近代化的门槛。这主要表现在两个方面。

一是较早地接纳了以邮政电信、水陆交通为标志的近代新技术。

1881 年，江南官电局在浒浦设分局，这是上海官方开通的用于军事的吴淞线路的延伸线；1895 年，县城正式创办"电报商局"；1898 年，县城设立邮政局，距清政府建大清邮政仅两年；1913 年，县城创建商办常熟电话公司；1921 年，在梅李、唐市设电话分公司，电话深入东南乡村。邮政、电话等近代邮电技术的引进使用，植根于工商业的发展，而工商业的需求又促使其不断进步。在民国前期建立城乡电话交换所的基础上，至 20 世纪 30 年代初，商

洙草浜轮船码头旧址

办东南乡镇与西北乡镇电话先后开通，电报、电话贯通全县，这于近代化进程中的常熟具有划时代的意义。

1900 年，英商老公茂轮船公司局开通上海至常熟航线，火轮在常熟出现；1912 年，苏州招商局内河轮船公司在常熟设立分公司，开辟上海至常熟、苏州至常熟的客班，常熟与中心城市的空间距离大大缩短；至 1936 年，常熟私营轮船局增至 25 家，轮船 32 艘，航线 18 条，与上海、苏州、无锡、昆山相通，而且又渐及常熟的四方乡镇。20 世纪 30 年代初，国民政府规划公路建设。1935 年 8 月，锡沪、苏常两条公路建成通车，开启了常熟现代化陆上交通的时代。

轮船及汽车的广泛使用，使地处江南水乡的常熟改变了水陆传统的交通模式，形成了水陆复合现代交通网络。这一网络缩短了集镇与集镇、城市与乡村腹地的空间距离，扩大了市场交易范围，增强了集镇功能，强化了农产品生产的专业化、商品化趋势。

二是较早地把机械化引进工业生产领域。

在常熟工业中，最早运用机械化生产的是纺织业。1904 年，上海裕通纱厂厂长朱幼鸿在支塘创办裕泰纱厂，厂区面积 49 亩，有纱锭 1247 枚，约占全

裕泰纱厂旧址

国纱绽的2.6%，最高时达14740枚，职工及技术管理人员1500余人。日产棉纱18箱，有12支到20支的5种产品规格。这是我国最早的、规模最大的、设备最新的纺织工业企业之一，被列入《中国年鉴》全国纱厂一览表，它距中国第一家机器纺织企业——官办上海机器纺织局创建仅晚四年，在全国民族资本家所创办的企业中列第15位。如此大规模的机器纺织企业，除常熟县和浙江省萧山县外，其余都集中在沪、杭、苏、锡、南通等大中城市，它在常熟近代工业史上，具有里程碑意义。

1909年，江阴人夏桂青与常熟人卜芸良等在大东门泰安桥下塘合资创办了常熟第一家色织布厂——虞兴布厂，有手拉脚踏木机80台。该厂创办时间距先行的江阴仅两年，与上海同期，其规模在全国民族资本家所创办的企业中名列第30位。

1910年，常熟人陈勤斋在梅李塘桥创办了勤德布厂，同时开办的还有昭勤、锦华、大纯、中兴布厂，数量占同年江苏全省新设布厂总数的三分之一，而且这些厂的规模都较大，如勤德布厂有手拉脚踏木机达120台。陈勤斋是一个有远见、有魄力的民族资本家，他任用上海技师诸文琦主持生产，并出资派王丙元到日本学习纺织工业技术和管理。1920年，又购进日本丰田式全铁动力织布机24台，开创了常熟地区机器织布的先河。为了解决动力，他自备发电机，成为自裕泰纱厂后第二个自办发电厂的企业。工厂的规模也不断扩大，由初创时的4个分厂扩展到6个，成为当时常熟技术设备最先进、最有竞争力的纺织企业。1924年，销售各类色织布10万匹，销售额达60万两白银。

1911年，常熟又开办了善昌、新维、华昌、华利及振新五家布厂，据当年全省各地新设布厂的首位。

1913年，常熟城区创办电厂，开始仅用于照明，但很快用于工业生产，对于纺织业来讲，具有革命性意义。它可以不用脚踏而用电力作动力（当然还有机器传动），这就大大节约了劳动力。机电动力的使用促进了纺织业的发展，到抗战前夕的1937年，常熟全县共有色织布厂100多家，总计有织布机7000多台。

上面以纺织业中几个有代表性的企业为标本，对常熟工业发展轨迹进行了剖析，可以看到常熟在工业化初始阶段起步早，发展健康。这是因为当时国内政局不断更替，世界列强正忙于战争，传统政治势力无暇顾及，所以民族资本得到了一次自由发展的机遇。但日本帝国主义的侵华战争，打断了常熟近代化的进程。

以纺织工业来看，先是惨遭侵略战争的破坏：裕泰纱厂毁于日机轰炸，使常熟最早的近代化工厂毁于一旦，益勤布厂、中兴布厂、辛丰布厂、常熟面布厂、德丰布厂等十多家布厂也被洗劫一空，常熟的纺织工业遭到毁灭性打击。继而受到日伪政权的控制：沦陷期间，日本军国主义为了扼杀中国的民族工业，对纺织业采取了严格的管制措施，规定只有不超过2000纱锭的家庭工业社方可以自由采购棉花、销售棉纱。当时，中国纺织业中心上海、无锡等地的一些纺织企业纷纷将工厂化整为零迁来常熟，从而形成了常熟小型纱厂星罗棋布的畸形发展局面，其中最大的为上海人严庆龄筹资40万银元开办的元丰纱厂，它改变了常熟纺织工业原来“花出纱进”、“染织加工”的格局。到1943年，常熟有棉纺企业21家，纱绽41648枚，相当于当年4个裕泰纱厂。

解放战争时期的通货膨胀，使常熟的纺织企业包括其他门类的工业企业生计困难，甚至濒于绝境。据1949年统计，常熟当时有私营企业578家，其中较具规模的棉纺厂15家，轧花厂10家，染织业104家，机械加工厂3家，电厂1家，造船厂7家，印刷厂7家，食品厂49家，碾米厂36家，油厂5家，面粉厂2家。这表明，新中国建国前在常熟的工业经济结构中，棉纺织、粮油加工及食品加工企业居主要地位。它说明近代常熟工业经济的产生与发展，是与农业经济的发展紧密联系在一起的。在今天的常熟工业产业结构中，可以明显地看到这一印记。

6. 传统的农副业生产与常熟花边

常熟地区农业的传统种植结构是一年稻（棉）麦（油菜）两熟制，在长期的农耕生活中，形成了一套传统的生产方式，主要有选种播种、翻地整地、灌水排涝、罱泥沤肥、除草灭虫、收割脱粒等农事。

选种播种在传统农业社会里，主要是农民依靠经验自选自留，形成了许多地方品种。清末常熟水稻有76个品种，棉花有11个品种，小麦、元麦、大麦、油菜也以地方品种为主，良种率低，产量不高。这些品种大都沿种到20世纪50年代，60年代以后开始科学选育良种并推广，使产量得到稳定提高。

播种中以插秧最为辛苦,但也造就了一批插秧能手。唐市的何林梅一天9个小时插秧55053株,平均每小时插秧6177株,人称"活插秧机"。

插秧

翻田整地主要用铁搭等农具进行,效率低,劳动量大,只有少数富裕农户用自养水牛耕地,但整田还要靠手工,到20世纪70年代初,才普遍使用手扶拖拉机。

灌水排涝主要用龙骨水车,只有少数农户用畜力。机器灌水到1918年才出现,但面积不广,到20世纪50年代才普遍使用。

罱泥沤肥是传统农业的主要积肥方式,从河塘中罱河泥再加上绿肥(苜蓿、紫云英)沤制,称为草塘泥,是种植水稻最好的肥料。早在晋代,这一带就开始在稻田里套种紫云英作冬绿肥,春天罱河泥以腐之,插秧前担入田内,其肥力虽慢但长,这一积肥造肥方法延续至20世纪80年代初。在20世纪70年代,全市冬绿肥种植面积仍达1.33万顷,相当于越冬粮食作物的三分之一。同时还养猪养羊积肥,所以有"棚中猪多,囤中米多,养猪乃种田之要务"之说。绿肥的大面积种植和畜粪沤肥等有机肥的大量使用,使土壤肥力不断提高。化肥到20世纪60年代后才得以大面积使用。

罱河泥

除草灭虫主要靠手工，农药的大面积使用是在20世纪50年代以后。

收割主要用镰刀，脱粒用稻床，采摘棉花用手工，到20世纪60年代初才使用半机械的脱粒机，70年代才有联合收割机，但棉花采摘仍要靠手工。

在封建社会，与全国各地一样，常熟的土地主要集中在大地主手中。据新中国建国后土地改革时统计，全县有地主3000多户，占全县总户数的1.33%、总人口的1.68%，他们占有全县土地的37%以上，“粮从租出，租由佃完，业户收租纳税，佃户获稻还租”(《常熟博物馆馆藏文献·催租布告(原件)》)被认为是天经地义之事。农民不论严寒酷暑，终年在田间劳作，辛苦一年的收益仅能勉强维持生计，遇到荒年、兵灾，贫苦农民只能外出讨饭，甚至逃荒，土地就逐渐向地主手中集中。

在传统农业的发展历程中，也有一些精明的地主进行多种经营，从而发家致富。如明代的谭晓、谭照兄弟，利用乡民因灾荒外逃、湖田荒废之机，以极其便宜的价格买进大量土地，雇佣乡民百余人，开挖洼地为池养鱼，鱼池之上架梁为笼舍养鸡、猪，鱼食其粪，在池四周的高田上种植果树与蔬菜，在沼泽上种莳瓜、茭白、菱、芡实等，凡是能利用的土地与空间都被利用起来了，从而取得了很好的经济效益，成为常熟东南巨富。这种生产方式就是现代生态农业的雏形。

在农业社会的传统自然经济条件下，农民为补贴家用，还要利用农闲时节或晚上进行各种副业生产。常熟的副业生产主要有编竹器及草制品，做坯烧砖瓦，纺纱织布，制作花边等。

编竹器是农村传统副业，以篾竹编织饭篮、畚箕、筲箕、洗帚、竹帘、竹筷、箩、筐等，后发展为竹、藤、柳条编织三类。

编草制品是水稻地区农户的副业，主要有编草包、草帘、草绳、蒲包等，沿江地区农户用芦苇编织芦菲、芦帘、晒花席等。

制砖瓦坯是练塘、冶塘一带农户的主要副业，该地区的黄泥土有很强的黏性，是烧制砖瓦的优质泥土。农户在每年春秋两季利用农事间隙取土制作砖瓦坯卖给窑户。

纺纱织布在常熟历史悠久，家家都有纺车，人手多的家庭有三四人纺纱，一般农户都有织布机。后来，“洋布”充斥农村市场，家庭织布才主要自用，但纺纱一直延续至20世纪70年代初，在化纤大量生产后才逐渐被淘汰。

花边生产在常熟历史上是一项极其重要的副业生产，在20世纪30年代前期，常熟农村绣花妇女有20万人之多，年收入达190万银元。常熟花边享誉海内外，在历史上曾辉煌一时。

花边原是欧洲的民间刺绣、编织工艺品。19世纪末，花边技艺传入中国，据赵如珩《江苏省鉴》(下册)说：“清光绪末叶，上海徐家汇天主堂传教西人传授该地教民之妇孺，是为我国花边业之嚆矢。”开始时，花边只是作为教堂内的“奉献品”和神职人员回国时馈赠亲友的礼品。民国初年，上海的花边业逐渐发展，手工技艺日趋精巧。此时，常熟浒浦农妇季根仙在1917年去上海探亲期间，向圣母院外国修女学习花边刺绣工艺，学成后便把花边刺绣制作技艺带回常熟。常熟农家女素有刺绣传统，对花边这种“洋刺绣”很感兴趣，也比较容易掌握。加上当时土纺土织业日趋衰落，而花边绣价较高且稳，所以花边业在常熟发展很快。仅季根仙一人，从1918年到1922年，就教过600多人学习花边工艺，她的徒弟遍及浒浦、碧溪、白宕、西周、梅李、师桥等地，经过数十年的转相传授，花边手绣工艺已普及到家家户户。一个农村女青年，假如不会做花边，婚嫁时就会低人一等。农家女往往忙时种田，闲暇做花边，其手艺的质量，已超过手绣花边业发展较早的沪郊、无锡、海门

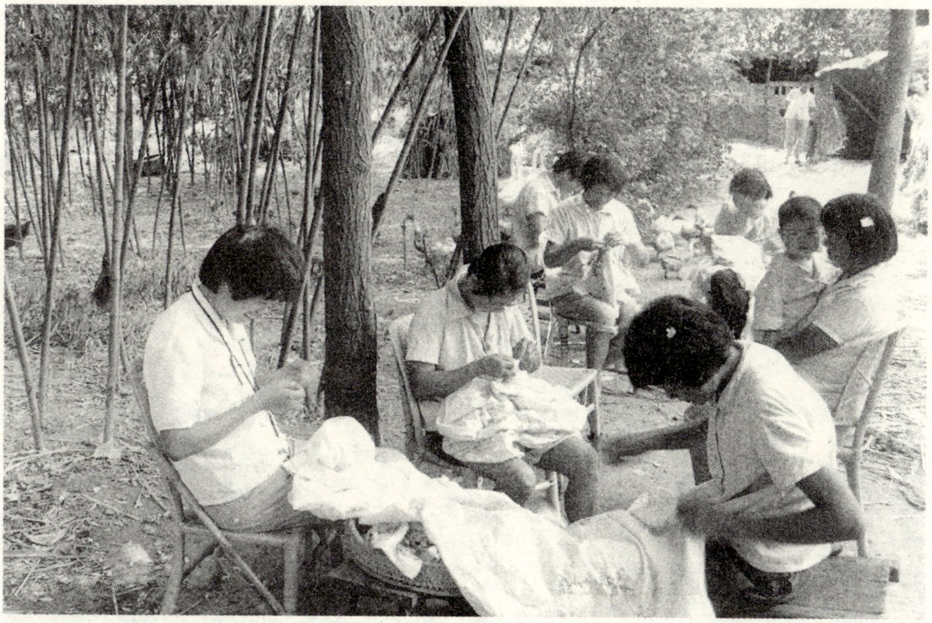

做花边

等地。

建国以后，花边长期成为农村的主要副业，即使在“以粮为纲”的年代里，其他农村副业往往被当做“资本主义尾巴”而割去，唯独花边因是出口创汇产品而被政府所重视，全县最多时有 15 万绣花妇女，可见它在常熟经济中的地位。经过 80 多年的发展，常熟花边以其形状精美娟秀、风格典雅清新、品种丰富多彩而驰名中外。在国际抽纱市场上，以“A”字为标记的常熟花边畅销 80 多个国家和地区，在国内则屡获省优、部优称号以及国家金奖，这是常熟妇女勤劳与智慧的结晶，当然这已是后话。

7. 商业的全面繁荣

近代随着思想观念的逐步开放，一些官宦地主逐渐摒弃传统的轻商观念，把资本转入商业，这为商业的发展提供了充足的资金，清末民初，常熟的城镇商业出现了前所未有的繁荣局面。

城区商铺林立，开设店铺的街巷有 100 多条，城内可以利用的地方都修房建屋开设店铺，以县南街、寺前街、南市心、县西街最为繁华；南门坛上、东门泰安街、西门山前街、小东门横街次之。其中的县南街以银行、钱庄居多，泰安街以粮行、油饼行、纸箔店、油麻店居多，北赵弄及坛上则旅馆、餐馆、酒店密集，猪行均在西门、水北门外，而鱼行、竹行、砖灰、陶瓷及粮行则沿东门河、颜港、陈家市、东市河、西市河、南市河及元和塘桥两岸形成市栈。

民国期间，城区有商号2100多家，摊贩800多户，从商人员占城区总人口的20%多，而且商业分工很细，城区有131个行业。

老照片中的南门大街

农村集镇商号有2958户，从商人员占农村总人口的3.4%。其中梅李镇有商号200多家，称“小常熟”、“银梅李”，是土布集散中心；浒浦镇有商号209家，是长江海洋水产交易中心，称“小上海”；福山镇有商号240多家，是江淮豆麦、棉花、海货输入和常熟棉布输出的港口，沟通了常熟与海洋航线，是南北物资交易中心；唐市镇有商号百余家，为大米、河鲜水产交易中心，称为“金唐市”；支塘镇有商号百余家，是棉纱集散中心；等等。

近代民族工业的发展为商品的丰富提供了条件。市场上的工业品、日用品大多数来自于上海、无锡，而“民间日用油糖杂货”则主要来自苏州等地。鸦片战争打开了国内市场，洋火、洋烟、洋油、洋烛、洋皂涌入市场，形成了所谓的"五洋业"。英商英美烟草公司、美商花旗烟草公司、英商亚细亚火油、美商美孚鹰牌火油、荷兰壳牌汽油、白礼氏洋烛、玫瑰树火柴等都在常熟设立经销处，使民族工业产品受到严重影响，所以就有了抵制洋货、提倡国货运动。为此，百货业普遍增加国产商品的销售，如明星牌花露水、雅霜牌雪花膏、固本肥皂、双钱牌胶鞋等。迫于形势，洋杂货店改为华洋杂货店。

老照片中的南门坛上

常熟在商品交换过程中，形成了六大特色市场。

大米市场。常熟大米久负盛名，历来为本地主要外销商品，交易额一贯居市场榜首。据咸丰年间的《北华捷报》载，上海用米"向来幸有常熟贩运，以资接济"。光绪初年，《图闻报》称，常熟"产米之盛，可于苏松各属中首屈一指"。1918 年，常熟城区有米行 17 家，至 1932 年，全县米行有 244 家，其中城区为 147 家。在上海南北两大米市中，均设常熟米业公所，"常帮白米"价格长期左右了上海的米业市场。

纱布市场。常熟土布以数量多、质量好远销全国各地，在清中叶以后培育起来的常熟布业市场一直长盛不衰。所以常熟的布行、纱号资本雄厚，大店都在上海设分店，办理购销业务。一些与纱布生产关系密切的机械五金行业也为之兴盛，如开设于1914年的华昶电器商店，因经销纱布生产中的相关设备一跃成为县内商业巨子。

水产品市场。常熟境内多湖泊，滨江临海，兼有长江、海洋两大渔场，水产品丰富。据1931年调查，水产总值达98.9万元，最高年产量18.5万担，通常年景10万担左右，自给多余部分，都销往邻近县市。

银钱业市场。清末，常熟城区有银楼22家，钱庄20家。在1918年之前，收兑金银由银楼业经营，吸收社会游资、借贷、汇款和兑换货币业务由钱庄经营。之后，钱庄和银行并存，各类银行齐全，钱庄有永益、晋泰、镇昌盛等，银行有中国银行、交通银行、农民银行、江苏银行、中国实业银行等在常熟开设的分行、支行，其中的义隆钱庄年输往无锡的资金达百万元（银元）之巨，中国银行在20世纪30年代前后存款达500万元（银元）之多，这在当时都属巨资。所以，常熟长期以来被称为“江南存款码头”。

花边市场。这是常熟独树一帜的特色市场。常熟花边在民国期间荣获江苏省物品展览会一等奖，在国际市场也久负盛誉。20世纪40年代末，常熟有花边商行近30家，年产值达900多万元（银元）。

饮食服务业市场。常熟饮食服务业相当发达，饭店、菜馆、茶馆鳞次栉比，面、饭、菜、点心各具特色，菜肴口味介于苏帮菜、扬帮菜之间。著名的百年老店传承至今的有“王四酒家”、“山景园”，熏腊店“马咏斋”。

王四酒家创设于清光绪十三年（1887），业主王四精于利用田间蔬菜、宅边春笋、山间野味、河塘鱼虾、家养鸡鸭烹制具有特色的菜肴，所制“桂花白酒”香甜醇厚，诗人易君左来此品尝后赞赏不绝，赋诗一首，其中有“王四酒家风味好，黄鸡白酒嫩菠青”句，王四酒家由此得名。其以“油鸡白酒，山肴野蔌”为特色，秘制燠油锅最有独特之妙，连当时名声显赫的“宋氏三姐妹”也专程来此品尝。

山景园，创设于清光绪十六年（1890），因餐馆面对虞山景色秀丽，令就餐者心旷神怡而得名，餐馆以承办满汉全席成为业中之冠。菜肴以用料考究、工序严格、制作精湛著称，设施以雅致高档为就餐者所青睐。其创制的“叫花鸡”，酥烂异香，味透肉嫩，上筷骨肉脱离，原汁原味，风味独特，成为常熟名菜。

马咏斋，创设于清宣统二年（1910年），创始人马咏梅精通烹调之术，先以沿街叫卖红烩鸡、块肉、酱蛋熟食，被人誉为“马鸡”、“马蛋”、“马肉”而声名卓著。后设店经营于寺前，取“马咏斋”为号。该店熟食除一贯保持原有特色之外，还不断创新，其自制肉松以色香味形胜过太仓肉松，又试制鸡松，赢得了顾客的一片赞誉，使其成为常熟乃至苏南地区著名的无人匹敌的熏腊店。设分号于苏州、上海。

8. 日军侵占常熟及其暴行

日本帝国主义的侵华战争，给中华民族造成了深重的灾难。常熟是江防前线，受到的灾难就更为深重。日本侵略者进攻南京的部队，有一部分就是在常熟沿江地区登陆的。

1937 年 11 月 12 日，历经 3 个月的淞沪会战以上海沦陷告终。11 月 13 日早晨 6 时许，侵华日军重藤联队在白茆口以西的高浦口、徐六泾、野猫口一线登陆。当天下午 3 时左右，日军第十六师团的一部分又在白茆口附近登陆，11 月 14 日，该部大队主力又从白茆口上游地段登陆，登陆后的日军分两路向常熟城区推进。11 月 19 日，常熟沦陷。

日本侵略军经梅李镇向县城进军

日军的侵略行径遭到了国民党军队的顽强抵抗。当重藤联队登陆时，沿江国民党军队以一个营的兵力奋起反击，国民党第三战区司令部也派出轰炸机支持,击沉各类敌舰四艘,但终未能挽救战局,沿江阵地在坚守4个小时后失守,守军中除少数人突围外,其余全部壮烈牺牲。

14日傍晚,占领梅李的日军沿梅塘向城区推进,在兴隆大虹桥附近的国民党军队一个连奋力阻击,击毙日军30多人。

15日中午,国民党军队第九十八师二九四旅从嘉定到达常熟,与日军展开了激烈的战斗,遭受重大伤亡。傍晚,日军在肖家桥、谢桥附近,又遭国民党军队一个营的顽强抵抗,日军被击毙100多人。国民党二九四旅一个姓戴的连长,把机枪架在大树上向日军猛烈扫射,毙伤日军50余人,最后壮烈牺牲。

20日,自城区撤退到湖桥、张墓桥的国民党广西军与日军激战一昼夜。

所有这些,都表现了中国人民在民族危亡的关头,不畏强敌,英勇奋战的大无畏气概。

日本侵略军在攻占常熟前后及八年占领期间,犯下了滔天罪行,日军的暴行主要有:

狂轰滥炸。在"八一三"淞沪会战的3个月时间里,常熟作为上海的后方,遭到了日机的狂轰滥炸,从8月16日首次轰炸常熟,到常熟沦陷的3个月时间里,仅见之于记载的就达28次,平均每三天一次。日机狂轰滥炸遍及城乡各地,究竟造成了多少伤亡、多少财产损失,难以统计。

烧杀奸淫。日军登陆后向常熟县城推进,先头部队沿途烧毁民房3万余间,杀害百姓3千余人。仅登陆点吴市一带,就有571人被日军杀害,374名妇女被奸淫,1511人被关被打,被日军烧毁房屋1090间。沿江村村民吴小弟全家三代五口人躲在地洞里,被日军发现后,全部遭杀害。避难于常熟祖师庙的30多个山民及戒非和尚,也全部被日军杀害。

日军进城后,用尽了一切凶残毒辣的手段:一是到处纵火。城内有三分之一的房屋被烧毁。二是疯狂杀人。日军入城后杀害无辜百姓1500人左右,连县立医院里的5个病人也不放过。三是奸淫妇女。进城日军挨家挨户搜查,见年轻妇女就奸淫,不从者即杀死。四是抢劫财物。日军所到之处,财物均被洗劫一空,并被任意捣毁,使居民蒙受巨大损失,无法正常生活。

集体屠杀。日军进城后因市场上无食盐供应,南门附近居民和农民结队去盐业公堂搬运食盐,日军架起机枪扫射,当场杀死300多人。

在日军登陆处设立的“毋忘国耻”碑

1938 年 9 月 19 日，日伪武装 300 余人突然包围西塘桥，纵火烧毁房屋，将居民押到东市梢牛尾巴湾里，日军首领岸山指挥用机枪扫射，36 人倒于血泊之中，仅有 2 人侥幸逃命，造成震惊全县的“牛尾巴湾惨案”。

1941 年 5 月 30 日，日军 300 余人突袭苏家尖搜寻抗日武装，在苏家尖天主堂一次杀害无辜百姓 32 人。

1941 年 7 月，日军对苏常太地区实行全面“清乡”，被捕的抗日干群近万人，被杀害者无数，仅周行乡就有 59 人被捕，杀害 15 人，被关押在支塘日本宪兵大队部的 300 多人都受到了严刑拷打，昏死后或被活埋，或被狼狗咬死，或被绑在树上砍头，尸体有的被装进麻袋丢入河中，有的甚至被用硝镪水灭尸，手段极其残忍。仅支塘观音桥日军小林师团渡边中队，就先后杀害抗日战士和群众近百人。

1943 年 3 月，常熟日本宪兵队抓捕了国民党太仓县地下党部书记郑凤石，经严讯逼供，郑杜撰了“中共苏南区委”详情，宪兵队长米村春喜据此在常太地区逮捕 80 余人，常熟县先后被逮捕的 30 余人均遭到严刑拷打，有的惨遭活埋。后来在县城北门外梅园、纪念塔和小山台山麓，曾发掘出直立骷髅和大堆骨骼，正是这个时期日军暴行的铁证。此案一直延续至 1945 年，祸及沪宁、沪杭铁路沿线各县，先后逮捕300余人，死难者50余人，成为震惊江南的大血案。米村春喜因此被常熟人民称为“常熟之狼”，抗战胜利后被处决。

日本侵略者在常熟犯下的罪行真是罄竹难书，这虽已成为历史，但历史是不应该被忘记的。

9. 沙家浜抗日烽火

自从沪剧《芦荡火种》和京剧《沙家浜》上演以来，沙家浜的故事一直在中国大地流传，教育了一代又一代中国人。讲到沙家浜的抗日烽火，就要从中国共产党在常熟建立组织说起。

1926年2月，中国共产党在常熟城内亦爱庐成立了中共常熟特别支部，李强为书记。“四一二”政变以后，李强与部分党员分批撤离常熟，革命转入低潮。

1928年5月12日，中共常熟县委成立，领导人民开展了一系列斗争。共产党员宋瘦竹、石楚材等在此期间为革命献出了宝贵的生命。

常熟沦陷后，江苏省委派杨浩庐和李建模回到常熟梅李开展武装斗争，并于1938年5月重建了中共常熟县委，李建模任书记，杨浩庐、赵伯华任副书记。中国共产党领导下的沙家浜抗日烽火自此拉开序幕。

中共常熟县委首先组织抗战积极分子在塘桥附近举办了军事训练班，并以此为骨干，建立了常熟人民抗日自卫队（习惯称“民抗”），这是常熟县委直接领导的一支抗日队伍，任天石任“民抗”大队长，大队建立了党支部。任天石在群众中有很高的威望，被群众称为“老天”，“民抗”也被称为“老天部队”。与此同时，中共常熟特别支部创始人之一周文在奉党组织指示，担任被国民党收编的由陈震寰任司令的第六梯团政委（党领导第六梯团后，改称“新六梯团”）。

1939年5月，新四军第六团3个营700余人在团长叶飞的率领下，从陈毅创建的茅山抗日根据地出发，打着“江南抗日义勇军”（简称“江抗”）旗号，到达苏常太地区的阳澄湖畔，与“民抗”和“新六梯团”会师，初步建立起了以阳澄地区唐市为中心的苏常太抗日根据地。

1939年9月，“江抗”奉命西撤至澄锡虞地区开展抗日斗争。《芦荡火种》和《沙家浜》的故事就发生在这一时期。

沙家浜革命历史纪念馆前的雕塑

“江抗”西撤时，在阳澄湖地区留下了一所后方医院，这所医院仅有五六个医生、10多名护士和以“江抗”作战处长夏光为首的36个伤病员，他们大都是丧失作战能力的闽东籍的老红军战士。后方医院之所以要设在常熟南部的阳澄湖地区，是因为这里不通公路，交通不便，河湖港汊交织，地形错综复杂，虽处于敌占区，但日伪不敢随便进出，更重要的是当地群众基础好，所以当时常熟县委书记李建模为便于隐蔽伤病员，将后方医院设在这里。

后方医院地处敌占区，既不能称后方，也无固定地点，又没有武装掩护，靠的是人民群众的支持和帮助。后方医院没有药品，只有乡亲们冒着生命危险送来的红汞、碘酒。病房设在农家的客堂、厨房、牛棚及芦苇丛中。日伪几乎天天下乡搜捕伤病员，靠了乡亲们的巧妙机智斗争，医护人员的精心照料，36个伤病员才得以痊愈。

不久，随“江抗”西撤的常熟县委书记杨浩庐奉命带领原“民抗”中的一批干部返回苏常太地区重组抗日部队，他们以伤愈的36个伤病员为骨干，组建了一支全新的抗日武装队伍（习惯称为“新江抗”）。

1940年4月，中共中央东南局和新四军军部派谭震林率数十名干部来到常熟，把“江南抗日义勇军”改为“江南抗日救国军”，谭震林任司令兼政委，领导苏常太地区的抗日游击战争，并于1940年6月、7月分别建立了具有政权性质的常熟、苏州两县人民抗日自救会，这标志着苏常太抗日游击根据地的形成，常熟地区的抗日斗争进入了一个新的阶段。

苏常太抗日游击根据地的形成，严重威胁了日伪战略后方基地的安全，这就引发了日伪于1941年1月开始的为期3个月的“清乡”，根据地遭到了严重破坏。

日伪“清乡”以后，党先后派任天石、薛惠民负责苏常太地区的恢复工作。他们以秘密工作和武装斗争相结合的方式，进行了艰苦卓绝的斗争，组建了武装工作队，在吴市镇捣毁租栈，烧毁租簿，镇压伪区长杨振亚、伪乡长王宇平。在农村，组织群众开展反征军米、反“号军树”和抗租斗争，使党的工作在常熟地区一直坚持至抗战胜利。

在沙家浜的抗日烽火中，常熟英雄儿女中涌现出了无数抗日英雄。列入《常熟市志·革命烈士》的有：黄小生、端木瑞英、徐青萍、朱爱秾、茆春华、鲍志春、薛惠民、薛惠农、李建模、戈仰山、徐政、叶小七、任天石，等等。他们在与日寇的斗争中，英勇不屈，大义凛然，表现了崇高的民族气节，并以鲜血和生命谱写了气壮山河、令人可歌可泣的英雄业绩。历史应记住这些伟大的共产党人。在迎接新中国成立60周年之际，为推动群众性爱国主义教育活动深入开展，江苏省委宣传部等13个部门联合组织开展评选“50位为新中国成立作出突出贡献的江苏英雄模范人物”，李建模、任天石名列其中。

沙家浜的抗日烽火、烈士的鲜血，即将迎来一轮喷薄而出的朝阳。共和国的诞生就在眼前，历史将翻开新的一页。

第三章　文脉绵长

常熟是全国唯一获得国家级历史文化名城称号的县级市。它灿烂而丰厚的文化遗产，不仅表现在传承悠久的教育和丰富的藏书上，而且表现在具有全国性影响的文学艺术流派上，还表现在众多的名胜古迹和多彩的民俗风情上，文化始终是常熟魅力之所在。

第一节　悠远的书香

言子故里常熟，向为文学之乡，有浓郁的“读书求知”氛围，产生了领先全国的科举人才和两院院士，而长盛不衰的私家藏书、刻书，又为传承文化作出了卓越的贡献。

1. 旧式教育

常熟教育发达，早在春秋时期，言子就把孔子开创的私人办学教育形式带回江南。此后，形成了官立与私立相结合的办学形式。隋唐以后，由于科举制度的产生，逐渐形成了县学、书院、社学、义学、私塾相结合的教育格局。县学为县府所办，书院、社学由社会所办，义学和私塾则由私人所办。

(1) 县学与书院

北宋至和年间(1054—1056)，常熟建办县学，又称儒学、庙学，地址在今天的学前街，前临琴川河，占地20多亩，南宋端平二年(1235)，按照苏州府学的格局重建，东为文庙，西为学堂。有房屋120间。文庙是供奉孔子的地

县学前的泮桥

方，每年春秋两季，读书人都要到文庙举行隆重的祭礼，以表达对这位教育先师的尊重。学堂内的主体建筑为明伦堂，堂后两侧建有书房、宿舍、厨房等学习生活设施，还有收藏儒家经典与地方文献的尊经阁。

县学是培养科举人才的学校，教学内容以儒家经典为主，师生名额都有规定，经费靠官府划拨或邑人捐助的学田收入。元代常熟升州后又称为州学，常昭分治后，县学由两县合办。

书院是中国古代特有的一种教育组织形式，最初是官家藏书校书的场所，后来演变为学者讲学、学生读书的场所，有官办民助，也有士绅集资兴办，是准备科举的场所。

常熟历史上最早的书院为文学书院，建于元代至顺二年（1331），由邑内富户曹善诚创建。影响最大的书院为游文书院，清雍正三年（1725）由粮储道杨本植所建，在昭明太子读书台后，至今犹存。城区还有养贤书院、思文书院、学爱精庐、琴川课院、海虞书院等。乡区规模较大的书院有建于清康熙年间（1662—1722）的支塘正修书院，建于清乾隆二十九年（1764）的梅李书院等。在上世纪初新学兴起时书院大都改成学堂。

游文书院

(2) 社学、义学与私塾

社学是元、明、清三代的地方学校。元代推行以五十家为一社，每社设学校一所，农闲时令社内子弟入学。常熟最早的社学是设于明成化二年(1466)的"养蒙"社学，后代屡有增建，清代后期社学逐步废除。

义学是由民间士绅集资在各姓义庄或祠堂设立的具有慈善性质的学校，聘请教师，主要教授族内子弟。从元代泰定二年(1325)杨伯麟建杨氏义学开始，明清两代常熟城乡均有义学设立。

私塾是历代相沿的一种教学方法。一般是塾师在家设塾教授学生，也有借他人余屋设塾招生的。塾师要向学生收取学费，称为束修、修金，逢年过节学生要向先生送礼。较富裕的人家，单独请塾师设馆教授本家子弟，也有官宦士绅告老归里后设塾以教子孙。旧社会一些有家学渊源的饱学之士及名门闺秀，往往都是这种家塾里培养出来的。私塾没有严格的修业年限，年龄、程度不等的学生就读一室。一般从识字和描红开始，依次读《三字经》《百家姓》《千字文》等启蒙读物，主要是识字，然后再读《大学》《中庸》《论语》《孟子》等。每天临写大小楷书，并学习作文。一般学生念完《论语》《孟子》就差不多了，需继续深造的，再学《诗经》《说文解字》《古文观止》等。晚清以后，有的私塾也开设珠算、算术等课。塾师以个别教授为主，学生以熟读背诵为主，不求甚解，考核的方法以能否熟练背诵为标准，有的也要当堂习字或作文。清末以后，新学兴起，但私塾依然面广量大，教学内容不少已用公立学校的课本。至新中国建国前夕，全县仍有 216 所私塾，1955 年还有 103 所，直至 1957 年末，才全部为公办小学所代替。据资料表明，近代常熟儿童接受教育大部分是在私塾中进行的，可知私塾在教育中的基础作用。

2. 新式教育

常熟新式教育的开创主要受两方面的影响。一是教会学校的影响。常熟最早意义上的小学是清光绪四年(1878)由天主教在城区颜港创设的教会学校，它开创了常熟地区小学教学的先河。教会学校一般收教徒子女入学，对家境贫寒而成绩优异的学生，可减免收费，还可帮助升学或就业，这无疑有一定的吸引力。二是受维新思潮的影响。甲午战争后，常熟的一些知识分子受“洋务运动”和“变法维新”思潮的影响，开始研究新学。光绪二十三年(1897)，由丁祖荫、曾朴、徐念慈等人发起，在塔前学爱精庐内创立中西学社，集合志同道合者研究新学，鼓吹废科举、办学堂，培养人才，以改良社会，挽救国家危亡。次年五月，他们以学社的名义创办中西蒙学堂，丁祖荫、曾朴亲任堂长，由学社成员义务授课。之后，学社又在县城内创办多所小学堂，为推广新式教育做了大量开创性的工作。光绪三十年(1904)，常昭学会成立，之后改名为常昭教育会，中西学社成员大都加入。教育会以普及地方新式教育为宗旨，捐资创办学堂，由会员义务任教，劝导地方办学，协助乡镇制订建校规划，组织会员宣讲新学，培训新学师资，收集并研究各种教科书，编印目录，指导各学堂择优采用。新学兴起之际，不断遭到地方保守势力的阻挠与破坏，他们有的诽谤学堂，有的谋夺办学经费，有的寻衅闹事，有的谩骂殴打师生，有的捣毁校舍。常昭教育会都进行了坚决的斗争，使新学顺利推行。

新学包括小学教育、幼儿教育、师范教育、职业教育、中学教育等。

（1）小学与幼儿教育

常熟的小学教育是从颜港天主堂于1878年创设的教会学校开始的，光绪二十三年（1897）丁祖荫等筹款在塔前学爱精庐创立中西学社，次年改名为中西蒙学堂，这是常熟设立的第一所学堂，光绪二十八年（1902）改名为常昭公立高等小学堂（今塔前小学前身）。一年以后，城乡的书院相继改办学堂，形成了公立、私立、商立三足鼎立的局面。至清末，全县小学堂增至71所，在籍学生有4400余人，其中有女子学堂6所，开了女子教育的先河，这在当时全省各县中是罕见的。

民国之后，小学堂称为小学校，并规定公立的高等小学校归县办，公立的初等小学校归市、乡办（当时全县分4个市31个乡），民立、商立、私立小学校统称私立小学校，小学教育发展很快，1949年，全县有小学318所，在籍学生达91460人。

常熟最早的幼儿园创办于清宣统元年（1909），私立淑琴两等女子小学堂增设蒙养院（1923年改称幼稚园，建国后称幼儿园），这是常熟创办的第一所幼儿园，也是全省当时仅有的六所幼儿园之一。

宗秀松像

民国五年（1916），海虞市立女子国民学校（今学前小学前身）创办蒙养院，这就是今天实验小学幼儿园的前身，是今天常熟幼儿园中办园历史最长的幼儿园。该校首任校长为宗秀松（1888—1928），她在1914年放弃了在苏州大同女

海虞市立女子学校的蒙养院(幼儿园)

校任教的优厚待遇,回乡就任海虞市立女子国民学校校长。学校缺少资金,任职前七年,她个人捐资1476元(银元),而同期学校的全部学杂费收入仅有4190元。当时教师年薪在180元至240元之间,她自定42元。当校长14年,受省令嘉奖15次,名重省内。

民国年间,北明慧小学、塔前实验小学、石梅小学也相继创办幼稚园,农村小学对年龄太小不能读一年级的幼儿另行编班,称"幼稚班"或"半年级"。

(2)师范、职业、中学教育

办新学要有师资,原有以私塾教师为主体的师资队伍显然已不能适应需要,所以在清末民初,常熟地区办起了不少速成性质的师资班,最早的有举办于1906年的常昭师范传习所,1907年的常昭速成师范学堂,等等。在师范学校中,以胡静芳创办的私立淑琴女子师范学堂最有影响。胡静芳(1844—1937),思想进步,光绪年间为反对女子缠足而组织"天足会",自任会长。新学兴起,她任女子劝学会会长。1908年,她独自捐资创办淑琴两等女子小学堂,亲任堂长,次年增办蒙养院,开创了我县女子教育与幼儿教育的先河。1910 年，创办私立淑琴女子师范学堂。1914 年，因其办学成绩突出，历年捐款办学经费达 10662 银元，获大总统特别奖、一等嘉祥奖。她主持校政 20 年，为常熟的小学教育输送了大批师资，在常熟的教育史上影响深远。

由于受"实业救国"思潮的影响，常熟的职业教育起步很早。1910 年，邑人缪静甫、高志达夫妇创建私立女红学堂，又名美术工艺传习所，这是常熟历史上第一所初等职业技术教育性质的学校。

民国以后，各种职业学校发展迅速，县内陆续创办各类初等商业、农业学校，主要招收 12 岁以上的初小毕业生，培养了一批具有专门技能的人才。

1922 年，政府对学制作出了统一的规定，小学由"四三制"（初小读四

私立孝友初级中学

年，高小读三年）改为“四二制”。为适应小学学制缩短以后学生求学要求，常熟开始兴办中学。

常熟最早的中学为创立于1922年的私立孝友中学与基督教会创办的诚一中学。1924年，县参议会议决议筹建常熟县立初级中学，这是常熟历史上第一所公立普通中学。抗战胜利后，县立初级中学由陈旭轮（1898—1960）任校长。他以学者办学自任，尊重师生，民主办学，使常熟县立初级中学的办学水平一直居全省前列。

抗战期间，大批中学师生随政府内迁四川。1938年，创立了国立四川临时中学接纳这批师生，1940年正式命名为国立第二中学，在四川合川、北碚、文星场等地上课。抗战胜利后该校奉命复员，选择常熟作为校址，1946年正式开学，改名为江苏省立常熟中学，设初中、高中两部。

据1948年统计，全县共有中等学校12所75个班，在校学生3923人。

3. 科举人才与科技英才

发达的教育，使常熟涌现出了一大批出类拔萃的人才。在科举时代，人才以进士、状元为代表；在现当代，以科技英才即“两院院士”为代表。当然，二者不能简单地类比，但作为人才中的代表大致也相差不远。

科举制度是封建社会里由官府定期进行的考试取士制度，根据成绩的优劣选取人才分别担任官职，它使普通读书人有参加考试从而被选拔做官的机会，它产生于隋代，废止于光绪二十七年（1901），其间经历了1300多年。

科举制度发展到明清，变得十分严密。考试有童试、乡试、会试、殿试四级，一般每三年组织一次。

童试：童试分县试、府试、院试三个阶段。如常熟的考生必须先在常熟参加县试，再在苏州参加府试，最后在南京参加院试。三个阶段考试全部合格，就成为“秀才”。

乡试：乡试在南京进行，“秀才”才能参加，考中了就是“举人”，“举人”的第一名称为“解元”。

会试：会试在京城进行，“举人”才能参加，考中了就是“贡士”，清代每科一般取“贡士”300名左右，“贡士”中的第一名称为“会元”。

殿试：殿试又称“廷试”，由皇帝亲自主持裁决，“贡士”才能参加，一般不再淘汰，前三名列为一甲，称为“进士及第”，第一名叫“状元”，第二名叫“榜眼”，第三名叫“探花”；二甲若干名，第一名叫“传胪”；三甲若干名，称“同进士出身”。殿试放榜称为“传胪”，是科举制度时代国家最隆重的仪式之一。

科举制度中，还不定期设立选拔武艺人才的武举。

科举制度使普通读书人均有参加考试从而被选拔做官的机会，但发展到后来，考试内容、考生的答题有严格的文体要求（即八股文），严重束缚了读书人的思想而走入死胡同被废弃。

常熟在科举史上，曾产生过 483 名进士，其中有状元 8 人，即唐代的陆器，宋代的周虎（武举），清代的孙承恩、归允肃、汪绎、汪应铨、翁同龢、翁曾源；有榜眼 4 人，探花 5 人，传胪 4 人。

翁同龢像

在全国数以百万计的读书人中，常熟能产生这么多的状元、进士，确实不是一件容易的事情，尽管科举制度在中国历史上的作用尚可深入讨论，但这本身是一种官员选拔制度。常熟的进士、状元中，出现过一批极为出色的有高度文化修养的学者及政治家，最有名的是翁同龢。翁同龢（1830—1904），字声甫，号叔平、松禅、瓶庐居士等。清咸丰六年（1856）中状元，先后为同治、光绪两代帝师，历任刑部、工部、户部尚书，协办大学士等。中法战争时，支持刘永福黑旗军保卫疆土；甲午战争时，力主抗日；戊戌变法时，支持变革维新。光绪二十四年（1898），被慈禧太后削职回籍，隐居于西门外鹁鸽峰瓶庐直至去世。翁同龢是中国近代史上一位重要的历史人物，如果再花一些笔墨，就可以在常熟科举人才中开出一份极为壮观的人才名单。

院士是学术界给予科学家的最高荣誉称号，它分中国科学院院士和中国工程院院士两类，习惯称为“两院院士”，前者侧重理论研究，后者侧重实际应用，是我国科学技术界和工程技术界的杰出人才，他们的研究成果代表了中国科学技术的最高水平。常熟籍的院士有 19 人。中国科学院院士有李

王淦昌像

强、王淦昌、张青莲、夏坚白、戴恩松、张光斗、时钧、郑国锠、姚鑫、陆宝麟、钱人元、徐国钧、曹楚南、陆埮、章申、范滇元；中国工程院院士有张光斗、屈梁生、时铭显、黄崇祺，其中张光斗是唯一的“双院士”。院士是当代常熟籍科技英才的精华，是常熟的骄傲。如核物理学家王淦昌，是我国核科学技术的奠基人和开拓者之一。1999年，中共中央、国务院、中央军委隆重举行大会，表彰在研制“两弹一星”中作出突出贡献的科学家，王淦昌被追授“两弹一星功勋奖章”。家乡人民为纪念他，把支塘中学改名为“王淦昌中学”。再如，化学工程学家时钧，是我国水泥专业、化学工程专业的开创者，在化学高等教育领域辛勤耕耘，桃李满天下，他的学生中，两院院士就有 14 位。2009 年 9 月，时钧光荣入选“50 位新中国成立以来感动江苏人物”。

缪进鸿先生在《长江三角洲与其他地区人才比较研究》一文中，对明清两代科举考试中产生巍科（会元、状元、榜眼、探花、传胪）较多的城市进行对比研究后发现，常熟与北京、南京一起并列第六。该文还对先秦至今全国 300 多位杰出专家学者分布进行了分析研究，结果发现，常熟籍的有 25 人，占总人数的十二分之一左右，在全国 400 多个城市中，常熟名列第十四位。常熟作为一个县级市，能产生如此辉煌的教育成果，说明常熟经济富裕、教育发达，说明尊重知识、崇尚读书、以知识为本已成为常熟人的普遍风气。

4．藏书名家

藏书丰富是常熟发达的文化现象之一。常熟籍藏书家在全国藏书家中所占的比例相当可观。叶昌炽编著的《藏书纪事诗》收录全国藏书家 691 人，其中常熟籍的有 33 人；杨立诚、金步瀛编的《中国藏书家考略》收录 741 人，其中常熟籍的有 84 人。吴晗作了这样的评论：以江苏的藏书家而论，常熟、南京、扬州、吴县四地始终为历代的重心，这在全国藏书史上是罕见的。

常熟的藏书家中，以赵琦美的脉望馆、毛晋的汲古阁、瞿氏的铁琴铜剑楼在中国文化史上的贡献最为突出。

王淦昌中学

（1）赵琦美与脉望馆

赵琦美(1563—1624)，字玄度，号清常道人，官至刑部郎中，他的父亲赵用贤在任吏部侍郎期间，十分留意皇家宫室内的藏书，凡是流传极少的秘本与善本书籍，都要借来手抄。在父亲的影响下，赵琦美也十分注意搜集购买古籍秘本，藏书逐渐丰富，根据他晚年编写的《脉望馆书目》记载，藏书有5000 多种，2 万多册。

赵琦美在藏书史上的贡献主要体现在精心收集并校勘了大量的珍本书籍。如珍贵古籍《洛阳伽蓝记》，因版本较差，他千方百计地搜集到 4 种手抄本，精心校勘，据此改正了原刻中 488 处错字和 320 多个错误加入或脱漏的字，几年后，又得到一本更为完整的的手抄本，又改正了 50 多个错字，历时八年才完成，可见他下了多少力气。他又购买到了李诫的《营造法式》残本，缺18 卷，他寻访了 20 年时间，才补齐了全书，并不惜以高价请画师重新绘制了插图。

脉望馆

赵琦美最重要的贡献就是校订抄写了《古今杂剧》242 种。元杂剧与唐诗、宋词同为中国文学发展史上的三座高峰。但到明中叶以后,杂剧演唱逐渐失传,留下的大量剧本并没有得到藏书家的赏识与收藏,经过历代的战火,流传日益稀少,更无人愿意去汇成总集。在这笔宝贵的文学遗产将要湮没之际,赵琦美独具慧眼,留心搜集,经过几年努力,终于汇集了《古今杂剧》242 种,其中的 39 种元曲,都是以前从未见过的孤本。在赵琦美身后的 300 多年时间里,这批珍贵的古籍先后被常熟、泰兴、苏州等地 6 个藏书家收藏,但最后又回到了赵琦美十世族孙常熟藏书家旧山楼主赵宗建手中,之后这批古籍又流到了常熟著名藏书家缃素楼主丁祖荫手上,丁祖荫寓居苏州时,将这批古籍带去。

丁祖荫死后,这批书于 1938 年出现在苏州书市上,著名学者郑振铎闻讯,几经周折,花 9000 银元购得这批书,郑称这些书是"国宝",并把这次发现与敦煌千佛洞藏书的发现相提并论,因为明代有个藏书家李开先称他藏有 1000 余种剧本,但到五四前后,把所有元明杂剧加起来也远远少于 1000 种。1939 年,商务印书馆选出其中的 144 种排印出版,名为《孤本元明杂剧》,1958 年,郑振铎将脉望馆校抄的《元明杂剧》242 种编入他主编的《古今戏曲丛刊》第四集影印出版。此书为前所未有的孤本,不少为明代宫廷演出的抄本,其中的 102 种杂剧全面详列了每折戏的登场人物及其应穿戴的衣冠、髯口和应执的道具,由此可见明代宫廷杂剧装扮面貌的大略。这是迄今为止发现最早的比较系统的戏曲服饰史料,对于研究戏曲舞台艺术的演变历史具有重要价值,所以此书被后人称为“戏曲史库”、“戏曲宝库”。脉望馆与赵琦美由此而名声大起。

(2) 毛晋与汲古阁

毛晋(1599—1659),名凤苞,字子久,后改名子晋。明末江南地区著名的藏书家、刻书家,居住于昆承湖畔的七星桥。

毛晋塑像

毛晋对古籍有一种特殊的爱好,他花了很大精力收藏秘籍和善本,遇到有价值的古籍,就不计价格收购。他曾在自己的家门上贴出这样的广告:“有以宋椠本至者,门内主人计页酬钱,每页出二百;有以旧抄本至者,每页出四十;有以时下善本至者,别家出一千,主人出一千二百。”于是各地书商纷至沓来,民间因此有这样的说法:“三百六十行生意,不如鬻书于毛氏。”毛晋收购的书籍前后达 8.4 万册,他专门建造了汲古阁和目耕楼收藏。

毛晋在中国文化史的突出成就是对所收藏古籍进行校勘,再影抄或刻印出来，使一些珍贵的书籍得到了保存与传承。

所谓抄书，就是选择其他人收藏的但世间罕见的宋版书籍，雇佣高手以好的纸张与墨进行影抄（类似今天的复印）。这种影抄的宋版书字体工整，与原刻一模一样，几乎可以乱真，世间称之为“影宋抄本”，又叫“毛抄本”。后但凡消失的宋版书，只要有“毛抄本”，则把它看做与原版一样珍贵。

毛晋还大规模地进行刻书，他兴土木，聘文人，雇刻工，形成了一个颇具特色的私人出版中心，他家中常年有刻书印书工人二三十人，就连家里的僮仆都参加了抄书，所以《常昭合志》有“入门僮仆尽抄书”之说，可见刊刻书籍的规模非同一般。据不完全统计，40多年时间里，毛晋刻书达600多种，而且相当讲究，多用宋版书作为底本，亲自进行校勘，经、史、子、集四部俱刻，刊刻的书版竟达10多万版页之多，刊刻的字数至少在3000万字以上。这在当时校、写、刻、印都是手工操作的情况下，确实不是一件容易的事，数量之多，质量之好，在私人出版家中，可以说是空前绝后的。

毛晋把毕业的精力奉献给了出版事业，他“节衣缩食”，“夏不知暑，冬不知寒，昼不知出户，夜不知掩扉”，以至于“头颅如雪，目睛如雾”，这种献身于版刻事业的精神令人感佩，所以后人用“汲古阁之名，照耀宇宙内”来评价毛晋为保存和传播文化事业上所作出的贡献。

（3）瞿氏与铁琴铜剑楼

铁琴铜剑楼是近代最负盛名的藏书楼之一，创建于清乾隆末年，位于常熟东郊古里镇。创始人为瞿绍基（1772—1836），字厚培，号荫堂，其祖父经商致富，父亲喜好读书，淡泊功名，不求仕进。受家传影响，瞿绍基不惜财力，遍购宋元时代善本书收藏。藏书楼初名为恬裕斋，到他儿子瞿镛时期，藏书楼已有书籍10万余卷。光绪年间，因避光绪名讳，恬裕斋更名为敦裕斋。后楼主瞿镛因酷爱金石古玩，得铁琴一张、铜剑一把，故又更名为铁琴铜剑楼。

在晚清，铁琴铜剑楼与聊城杨氏的海源阁、归安陆氏的皕宋楼、钱塘丁氏的八千卷楼并称为海内四大藏书楼，有“南瞿北杨”之称，并与浙江的天一阁齐名，在我国藏书史上有举足轻重的地位。铁琴铜剑楼创建后，一代代后人遵守先人遗志，爱书如命，在近代兵荒马乱的岁月里，冒着极大的风险保管藏匿，保证了藏书的安全。

铁琴铜剑楼

太平天国时期，烽烟四起，各地藏书家所藏的珍贵古籍大都损失惨重。当时第三代楼主瞿秉渊、瞿秉清兄弟，为了保存这批珍贵古籍，千方百计地把藏书楼中的珍品分藏于东乡各地，最后运至苏北海门大洪镇，战后重新运回，历尽千辛万苦，保存了铁琴铜剑楼藏书的精华。

清末，两江总督端方觊觎铁琴铜剑楼的藏书，以成立学部图书馆为名，要瞿家捐献图书，并以三品京官、三十万两白银相诱。但当时的楼主瞿启甲不予理睬，端方的阴谋未能得逞。在当时的形势下，没有大无畏的勇气是难以做到的。

民国初年，军阀战争连年不断，常熟也遭受战祸。第四代楼主瞿启甲把藏书秘密运到上海租界珍藏。抗战期间，日本人到处寻访铁琴铜剑楼的藏书，由于瞿家早作安排，藏书得以妥善珍藏，完好无损。

铁琴铜剑楼提倡书贵流通，他们破除了以前藏书家概不借阅的旧习，对于登门求借的读者，不管是藏书大家，还是乡野书生，都能一视同仁，尽力让他们查阅，对远道而来的读者还解决食宿。海内的名流学者都闻风前来借阅，有的还借用善本进行影印或校勘，使铁琴铜剑楼获得了很高的社会声誉。为了使藏书中的珍本在更大范围内流通，铁琴铜剑楼编印了《铁琴铜剑楼宋元善本书影》，共计宋版书 161 种，金版书 3 种，元版书 105 种。抗战前，上海商务印书馆影印的《四部丛刊》中，有铁琴铜剑楼提供的 81 种珍贵古籍，为研究者提供了极大的方便。

新中国建国后，铁琴铜剑楼把所有藏书捐献给了国家，此举是铁琴铜剑楼历史上也是中国藏书史上最光辉的一页。

在中国千年藏书史上，藏书能传至五代并把所藏之书完整地献给国家的，只有铁琴铜剑楼一家。五代人的努力，使铁琴铜剑楼的藏书达一千余种、十万余卷，这么巨大的藏书量，仅就每年翻晒一次，就要花费巨大的精力，何况还要装订、修补与校勘。所以，历史上的私人藏书往往受财力的限制，最后多以藏书散失为结局。瞿启甲生前就对此深为忧虑，他在临终时明确交代第五代楼主济仓、旭初、凤起三个儿子：能守则守，不能守则化私为公。建国后，三兄弟看到新中国政治昌明，就作出决定，把这批价值连城的藏书全部捐献给国家，从而使这批珍贵的文化遗产变成全民族的财富，中央人民政府为之颁发奖状予以褒奖。

第二节 辉煌的文艺

在常熟文化史上，有两个令人自豪的时期：明末清初，常熟形成了具有全国性影响的虞山诗派、虞山琴派、虞山画派、虞山印派；清末民初，常熟的小说家又以独特的成就为中国小说的发展作出了开创性的贡献。今天常熟的文化品牌，大都是这两个时期打下的基础。

1. 虞山诗派

讲到常熟的文学，就要讲到钱谦益。作为诗人，钱谦益在清初与吴伟业、龚鼎孳同列为“江左三大家”，他所开创的虞山诗派曾称雄于全国诗坛；作为散文家，他是明末最负盛名的人，号称文坛泰斗。

钱谦益像

钱谦益（1582—1664），字受之，号牧斋，晚年自号牧斋老人、蒙叟、绛云老人、东涧遗老等。他在明万历三十八年（1610）考中探花，被授职翰林院编修。由于明代后期政治腐败，边患深重，国事不宁，朝廷内党派林立，万历三十八年的科举考试成为党争的一个焦点，钱谦益一踏进仕途就陷入了党争的漩涡，由于他与东林党人来往密切，政敌攻击他是东林党党魁，在仕途上三起三落，以致被逮入刑部大狱，在朝不过五年，其余都是赋闲在家。

正因为钱谦益遭到了太多的是非争斗，受尽磨难，所以他得到了广泛的社会同情。更由于他是文坛泰斗、诗坛领袖，所以去拜访他的人不绝于途，才女柳如是就是因为听说钱谦益为“当今李（白）、杜（甫）”，想睹其风采，驾扁舟来到常熟，二人从而结为伴侣。

崇祯十七年（1644），李自成攻入北京，崇祯自缢，福王朱由崧在南京建立弘光政权，史称南明。在功名的引诱下，晚年的钱谦益走上了失节之途，他因献媚于权臣马士英而被启用为礼部尚书，未及一年，清军攻陷南京，在生死考验面前，钱谦益不肯听从柳如是“取义全大节”的劝告，走上了降清之路，被清廷授予吏部右侍郎、明史副总裁之职，但并未真正得到重用，他当了五个月清朝官员就回到了家乡。钱谦益毕竟天良未尽泯灭，回家后他又与学生、抗清英雄瞿式耜、郑成功等人暗通声气，秘密地做了很多抗清复明工作。他还与抗清志士黄宗羲、吕留良、归庄等保持着密切的关系，并受牵连而入狱。

献媚马士英与降清，是钱谦益一生中难以让人谅解的两个政治污点，而探讨钱谦益这样一个屡遭打击的东林党骨干，最终走上为人所不齿的耻辱之路，具有深刻的现实意义。

钱谦益虽然有杰出的才智与远大的志向，但丝毫没有施展的舞台。假如他能淡泊处之，也许就不会出现这种人生悲剧。但作为一个受传统文化中道德观念长期熏陶的知识分子，当道德观念揪住他不放的时候，特别是面对世人的唾骂与不屑，在看透功名利禄之后，钱谦益的内心就一直处于痛悔的心态并且这种心态伴随他直至生命的尽头，他能参加反清复明活动无疑是一种“心灵的忏悔”。钱谦益的人生经历，至今仍有极大的警示作用。

钱谦益是明末清初文坛上的巨人，著有《初学集》110 卷，《有学集》50 卷，《投笔集》2 卷，《苦海集》10 卷，编《列朝诗集》81 卷，有《杜诗笺注》，另编《吾炙集》等，可谓著作等身。他在诗、文两方面都达到了相当高的水平，但相比较而言，诗歌创作的成就更高，清初诗风的转变与诗坛的新局面的形成，没有钱谦益是难以想象的。

中国的古典诗歌，到唐代发展到了顶峰。所以，唐代以后的诗人往往以唐诗作为范式，这本身没有错，但如果过于模仿唐诗而在艺术上缺少创新，那么也会走进拟古主义的死胡同。这种现象到了明代后期已发展得相当严重，这就是“诗必盛唐”。它严重地束缚了诗人创作的灵感，窒息了诗歌的生命力。

穷则变，变则通。当时的诗坛渴望着能够开创出超越元明、抗衡唐宋的新局面。由于当时江南经济繁荣，文化发达，所以诗歌创作的中心苏南出现了三大诗人：云间（今松江）的陈子龙，娄东（今太仓）的吴伟业，常熟的钱谦益。在古代，由于交通闭塞，诗人之间的交往很少，诗歌风气受空间条件的限制，一个地方就有一种诗歌风气，这种诗歌风气往往会形成一种流派，这种流派以一个学术带头人为宗师。宗师的社会地位与声望决定了流派的地位。陈子龙是东林党以后政治与文艺组织几社的领袖，几社在政治斗争中是进步的，但在诗歌创作上却迷信“诗必盛唐”。以钱谦益为首的虞山诗派，与云间派针锋相对，诗歌学唐诗但不机械地模拟唐诗，反对墨守成规，而是把唐代大诗人杜甫、韩愈、李商隐，宋代大诗人苏轼、陆游的诗歌风格融会于一体，自成面目，形成了对前人成果兼收并蓄的诗歌理论体系。娄东的吴伟业，开始站在云间派的一边，所以一度云间派的影响要比虞山派大得多，但后来由于云间派的领袖陈子龙及主要骨干都死于抗清斗争，所以这一诗歌流派到清初以后实际上已经解体。娄东派吴伟业本身由于是钱谦益为他诗歌集作序而成名的，加上他自身的性格及天赋等原因，所以这一诗歌流派虽在开始时偏向云间派，但又很快地折衷于两派之间，并以一种独特的诗歌艺术追求而自立门户。而虞山派与娄东派两派的领袖，无论在诗坛上的地位还是影响，都不能同日而语，因此，明末清初诗坛上一度鼎足而立的三个诗派，最终成为虞山诗派一枝独秀的局面。

在钱谦益的影响下，常熟诗风大盛，虞山诗派呈现出众星争辉的局面，其主体是钱谦益的学生与族人。钱谦益的学生中最有成就的是冯舒、冯班、瞿式耜，族人中最有成就的是钱曾、钱陆灿、柳如是，其中以柳如是最有声望。

柳如是（1618—1664），本姓杨，名爱，字蘼芜，后改姓柳，名如是，号我闻室主、河东君。原籍浙江嘉兴，幼年时被卖给盛泽镇徐家为养女，后被卖给吴江原相国周道登为妾，后被赶出，流落烟花。柳如是才艺出众，琴棋书画歌舞诗词样样精通，所作的词赋，造诣极高，连钱谦益也自叹不如。钱柳的结合，固然是一种畸形的婚姻，但未尝不是思想志趣一致的结果，钱谦益之所以能在降清后又走上反清的道路，在很大程度上是由柳如是促成的。

柳如是像

柳如是色艺双绝，才富学足，于诗极有根底，她的诗歌，文采风流，情辞婉丽，间杂幽怨情调，其《我闻室梅花集句》中有五律、七律、七绝各100首，每句诗集一个诗人的一句咏梅诗，全集涉及2000人次，这种功力在女诗人中是不多见的。著有《戊寅草》《湖上草》《尺牍》《柳如是诗》等。柳如是作为一个女诗人的可贵之处还在于她那不屈不挠的抗清斗争精神，所以，著名学者陈寅恪先生专为其撰写了80万言的《柳如是别传》，展现了这个千古才女光彩照人的风貌。

2. 近代常熟小说家

清末民初，常熟出现了一批小说家，他们在小说创作、小说理论、小说出版方面都作出了很大的贡献，在中国小说史上具有重要的地位。

(1) 曾朴与谴责小说《孽海花》

曾朴(1872—1935)，字孟朴，号铭珊，1891年中举，之后北上应试，考试时不小心将墨水打翻在卷子上，监考不准换卷，他题诗一首扬长而去。虽然父亲为他捐了个内阁中书的职务，但他无意于仕途，整日与一批父辈的名士和少年公子往来，耳闻目睹了京城官僚名士的种种轶闻琐事，这为他以后创作《孽海花》积累了丰富的素材。

曾朴像

1895年，曾朴入总理衙门开办的同文馆学习法文。1896年7月，总理衙门招考章京，曾朴希望报考外交官，但参加考试的人选是由各衙门保送的，曾朴不在保送之列，他一气之下回到家乡。弃官后的曾朴，一度居住于上海，戊戌变法失败后，回常熟为其父守孝两年，继而养病三年，其间花了较多的时间研究法国文学及其他西欧名著，这不仅丰富了他的文学知识，而且还提高了他翻译外国文学的兴趣和对小说作用的认识。曾朴一生创作了很多小说，还翻译了大量的法国小说与剧本。小说《孽海花》是其代表作。

《孽海花》的第一回发表于1903年，最后一回发表于1930年。全书共35回，是在27年时间内陆续与读者见面的。前六回由金天羽所写，后金天羽停笔交曾朴续写。

作为历史小说的《孽海花》，以状元金雯青与妓女傅彩云的关系及其发展作为线索贯串全书，对清同治初年到甲午战争30年间众多真实人物进行了艺术加工，展现了当时政治、军事、外交、文化和社会生活的广阔画面。对清廷在帝国主义侵略下的十年两败，对上层士大夫醉生梦死的生活，洋务派的兴起与失败，改良主义的崛起，资产阶级革命的初露头角，均作了清晰的反映，作者把末代王朝崩溃前夜的社会图景刻画得淋漓尽致，对腐败无能的清政府进行了猛烈的抨击，洋溢着反帝反封建的爱国热情与革命思想。

就艺术而言，《孽海花》的结构、人物、环境描写都已具有现代长篇小说的规模，在题材处理上也显示出作者高明的剪裁与组织技巧。鲁迅在《中国小说史略》中称其“结构工巧，文采斐然”。

由于《孽海花》作者立场是倾向革命的，取材是描写真实的，因此这部小说在1905年出版后，得到了广大读者的欢迎，再版至十五次，行销不下5万部。在中国文学史或中国小说史中，论及晚清小说，首推李伯元的《官场现形记》，吴趼人的《二十年目睹之怪现状》，曾朴的《孽海花》和刘鹗的《老残游记》，这四部小说被誉为“晚清四大谴责小说”。这是因为这些小说的作者以批判现实主义的手法，全面地反映了晚清的社会生活，但就思想内容而言，《孽海花》无疑居于这四部小说之首。

（2）鸳鸯蝴蝶派奠基作家徐枕亚

出现于清末民初中国文坛上的鸳鸯蝴蝶派（以下简称鸳蝴派）小说，是中国近现代文学史上作家作品很多、影响范围很广的一个流派。这一流派作品的题材以描写爱情、婚姻为主，在艺术上追求词藻的华美、情调的缠绵，因此颇能迎合当时一部分读者的喜好，实际上这就是今天所说的通俗文学。徐枕亚是这一流派的奠基作家，他的《玉梨魂》对这一流派的形成和发展产生过巨大的影响。

徐枕亚像

徐枕亚（1889—1937），名觉，别署东海三朗、泣珠生等，南社社员。他从5岁开始接受启蒙教育，10岁左右就已能作诗填词，旧学根基相当扎实。1904年，徐枕亚师范毕业，在常熟、无锡西仓镇鸿西当小学教师。1912年，他踏上了编辑与文学创作的道路，先后在上海《民权报》《小说丛报》担任编辑或主编。之后，又独资创办了清华书局，编辑出版过《小说季报》《小说日报》等。抗战爆发前回到常熟，后咯血症复发病逝。

徐枕亚的一生，执教的时间不长，大部分时间是当编辑，《民权报》是他踏上编辑创作生涯的第一站，《玉梨魂》就是刊登在该报副刊上的。该小说开始以连载形式在副刊上发表，还未结束就轰动了文坛，之后以单行本发行，再版至数十次，连香港和新加坡等地都翻版不绝，小说还被改编成话剧，拍成电影。这在中国近代小说史上是罕见的，徐枕亚一举成名。

《玉梨魂》全书30章，以华丽的文言文描写了一对青年男女的爱情悲剧。才子何梦霞是无锡某乡绅家的教师，和主人家的佳人、年轻寡妇白梨影相爱，经常书信往来，诗词酬答。在封建礼教的束缚下，梨影不能再嫁，便介绍其小姑筠倩与梦霞订婚，但梦霞爱着梨影，筠倩也因婚姻不自主而郁郁寡欢，不久，梨影、筠倩相继饮恨夭亡，何梦霞遂东渡日本，辛亥革命时期回国，在攻打武昌战役中阵亡。小说深刻地反映了封建社会中青年男女要求婚姻自由而又不能如愿的痛苦，一方面是封建礼教依然禁锢着人们的头脑，一方面是朦胧的自由恋爱要求正在企图挣脱封建礼教的束缚。小说深刻地反映了当时每个企求获得自由爱情的青年男女的矛盾心态。

《雪鸿泪史》是徐枕亚的另一部代表作，它与《玉梨魂》实为姐妹篇，作者托言《雪鸿泪史》为《玉梨魂》主人公何梦霞的日记，实际都是他一手炮制的。

读者欢迎此书的程度不减于《玉梨魂》。全书在《小说丛刊》上共分 18 期刊完，刊登结束，单行本就已问世，并很快销售一空，后又多次再版。作者以日记体作为小说的新体裁，进一步丰富了中国长篇小说的创作形式，他的努力，在某种程度上为《狂人日记》作了准备。

徐枕亚的《玉梨魂》以骈文叙事，杂以诗词，在内容上表现才子佳人婚姻不自由的哀情，形成了鸳蝴派的创作模式，而徐枕亚又是《小说丛报》的主编，从而使该刊成为鸳蝴派的旗帜。同时，徐枕亚的周围又活跃着一批具有共同艺术追求的作者，所以，他理所当然地成为鸳蝴派的奠基作家。

3. 白茆山歌

白茆山歌流传在常熟境内的白茆塘畔，在原白茆镇最为盛行。它是劳动人民在长期劳动实践中用集体智慧和艺术才能所创造的一份极其珍贵的口头文学遗产。

白茆山歌历史悠久，相传汉高祖刘邦的谋士张良曾到白茆传授山歌，所以白茆山歌中有“张良就是唱歌郎，坐看风筝教思乡”的歌词，明代冯梦龙收集的《山歌》10 卷本中收录了许多当时传唱的白茆山歌。民国时期，著名学者顾颉刚、王翼之编的《吴歌甲集》《吴歌乙集》中也收有不少白茆山歌。所以，白茆山歌成为吴歌中的一脉。

白茆山歌蕴藏量极为丰富，传统山歌中有劳动歌、仪式歌、地名歌、物名歌、历史传说歌、节令歌、情歌等，其中以稻作山歌与情歌最为丰富。原白茆镇为水稻种植区，从育种、插秧、耘稻、耥稻到收割都要唱山歌，由于稻作劳动非常辛苦，所以“种田人辛苦唱山歌”。

如《莳秧歌》：

莳秧要唱莳秧歌，
两脚弯弯泥里拖，
背朝蓝天面朝土，
两手交叉莳六棵。

如《耥稻歌》：

耥稻要唱耥稻歌，
耥板着泥像蛇游，

耥得杂草浮水面，
耥得稻苗长又粗。

可以想象，在空旷的田野里，此唱彼和，歌声一片，山歌的节奏和劳动的动作相配合，歌词也是即兴编唱的，这种场景具有多么巨大的震撼人心的力量。明代中叶，邑内诗人沈海在《四野农歌》一诗中对此有极为生动的描写：

烟雨冥蒙昼景昏，
农歌四野竞纷纷。
东村群唱西村和，
南陇余音北陇闻。
麦秀新腔良有节，
竹枝遗调本无文。
不知帝力吾何有，
击壤声中又夕曛。

对于青年男女来说，唱山歌会给他们带来爱情的欢愉或成为婚姻的媒介，所以爱情山歌成为农民生活中不可缺少的精神食粮和娱乐工具。

如《郎唱山歌顺风飘》：

郎唱山歌顺风飘，
下风头阿姐立勿牢，
连唱三声郎啊郎，
喃(你)再唱山歌奴晕倒。

如《小磨刀》：

摇到桥就唱桥，
桥边上阿姐水磨刀，
郎看阿姐磨刀喃(你)勿要磨碎手，
姐看郎来勿要船碰桥。

白茆山歌表现方法多样，有独唱、对唱、齐唱、一人领唱众人和等形式，特别在赛歌时更是成套对答，即兴编唱对唱，如：

啥鸟飞来节节高，

啥鸟飞来带双刀，
啥鸟飞在青草里，
啥鸟飞在太湖梢？

叫天子飞来节节高，
燕子飞来带双刀，
野鸭飞在青草里，
野鸡飞在太湖梢。

场面最大的是“秋后赛歌会”，成群的歌手摇着船聚集在白茆塘上，分成两个阵容对歌，观看的群众聚集在河的两岸助阵，此歌未完那歌起，这边邀歌那边应，场面极其壮观，规模最多时达万人以上，这种热闹的场面有时持续几个晚上。

白茆山歌曲调众多，有大山歌、小山歌、四句头、吭吭调、打夯调、春调、邀调、划龙船调、搭凉棚调、三邀三甩等几十个曲调，表现手法丰富多彩，语言朴素、清新、自然、流畅，具有很高的文学价值。它不仅流传于民间，而且

白茆山歌艺术节

也影响到文坛，使历代文人为之倾倒。

建国后，白茆山歌有了新的发展，优秀的山歌手多次被选调到外地演出，有六上北京、二进中南海的辉煌。白茆山歌名声远播，国内外许多著名大学和研究机构、联合国教科文组织以及一些欧亚国家的民俗学专家先后到白茆采风考察，大学文科教材《民间文学作品选》中以显著地位收录了白茆山歌，《肚里山歌千千万》《看看情哥看看郎》等作品已成为民歌经典。1995 年 11 月，国内第一家山歌馆——白茆山歌馆开馆。2002 年，80 万字的《中国·白茆山歌集》在上海出版，同年白茆镇也因此被国家文化部命名为"中国民间艺术之乡"。

4. 虞山琴派

琴是我国一种古老而富有民族特色的弹弦乐器，它在古代知识分子的心目中具有重要的地位，读书人都以操琴作为风雅，常熟也不例外，弹琴成为一时风气，到明代晚期，形成了一个独步琴坛的重要琴派——虞山琴派，又叫琴川派、常熟派，它与中州派、峨嵋派、武陵派、广陵派并列为五大琴派。

严澂像

虞山派的创始人为严澂（1547—1625），字道澈，号天池。他曾是一个清廉的官员，在邵武府任知府时，专门到府城隍庙神像前起誓："我决不带邵武一分钱回家，请神灵明察。"他办案清廉，礼物一概拒收，只有一项百姓送上的茶果银（大约是茶叶水果费），因为这个习俗相沿已久，难以拒绝。他把这笔钱专门存放起来，在离任回家途经苏州时，郑重地交给随行人员说："我以前与城隍神灵有约，不带邵武一分钱回家，现在把这笔钱用来修缮州塘上的桥梁。"回家后择日开工，把自苏州齐门到常熟南门州塘（今称周塘）上所有损坏、倒塌的桥梁全部修复，以此便利百姓。

当时，常熟城内操琴的人很多，著名弹琴家徐梦吉曾在常熟带过很多学生，严澂也迷恋上了弹琴，他拜过很多老师，主要有娄东著名弹琴家陈爱桐之子陈星源，同时还能不耻下问。一次，他与琴友聚集在读书台操琴，一个打柴人路过，饶有兴趣地在一旁侧耳细听，听着听着，打柴人忍不住笑着打断道："第五弦还没有调正呢！"严澂见一个打柴人在旁指责，颇为不悦地问道："你是何人，也懂琴吗？"但经检查，果然是第五弦没有调好，于是严澂请他参加弹奏，其出色的琴艺使他大为惊异，之后，严澂虚心向他学习，琴艺有了很大的提高。

严澂为了向艺术巅峰攀登，与老师陈星源、琴友徐青山等结成琴川琴社，切磋琴艺，当时京城有个颇有名气的弹琴家叫沈音，在琴界很有名气，在广博和雅致上要超过虞山琴派，严澂从他那里吸收了很多长处，逐渐形成了在艺术上追求"清、微、淡、远"的风格，并得到了士大夫阶层的欣赏而风行于海内。明末社会，阶级矛盾十分尖锐，党争激烈，一部分士大夫与知识分子采取了避居林下忘情山水的消极反抗方式，虞山派的艺术追求正迎合了当时文人士大夫的审美情趣，所以很快地成为明代琴坛上最有影响的琴派。

虞山琴派能形成流派并在琴坛上享有盛名，还因为他们有自己的琴学理论。严澂与徐青山都是中国琴学史上的理论家，他们以各自的琴学理论，相互补充，不断完善，使虞山派形成了比较完整的琴学理论体系，从而保持了这一琴派的特殊风格。严澂主张发挥音乐本身的表现力，而不必借助于文辞，因为音乐表达感情的独特之处是歌词无法替代的。在严澂主持下，由琴社琴友集体编订了《松弦馆琴谱》，这是虞山派最有代表性的琴谱，所收的22个曲目都是严澂自己弹过的琴曲，被琴界奉为正宗。

虞山派的博大和平，与统治者所需要的社会升平景象是相一致的，因此在清初很快为统治阶级所接受，虞山派在常熟、苏州一带继续流传。康熙南巡时，曾召虞山派琴人孙庄于行宫鼓琴，使虞山派名声大著。以后，苏南各地又出现了不少虞山派的传人，庄凤臻则为其中的佼佼者。他所创作的琴曲流传至今有14首，代表作《梧叶舞秋风》流传很广，在现存的八九十种清代琴谱中，几乎都可以看到。

至近代，虞山琴派仍然是传人不断，在江浙一带仍相当活跃。1937年，今虞山琴社在苏州成立，入社者都是琴坛名流，琴社经常进行雅集以交流琴艺，并出版《今虞琴刊》。当时的青年社员吴景略，在1956年任中央音乐学院民乐系弹拨教研室主任、民乐系教授，走上了古琴教育之路，成为现代琴界宗师，是虞山琴派发展史上承前启后的关键人物。

5. 虞山画派

了解中国山水画历史的人都知道“元四家”（黄公望、王蒙、倪瓒、吴镇）与“清初六家”（王时敏、王鉴、王翚、王原祁、吴历、恽寿平），其中的黄公望、王翚、吴历都是常熟人，而王翚所开创的虞山派为清初山水画的重要流派之一，它影响了有清一代的画风，在今天的山水画中仍有它的影子，而王翚又深受黄公望的影响。

黄公望像

黄公望（1269—1354），字子久，号大痴、大痴道人，本姓陆，名望，父母早亡，家境贫寒，10 岁左右，过继给寄寓在常熟西门外小山的浙江永嘉人黄乐为养子。黄乐年近九旬，见这孩子眉清目秀，就对他说：“公望子久矣。”后来即以公望为名，子久为字。黄公望 11 岁时南宋灭亡，所以他是元朝的臣民。青年时代的黄公望希望在政治上展露才干，但元初停止科举，后虽开禁，每科录取不过数十人，而且规定汉人做官须从当吏开始，而当吏也要有人引荐，这使博学多能的黄公望十分苦闷。黄公望进入中年以后，在浙西廉访司当书吏，后又到大都御史台下属的察院任经理田粮的书吏。其上司张闾贪得无厌，延祐二年（1315）九月被捕下狱，黄公望受到牵连，被诬下狱。出狱后的黄公望已年近五十，他从此杜绝了仕途之念，加入了全真教，改号为一峰，又号大痴，来往于松江、苏州、太湖、杭州、富春山等地，开始以卜卦算命为生，后来画名日盛，就以教授弟子为生，所以，50 岁以后的黄公望过的是隐居生活。1354 年，黄公望死于杭州，死后葬在常熟，墓地在虞山西麓。

黄公望 50 岁左右开始学画，是一位大器晚成的画家。他曾师从宋元之际著名画家赵孟頫，十分注意师法大自然。江南的山水拓宽了他的心胸，涵养了他的精神，丰富了他的绘画题材与表现方法。再加上入全真教后把打坐养心作为其日常功课，心情渐趋平静。大自然的灵气，宁静淡泊的心境，使黄公望登上了中国山水画的艺术巅峰。他以苍浑秀润的笔墨首创了浅绛、水墨两格，与王蒙、倪瓒、吴镇并列为元代四大画家。明清以来的画家几乎都临摹过他的作品，元以后凡有山水画的地方，都有他的影响存在，在中国山水画历史上没有一个画家的影响能超越黄公望。

富春山居图(局部)

黄公望的山水画中有虞山、富春山特色，其中的《富春山居图》是黄公望一生绘画最高成就的代表作。图为长卷，宽33厘米，长636.9厘米，画面表现了初秋之际富春江两岸的景色：山峰起伏，林密蜿蜒，平岗连绵，江水如镜，意境开阔，雄秀苍茫，简洁清润。凡数十峰，一峰一状；数百树，一树一态。山淡树浓，山水画至此，已成一首抒情诗。后世画家无不对此顶礼膜拜，董其昌看过画后连声大呼："这是我的老师啊！这是我的老师啊！"而邹之麟则把该画与王羲之的书法杰作《兰亭集序》相提并论，可见此画在艺术上达到的高度。

《富春山居图》历来为收藏家视为珍宝。它先为沈周、董其昌收藏，后为吴之矩、吴洪裕父子收藏。吴洪裕死时将此卷焚烧"以为殉"，家人抢出时已烧成两截。现长的一截收藏台湾故宫博物馆，短的一截收藏于浙江省博物馆。

黄公望的画学理论，主要反映在32则《写山水诀》，这是他绘画思想与创作实践的结晶。

王翚(1632—1717)，字石谷，号耕烟散人、耕烟外史，又号乌目山人、清晖主人、剑门樵客等。他出身于一个四代善画的家庭中，自幼习画，稍长即投身于同乡山水画家张珂的门下，张珂的画专仿黄公望，所以王翚早年的作品神肖黄公望。此时，在王翚的艺术生涯中，出现了一个重大的机遇：娄东大画家王鉴游虞山，王翚托人把自己创作的画扇请王鉴指点，王鉴见之大为惊异，当即召见与之交谈，对他的才能非常欣赏，他把王翚带回太仓，先教其学习古书法数月，后指导他临摹历史上的名迹，使王翚的画艺出现了飞跃。不久，王鉴要到广东做官，他将王翚托付给娄东另一大画家王时敏，王时敏一见王翚就说："你就是我的老师，怎么还要拜我当老师呢？"他带王翚漫游长江南北，历览各地收藏家秘藏的古人真迹。王翚细心体会并下苦功学习，所以他的山水画既有元代画家的笔法，宋代画家的技法，还有唐代画家的气韵，从而成为画坛上的大家。

王翚像

王翚生活于清代前期，康熙为进一步缓和民族矛盾，先后六次南巡，为了将盛典记录下来，他在全国选拔绘画高手绘《南巡图》。王翚在60岁时带学生杨晋进京并主持了此画的绘制。《南巡图》的创作用了约六年时间。此画共12卷，长达半里，从京城永定门开始到浙江绍兴大禹陵，再经金陵回到京城止。每卷画中，均以康熙形象为中心展开画面，康熙南巡所经过的地方，在画中都得到了如实的反映，各地社会经济、风土人情也得到了表现。此画上承《清明上河图》，下启《乾隆南巡图》《姑苏繁华图》，在我国绘画史上具有重要的地位。

王翚的画主要以摹古为主，从他现存的画迹及题识来看，唐、五代、两宋、元、明大画家的作品几乎都被他临遍了，他的画是清代"正宗"画代表之一。王翚也有写生的作品，著名的如《虞山十二景图》，每一幅上皆有题名，从而为今人留下了当时的常熟山水胜景。

王翚晚年与学生杨晋回到了常熟。这时的王翚声名如日中天，跟他学画的不下千人，虞山派由此而成，虞山派是统治清代画坛的主要力量，属于

吴历像

虞山派的画家几乎占全国画坛之半。

吴历(1632—1718),本名启历,号桃溪居士,他居住的地方有言子墨井,故自号墨井道人。吴历的画是向王时敏与王翚学的,他与王翚既是师兄关系又是师生关系。后来他受洗入教,50岁时,随同外国传教士到澳门去修道,57岁时升为司铎,后在上海嘉定传教30年,死后葬在上海南门外陆家浜耶稣会墓地中。吴历山水画以黄公望为基础,高峻、苍浑、厚重、冷峻而不失秀丽,他那充溢于画面的逸笔气韵,一直为后人所推崇。

6. 虞山印派

常熟的篆刻艺术与琴画一样,在清初也形成了一个独具风格的流派——虞山派,并为时人所公认。

在虞山派形成之前,印坛上的流派主要有以文彭为代表的吴门派和以何震为代表的徽派。虞山派以吴门派为师,又吸收徽派之长,形成了苍老古朴而不失清新秀丽、沉稳凝重而不失气象万千的艺术风格。虞山派开创阶段的代表作家是林皋。

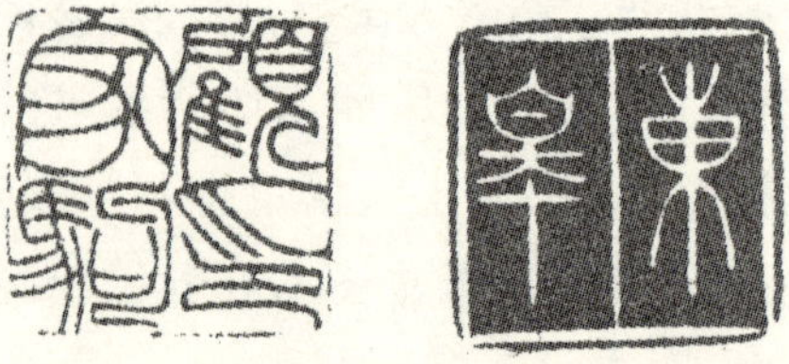

林皋篆刻

林皋,字鹤田,原籍福建,流寓常熟。16岁时作印已独具面目,他在艺术上吸收文彭的精髓,融会贯通后化成自己的个性,所治之印章法繁简相参,疏密处理得当,刀法强劲,风格沉厚朴茂,风神流转,他的篆艺历康、雍、乾、嘉四朝不衰,在吴昌硕之前,林皋是清代印坛上的重要篆刻家,著名书画家王翚、吴历、杨晋、徐乾学等人所用的印章,大都出于其手,可见他治印艺术非同一般。著有《宝砚斋印谱》。

虞山派发展到乾隆年间,出现了工整有余、灵动不足、流于呆板的弊病。这时浙派的开山祖师丁敬异军突起,篆刻崇尚古朴浑厚之气,力纠娇柔妩媚习气，从而与吴门派、徽派鼎足而立。这时的虞山派印人在坚持前贤传统的基础上，兼取浙派之长，不拘形似而追求神韵，强调个性，形成了一种结字古雅而具雍容沉穆之致的风格，翁苞封、杨沂孙为这一时期的代表作家。

翁苞封，字竹君，号石梅。他的篆刻笔意生动多致，刀法灵活坚实，成一家面目。他以自己及学生的努力，开创了清代中期虞山印人重视古文字研究的风气，翁苞封学生中成就最高的是杨沂孙。

杨沂孙(1813—1881)，字咏春，号子舆，晚年更号濠叟。他曾着力研究过文字学，成《文字说解问伪》，书法名闻海内，他的篆刻把文字与书法两者结合在一起，篆书与镌刻可谓珠联璧合，风格浑厚稳健，凝重含蓄，令人百看不厌，他与学生殷用霖合著有《可园印记》。

虞山派后期最有成就的作家是赵石。

赵石(1874—1933)，字石农，号古泥，自称泥道人。他爱好书法篆刻艺术，并拜同乡李钟学治印，李钟是吴昌硕的学生，是当时常熟印坛最有影响的人物。他把赵石介绍给吴昌硕。吴见赵石有治印天资，即收为学生，并介绍到他的好友、邑内著名金石书画收藏家沈石友家，沈石友将收藏的书画古物为赵石讲解，以使他理解这些艺术精品的妙处，同时还教他文章、诗词、绘画。在三年的时间中，赵石不仅学到了鉴别古物的知识，而且打下了扎实的诗文书画基础，篆艺也大有长进。沈石友爱好收藏砚石，吴昌硕每次来常熟都住在他家中，他总要出示藏砚请吴昌硕品评并题词，镌刻则由赵石完成，吴昌硕总是在旁亲自指点，赵石由此深得吴昌硕的真传。赵石臂力、腕力特别强，最敢在坚硬的材质如象牙、铜、玉、金上治印，而且都能刻得似石章一样，艺术炉火纯青。当时他在印坛上的声望近于吴昌硕，不少书法篆刻家为此不远千里来常熟拜访。20 世纪 20 年代，日本著名书法家桥本关习，国民党元老、著名书法家于右任先生等都专程到常熟拜访赵石，并请其刻印。于老常用的“关中于氏”、“古风”等名章，均出自于赵石之手。赵石所治印章古拙

赵石像

朴茂，气势充沛、神采飞扬，在印坛别树一帜，一时效法者甚众。他在近代印坛上的地位可与“西泠八家”相比，被人誉为是吴昌硕后江南第一人，他为虞山派赢得了极高的声誉。其作品有《赵古泥印存》《拜缶庐印存》。

第三节 众多的名胜

常熟人文自然景观丰富，古典园林在著名园林专家陈从周看来，是“研究江南园林的重要地区之一”，“虞山十八景”是江南著名的历史景观，尚湖风景区、沙家浜芦苇荡风景区异军突起，众多的名胜使常熟成为一个旅游胜地。

1. 江南山水古城

今天，当江南小镇如周庄、同里名噪一时之际，假如品味一下常熟古城那山水城融为一体的城市格局，小桥、流水、人家的水乡风貌，就会留下深刻的印象：这里既有山城之美，又有水乡之秀。常熟古城就是一处名胜。

常熟古城区面积3平方公里，作为常熟文化的载体，至今仍保持着独特的空间人文景观及街巷水乡风情。

常熟古城区俯瞰

常熟古城空间人文景观最突出之处是“十里青山半入城”，虞山的一角蜿蜒入城，山坡有环山而垣的城墙，是一座江南地区少见的“山城”。中国儒家传统审美观对“城市山林”的追求，在古城的自然景观中得到了完美的体现。常熟古城不仅有山林之美，而且得水泽之秀，城东南的昆承湖和城西南的尚湖，犹如两颗明珠嵌镶在古城两侧，这种两湖傍山、山林相拥的格局，在全国少见。登山远眺，城西虞山上的辛峰亭和城东的方塔遥相呼应，形成了古城两个空间制高点，构成了古城空间景观的视线走廊，成为常熟古城人文景观的突出标志。

古城区街坊巷弄的布局以旧时县衙署府为中心向四周辐射，其主干道有县东街、县南街、县西街、县后街以及寺前大街、寺后街、寺南街等，还有由各城门通向县城中心的大街，构成了古城区街道的基本网络。如今，旧时的县衙署府早已荡然无存，但以“老县场”为中心而辐射形成的街道网络依然保持着原有的格局。常熟古城区面积不大，但街巷最多时达300多条，这势必形成了短小狭窄的状况，大小街巷的布局在有序中又显得无序，纵横交叉，密布沟通。今天，我们只能从这密网般的短街细巷中，依稀看出昔日繁华的痕迹。

常熟古城区水道密布，琴川河贯穿南北，东西向的七条小溪形成了旧时“七溪流水皆通海”的特有韵味。琴川河为古城的形成、兴起和繁荣作出了很大的贡献，自唐代开始，琴川河就是古城的主动脉，主要的街衢都是夹河两岸并行，河中船来舟往，十分繁忙，河上架有多座桥梁，连结着两岸的集市，连县署和文庙也都靠近琴川河，以求进出便利。密布的水道与众多的桥梁，使城区百姓的生活、劳作及交通运输都极为便利。

常熟古城区的街巷多、河道多、桥梁多，使民居的房屋出现临街依河的特点。时至今日，古城区中的不少街巷仍然保持着明清时的风貌，粉墙黛瓦，古朴素雅，砖房窄街，人家枕河，桥含远山，水留塔印，到处可见江南水乡的古城景观，这是常熟古城区具有永恒价值的文化景观精华。

2. “虞山十八景”

说到常熟的自然名胜，首推“虞山十八景”，它是历代常熟文人对虞山景观的文化总结，发端于明代，成熟于清代，既是自然景观，又是人文景观，中间渗透着历代常熟人对家乡美景的挚爱之情，也反映出常熟人的审美风尚与情趣。

传统的“虞山十八景”为：维摩旭日，辛峰夕照，桃源春霁，普仁秋爽，书台积雪，福港观潮，昆承双塔，星坛七桧，剑门奇石，拂水晴岩，湖甸烟雨，破山清晓，西城楼阁，吾谷枫林，湖桥串月，三峰松翠，秦坡瀑布，藕渠渔乐。时至今日，有的景观已消失，“星坛七桧”的星宿殿已废，桧柏已死；“福港观潮”的福山港已淤塞；“吾谷枫林”的枫林已砍伐殆尽；“湖桥串月”因湖桥倒塌并移至尚湖荷香洲而失去了原有的韵味；“藕渠渔乐”由于渔民大都已上岸定居也难以见到；“昆承双塔”因聚奎塔已倒塌而半废。其余的都还存在。下面为叙述方便，笔者把传统的“虞山十八景”放进由虞山地理环境和景观特色组成的各个游览区内进行综合介绍，同时兼及景区内的其他景点。

辛峰亭游览区：以仲雍墓、言子墓为中心，以辛峰亭为登高游览点，由辛峰亭、虞山门、仲雍墓、言子墓、周章墓、读书台等景点组成。“辛峰夕照”、“书坛积雪”、“西城楼阁”、“普仁秋爽”为传统景点。

辛峰亭始建于南宋初年，初名“望湖亭”，后更名为“极目亭”、“达观亭”，明万历年间更名为“辛峰亭”。因辛峰亭所在的辛峰，按地支方位属辛，

辛峰亭

所以叫辛峰亭。现在的辛峰亭为清代所建，高 8 米，飞檐凌空，造型端庄古朴，雄踞山巅，气势灵动。登亭四望，近山远水，尽收眼底。每当夕阳西下，晚霞灿烂，青山如黛，辛峰亭飞阁流金，故有“辛峰夕照”美景。在辛峰亭西侧，虞山门矗立峰巅，横空出世，跨山城墙似巨龙蜿蜒起伏，在此西望部分修复的“西城楼阁”，楼宇隐现，雉堞参差。虞山东北侧山腰的普仁寺周围古木参天，秋日层林尽染，使人心爽目悦。“普仁秋爽”突出在一个“爽”字。辛峰亭东侧的读书坛，为梁昭明太子读书处，依山筑亭，叠石成坛，四周各色古树名木参天蔽日，春天鸟语花香，盛夏浓荫环抱，严冬时积雪初霁，更增幽趣，“书坛积雪”的景点由此而来。仲雍、周章、言子古墓，苍松翠柏，庄严肃穆。常熟人文景观中的古朴高雅特色，在辛峰亭游览区中表现得最为鲜明。

维摩游览区：以维摩山庄为中心，由维摩山庄、桃源涧、石屋涧等景点组成。“维摩旭日”、“桃源春霁”为传统景点。

维摩山庄原为维摩寺，始建于南宋隆兴元年（1163），历经元、明、清三代，几经兴衰。清乾隆三十年（1765），里人屈成霖辞官归乡，捐银重修寺庙，并建成望海楼，又称“望江楼”，登楼可望长江，文人墨客夜宿楼上，晨观日

虞山门

出，赋诗抒怀，以为雅趣，“维摩旭日”于是就成虞山著名景观。今天，重新修复的维摩已成为古典园林式的“维摩山庄”。山庄内栽植桂树百株，秋来金银满枝，芳香袭人，百桂园旁的望海楼风韵犹存，“维摩旭日”景观依旧。

桃源涧在北门外山麓松林间，春雨初霁，瀑布奔腾，旧时涧边遍植桃树，花开时节，片片落花随流而下，其景犹如桃花源，所以称为“桃源涧”，“桃源春霁”由此而成胜景。

石屋涧在桃源涧右上方、维摩山庄下，有石如屋，突兀岩边，旁有洞屋石室，相传姜尚避纣曾隐居于此。

兴福游览区：以兴福寺、三峰寺为中心，由兴福寺、三峰寺、破龙涧、四高僧墓、联珠洞等景点组成，“破山清晓”、“三峰松翠”为传统景观。

兴福寺为齐梁古刹，因唐开元年间著名诗人常建的《题破山寺后禅院》诗而名声远播，诗歌道：

清晨入古寺，
初日照高林。
曲径通幽处，
禅房花木深。
山光悦鸟性，
潭影空人心。
万籁此俱寂，
惟闻钟磬声。

成语中的“曲径通幽”、“万籁俱寂”，均出于此诗，可见诗歌的影响。宋代著名书法家米芾曾手书此诗，后人勒石树碑于寺内，使兴福寺名声愈盛。因常建之诗写清晓景色，故有“破山清晓”的传统景观。寺内外古迹众多，其中有唐幢、空心潭、空心亭、兴福石、救虎阁、君子泉、破龙涧、四高僧墓等，形成了颇能体现常熟文化特色的系列景观，加上古木参天，极富千年古刹庄严肃穆的佛门景象。在近代，兴福寺是国内佛教界有很高地位的名刹，这是因为住持月霞和尚在寺内创办了华严学院。月霞和尚是清末华严宗最有影响的代表人物，足迹遍及全国及日本、东南亚。华严学院创办于上海哈同花园，月霞和尚在 1917 年奉命移居兴福寺任住持并续办华严学院。

学制为预科三年、本科二年，每期学僧50～60人，后由应慈、宏林续办。应慈是当时全国佛教界公认的领袖人物，由其主持的华严学院在佛教界地位自然非同一般，而且学院培养的大批僧才遍布全国各地，兴福寺自然就成为江南名刹。

三峰寺

三峰寺为“三峰清凉禅寺”的简称，位于北门外，因处于虞山第三峰而得名，一般认为是建于齐梁时的古刹。三峰寺历来高僧辈出，最著名的是宗仰和尚，他16岁在三峰寺出家，后任金山江山寺监院、南京栖霞寺住持，他与章太炎、邹容、蔡元培等组织中国教育会并当选会长，又成立爱国学社，主编《苏报》倡言革命，被梁启超誉为我国佛教界第一流人物。《苏报》案发亡命日本，结识孙中山，支持孙中山革命，深得孙中山器重，是民主主义革命的有功之臣。寺内还珍藏众多文物，因此三峰寺为江南名刹。寺后原有万松林，多百年古树，万壑松涛，这就是著名的“三峰松翠”。万松林在日寇侵华时砍伐殆尽，虽于建国后再植，却已少了当年气势。三峰寺北的龙殿内有一株常熟现存唯一的树龄已超千年的古银杏。

剑门游览区：以剑门奇石为主体，由剑阁、拂水晴岩、藏海寺、报国院、常熟田、拂水双桥（香花桥和长寿桥）、松风亭、瞿式耜墓、桂花园等景点组成，“剑门奇石”、“拂水晴岩”、“湖甸烟雨”为传统景点。

剑门因巨石临崖，两壁直立如刀削，中有一缝如门户，故称剑门。石壁高约数丈，中缝仅容转身，气势宏伟险峻，故称“剑门奇石”，这是“虞山十八景”中最险峻的一景。剑门下崖壁上刻有清康熙帝所题的“烟岚高旷”四个

剑门远眺

大字，登临剑门上方巨石，远眺尚湖，波平如镜，云影天光，湖田平畴，阡陌纵横，这就是极其有名的“常熟田”景观。尚湖之滨湖甸，每当烟雨迷蒙之际，远观似一幅泼墨山水，形成了最撩人情思的“湖甸烟雨”景观。

“拂水晴岩”在报国寺前，长寿桥跨越其上，绝壁凌空，涧泉飞泻，东南风起，飞卷流泉，霏霏如雨，晴天午后观看，水珠五彩缤纷，故名“拂水晴岩”。

剑门之巅，有仿古建筑“剑阁”巍然屹立，气势非凡。剑阁原为明代邑人钱籍所筑，他于阁中题写联语：“无边风月供嘲弄，有主江山属剪裁”，仇家指责其中的“有主江山”之语有图谋不轨之意，钱氏被捕入狱。后渐废圮，20 世纪 80 年代初重建。

藏海寺和报国院在拂水晴岩东，为虞山最高处的宗教胜地。藏海寺始建于南宋，初名觉海庵，后因庵处拂水晴岩之东，改称拂水东庵，后又改称为藏海寺。报国院与藏海寺一墙之隔，明代正德年间所建，原称真武庙，供奉的真武帝是我国古代神话中的北方之神，与主东的青龙、主南的白虎、主西的朱雀同为道教中的四方之神，真武帝又称真武始祖，真武庙故又称祖师庙，山因之称“祖师山”。嘉靖年间，世宗皇帝赐邑人、吏部尚书严纳真武像及泥金彩绘斗姥像，严纳不敢供于家中，送往真武庙供奉，为感谢皇恩更名为“报国院”。

宝岩游览区：以宝岩寺、小石洞、老石洞为中心，由宝岩寺、小石洞、秦坡涧，钱谦益、柳如是、翁同龢、黄公望墓，翁氏瓶隐庐等景点组成，“秦坡瀑布”为传统景点。

宝岩湾是虞山西部最大的山湾，倚山面湖，具有林、谷、山、水之美，现已成为宝岩生态观光园，它是虞山国家森林公园内森林景观最为丰富的自然生态园，占地1500亩，园内有大片森林、竹林，以杨梅为主的果林内，有枇杷、石榴、桃、葡萄、柑橘、枣、柿、李等，四季有果香，是一个林壑清幽的生态观光胜地。

宝岩寺位于宝岩湾，始建于南朝梁天监年间，初名延福禅院，至北宋天禧年间，宋真宗赐额“宝岩禅院”，从此称宝岩寺至今。古刹毁于“文化大革命”期间，近年重建，占地12亩，齐梁古刹已初具规模。

翁氏瓶隐庐为翁同龢家的墓庐，翁削籍回家后隐居于此，取名瓶隐庐，意为守口如瓶。

小石洞在虞山南麓小云栖寺内，洞深3米，上宽下窄，底部北侧石崖覆盖如屋，泉水甘洌，为烹茶上品。洞口有明代藤溪草堂所遗的紫藤一棵，根围一抱，蟠根虬枝，向上攀援，覆盖洞顶。小石洞据传也是姜尚避纣隐居之地。

老石洞在小石洞下，洞口有“冷泉”，两旁有联曰“仙老此洞，痴大于黄”。

宝岩生态观光园

清末里人季厚镕在洞上方建屋数间及牌坊一座,称“古今三庙”,以祀巫咸、姜尚、虞仲,后地面建筑被毁。2008 年以老石洞为中心建设了石洞冷泉景区,依据老石洞的历史文化及自然地形,建有石洞飞瀑、竹海听涛、神牛戏水等景点,并修筑了长达 3.2 公里至宝岩生态园观景车道,沿途开辟了虞山印象、瓶隐园、连城石壁等景点,提升了景区的文化品位。

“秦坡瀑布”传统景观在小石洞南,此处林木茂盛,涧随山势而下,跌宕长达百米以上,巨石互成犄角,雨后山水倾泻,激成数丈飞瀑,声如雷鸣,气势壮观,为虞山绝佳景观。

3. 尚湖风景区

尚湖风景区是 20 世纪 80 年代中期开始开发的新景观,以尚湖自然景观取胜,是国家级城市湿地、国家 4A 级景区。

虞山之前的尚湖,水面辽阔,包孕山川之秀,自古以来就是江南著名的风景旅游胜地。“文化大革命”期间围垦造田,秀丽风景毁坏殆尽,自然生态遭到严重破坏。1985 年,退田还湖,湖面 1.2 万亩,湖中有 7 个人工岛,建成了 21 公里的环湖大堤和 1.4 公里的穿湖大堤,成为太湖风景区的重要景点,

尚湖牡丹园

形成了荷香洲、钓鱼渚、山水文化公园及拂水堤四大景点。

荷香洲公园体现的是湖光山色、田园风光之美。园内拥有8大色系、3000多株、150多个品种组成的江南最大的牡丹园，每年与河南洛阳、山东菏泽、四川彭州联合举办的牡丹花会，吸引了大批游人前来观赏，成为尚湖著名的旅游品牌。主要景点有：四景园，在荷香洲北部水滨，原是城南花园浜的一座清代建筑，1986年移建于此，是观赏山、水、城、乡自然景色的最佳处；博雅堂，荷香洲公园之西，原是常熟城区一座清代建筑，1988年移建于此；流香馆，在荷香洲公园内湖岛上，原系张桥卫氏家祠，距今已有400多年历史，1987年移建于此；照山楼，位于荷香洲公园东北临湖处，原是明清时代尚湖湖畔的一座古建筑，退湖还田后重建，与虞山剑阁遥相呼应，登楼可观赏青山碧水、鸥鹭飞翔的自然景观；湖桥串月，尚湖西北原有三洞石拱桥一座，名湖桥，以构造奇特著称，湖底同样倒建一桥，使桥洞成正圆形，月圆之际，当桥身方向和月亮运行轨道相垂直时，拱桥和月影相套合，投影湖中，湖桥串月成为一大奇观，原古桥已倒坍，1987年重建于荷香洲内。这些明清古建筑的移建或重建，为荷香洲增添了历史文化内涵。

钓鱼渚公园体现的是休闲之趣。园内的高尔夫人俱乐部由迷你型球场、标准球道区、水上练习场组成。水上森林浅水区内几千株池杉与芦苇、蒲草形成的生态湿地，是100多种鸟禽的天堂，给游人带来无穷乐趣。

山水文化园体现的是文化之韵。大门两侧的六根石柱上，刻有古人咏尚湖的诗篇，正对大门的汉白玉照壁上刻有常熟明代尚书丁奉所作的《尚湖赋》，还有史前文物的展示、弦歌台、卵林石刻等，浓郁的人文气息使人流连忘返。园内还有华东地区最大体量的“碧云峰”黄石假山，假山上的“云崖飞瀑”，气势壮观。

拂水堤又名穿湖大堤，上有长228米、宽113米的17孔“穿月桥”，桥南端的望虞台高耸挺立，是观赏山水、古城、乡村自然景观的最佳之处。

为把尚湖打造成“生态尚湖、人文尚湖、休闲尚湖”，2007年常熟市人民政府启动了尚湖综合保护规划。规划的总体构想是：以尚湖主体水面为核心，合理规划尚湖与虞山之间的景观区：吾谷枫林——山麓文化风情景观区；湖甸烟雨——湖甸苇荡游赏景观区；西城夕影——城郊山水过渡景观区；核心游览——湖泊游赏景观区；葭芦飞鸿——湖畔度假休闲景观带；生

尚湖穿湖大堤

态源——湿地生态保育区。目前,西入口的水街已经完工,整个水街建筑古朴典雅,体现了江南特有的小桥流水人家的景致。水街西面有移址重建的拂水山庄与绛云楼,拂水山庄、绛云楼是明末清初常熟著名的园林和藏书楼,两座建筑都与当时文坛领袖钱谦益和江南才女柳如是有密切的关系,有深厚的历史文化内涵。尚湖东侧生态廊道工程、尚湖湖面疏浚工程等正在全力推进。当整体景观格局基本形成以后,尚湖风景区将成为市民与外来旅游者休闲度假的胜地,它对常熟旅游经济、城市建设、生态环境建设具有重要的意义。

4. 沙家浜芦苇荡风景区

沙家浜芦苇荡风景区位于市郊南部的阳澄湖与昆承湖之间,是国家4A级风景区,全国爱国主义教育示范基地、百家红色经典景区,华东地区最大的生态湿地之一。景区由革命传统教育区、红石民俗文化村、芦苇水陆迷宫、春来茶馆、影视拍摄基地等组成。

革命传统教育区由沙家浜历史纪念馆和瞻仰广场组成,是接受革命传统教育的场所。沙家浜历史纪念馆内陈列了400多幅革命斗争时期的历史照片和60多件革命文物，同时采用了现代多媒体手段布展，有效地增强了展示效果。瞻仰广场上有以京剧《沙家浜》中主要人物郭建光和阿庆嫂等五人组成的巨型花岗岩主题雕塑，生动地揭示了军民鱼水情深的主题，而两组锻

沙家浜风景区一角

芦苇荡水陆迷宫

铜浮雕，以细腻生动的构图和丰满的人物形象进一步演绎深化了鱼水情深的场景。象征《沙家浜》中18个伤病员的18根体现残缺美的抽象柱雕，以形态各异的块面造型和强烈的肌理效果对比，展现了新四军伤病员“泰山压顶不弯腰”的革命精神。

红石民俗文化村内的江南水乡建筑中，再现了抗战前江南水乡农村风貌，前面是宽阔的水面，苇叶青青、橹声咿呀、渔翁捕鱼；后面是修篁、荷塘，一派水乡韵味，村内有沙家浜史料馆、古船馆、农具馆，有节俗、衣俗、喜俗、娱俗等民俗馆，形象地重现了沙家浜地区的历史民俗风貌。春来茶馆再现了当年中共地下党联络站的场景，是游人品茗休闲之处。“垒起七星灶，铜壶煮三江。摆开八仙桌，招待十六方”，倚窗而坐，边品茗边欣赏古戏台上表演的京剧《沙家浜》片段，自有一番情趣。

芦苇水陆迷宫以大片的芦苇和纵横交错的港汊、小径，使游人分别从水上和陆上领略芦苇荡水深曲折的奇趣，这是整个景区的核心，辽阔、狭长、幽深的水陆芦苇空间形成一个个迷宫，为游客提供了一个追寻野趣和体验当年新四军出没芦苇荡与日伪周旋的情景。漫步或泛舟其间，鸟儿啼鸣、凉风习习、苇香扑鼻，自然会妙趣横生。芦苇活动区内的农家园有水车、牛车、风车、高竖桅杆的农船和船舫，展现了农耕社会中农家生活的场景。

影视拍摄基地再现了江南水乡的集镇街景，在电视连续剧《沙家浜》拍摄完成后，不断有新的影视剧来此拍摄，成为游人参观的新景点。

5. 古典园林

宋元时代，常熟就已有很多园林，明清两代，常熟园林最盛，其中最著名的有东皋草堂、小辋川、拂水山庄，这些园林现仅存遗址，留至今日的有曾园、赵园、燕园数处。

(1) 曾园

曾园位于常熟城西，是明代小辋川遗址的一部分，它又名虚廓村居、虚廓园。“虚廓”源于《淮南子·天文训》中的“道始于虚廓，虚廓生于宇宙，宇宙生气”之意，因是曾氏所建，故称曾园。园主曾之撰(1842—1879)，号君表，光绪元年(1875)中举，与张謇、文廷式、王懿荣并称为“四大公车”，名满京城，曾任刑部侍郎，但仕途失意，故在家乡构筑园林，流连山水。曾之撰之子曾朴是《孽海花》的作者。

曾园

曾园地处古城西部，湖山映带，以清池数亩为中心，架以曲桥，配有亭榭，又借远山取景，使水光山色互相映衬。园内建筑有“虚廓村居”、“君子长生室”、“寿而康室”、“归耕课读庐”、“莲花世界”、“邀月轩”、“水天闲话”等景观，配以红豆树、白皮松、香樟等名木，融自然景色与人工景观为一体，极具城市山林之幽美。池塘东有围廊，廊壁嵌有“山庄可读图”与“勉耘先生归耕图”两部石刻，有李鸿章、翁同龢、张之洞、李慈铭等社会名流书写的石刻20余块，书法刻工皆极精湛，透露出常熟园林的精妙典雅。园内有曾朴纪念堂。

（2）赵园

赵园东邻曾园，原为小辋川的部分遗址，清嘉庆、道光年间为吴峻基所有，初名水壶园，又称水吾园。同治年间，阳湖赵烈文寓居常熟时购得此园，加以扩建，移家居住，取名“静园”，俗称赵园。园内有“能静居”、“天放楼”、“似舫”等景观。全园以水池为主体，水池以虞山为背景，辛峰亭清晰可见，景点皆环池而构，参差错落，山光水色，浑然一体，借景构园之妙，堪称一绝。

民国年间，赵园卖给了常州盛氏家族，盛氏又舍予常州天宁寺而成天宁

赵园长廊

寺下院，号“宁静莲社”。所谓下院，就是寺院在外设的类似今天办事处之类的机构。赵园与中国近代史上的三位历史人物联系在一起，这就是赵烈文、邓廷桢、盛宣怀。

赵烈文(1832—1893)，字惠甫，号能静居士，阳湖人，阳湖赵氏是一个文化世族，赵烈文三应乡试不售，遂绝意科举，入曾国藩幕府，尽力为之谋划，在曾国藩陷困境投水自尽时有救命之恩，清军攻克天京，赵深夜促曾制止屠城，可见其识见非同一般，故为曾所倚重。同治八年(1869)，曾保荐赵为直隶磁州知州，后又出任易州知州，光绪元年(1875)辞官，息影赵园，直到去世。

赵烈文夫人邓嘉祥为邓廷桢(1775—1864)之女。邓廷桢可是个了不起的人物，他在任两广总督期间，与林则徐协力整顿海防、查禁鸦片，遭受诬陷，与林同被革职，充军伊犁。据历史记载，赵园前期主要由邓嘉祥及其弟邓嘉缉管理。

赵园在民国后被常州盛氏购去。常州盛氏即为盛宣怀家，盛宣怀母亲笃信佛教，在常州天宁寺内有专用佛堂，所以盛氏要把赵园舍予天宁寺。盛宣怀(1844—1916)是何许人也？他是李鸿章的经济总管，身后出现了中国最早的铁路、轮船、矿山、电报、银行、大学。赵园能与这样一个历史人物攀上关系实在是赵园之幸。

（3）燕园

燕园地处辛峰巷，是常熟现存古典园林中历史最久的园林。

燕园原为清乾隆时台湾知府蒋元枢所建，初名蒋园。蒋元枢在台湾主政期间，重建木城，并在近海增设堞楼炮台，垒石为堡，以固海防。兼任台湾学政后，见澎湖列岛文化落后，为之单列童生名额，促进了澎湖地区教育的发展，最终死于任所。台湾人民建祠感念他的功绩，至今仍留有三所祠堂。

蒋元枢的父亲蒋溥、祖父蒋廷锡都是清代内阁中书，家世显赫，筑园极尽奢华，窗棂、门槛材料均用紫檀、楠木。蒋园在道光九年(1829)卖给了蒋元枢的族侄泰安县令蒋因培，蒋因培重新整修时，请叠山大师戈裕良以虞山剑门奇景为蓝本，以虞山黄石为材料，在园中叠假山一座，取名“燕谷”。这座假山改变了长期以来以条石维持承重的传统方法，把石拱桥构造原理运用到假山上，即以大小石块钩带联络、拼镶对缝成拱形，这样不借外力而能承受重量。整座假山纹理自然，浑然一体而又变化多端，其精巧程度可与苏州狮子林的假山相比肩。燕谷在中国园林建筑史上具有重要的地位，现存世的仅有苏州的“环秀山庄”、扬州的“小盘谷”数座。

因为有了这样一座名闻大江南北的假山，所以蒋园又称燕园或燕谷园。1908 年，燕园为光绪朝外部郎中张鸿购得，他因此自称“燕谷老人”，在这座园林中完成了《孽海花》作者曾朴的嘱托，写出了《续孽海花》。

燕园占地不过4 亩多，但结构奇巧：南部以荷花池为中心，中部以燕谷假山为中心，北部则为两个居住小院，园西有长廊贯穿南北，设计合理，曲折有致。

6. 公园

公园是由官方所筑的供大众活动的场所。在 20 世纪 20 年代初，在虞山南麓石梅与李王宫之间构筑了常熟历史上第一个公园，它以庄子《逍遥游》篇取名为“逍遥游公园”，公园在 20 世纪 20 年代末渐趋荒芜。今天常熟城区的公园有虞山公园、方塔公园等，城区外有梅李镇的聚沙园等。

（1）虞山公园

虞山公园位于北门虞山东麓，1931 年兴建，初名常熟公园。为与原逍遥游公园相区别，市民习称为新公园，建国后改名为人民公园，再改名为虞山

虞山公园湖心亭

公园至今。

虞山公园倚山而建，北端为明城墙，景随山势起伏，间以林木泉石，建筑错落有致，自然风光与人工点缀融为一体，有城市山林深邃幽静的野趣。虞山公园以天然景观为主，其中也有不少人文景点融于其中。园中的“卷云石”可称为“镇园之宝”，石高达 3 米，状如轻云舒展，名为“卷云”，石上有名士张鸿题词：“刳神胎，出灵气，一舒一卷，为天下云。”此石原为钱谦益后花园中遗物，建园时移于此，至今依然屹立迎客。

园中有两所建于民国年间的茶室：环翠小筑与栗里茶室，都是当时社会名流聚集之所，留下了很多历史佳话。倚静园是公园的园中之园，以倚景楼为主景，结构精致，小巧优雅。湖心亭、九曲桥为建国后所筑，桥为九曲，亭在湖心。湖周遍植枫、桃、柳等，泛舟湖中，颇多佳趣。

(2) 方塔公园

方塔公园位于古城区方塔下，1977 年开始辟为公园，并逐步构建成古典式园林。

方塔为常熟的标志性古建筑，初建于南宋建炎四年（1130），距今已有

方塔公园

880年历史。当时有一位叫文用的僧人向县令建议，常熟城的西北有虞山，地势由西北向东南倾斜，客位（山）高于主位（城区），所以应在城内建塔镇之。县令同意文用建塔，但塔未建成文用去世，僧人法渊续建，至咸淳八年（1272）建成九级方塔，因为塔下有“崇教兴福寺”，所以塔又叫“崇教兴福寺塔”，因塔为方形，所以又称方塔，这是中国少见的“风水塔”实例。太平天国时期，崇教兴福寺毁于战火，而塔却奇迹般地保存了下来。

方塔为砖木结构的楼阁式建筑，四面八层，每层四面围以栏杆，从底层可援木梯直达顶层。塔角舒展，每一角挂有风铃，塔顶似古代武士的头盔，塔杆直指云天。整座塔造型清秀，轮廓柔和，巍峨壮美，屹立于古城东部，它完整地保存了宋代的建塔形制与建筑风格，成为常熟乃至全国现存古建筑的瑰宝，也成为全市人民引以为豪的古城标志。

方塔公园是在宋代古迹旧址上新建的古典式园林，突出以方塔为重心的主导景观，正对方塔，在保留原有兴福街南大门的同时，又在环城东路建造了一个主入口，两个入口与方塔之间形成了两条中轴线。东中轴线东端，新建了一座气势轩昂的四柱三门式金山石牌楼，成为东大门入口的导向标志，在巍峨高耸的方塔的映衬下，显得浑厚、典雅、古朴。

全园景观中最具历史感的宋塔、宋古井、宋银杏为园中“三宝”，同时园内建有常熟名人馆、碑刻博物馆，增添了公园的历史文化底蕴，延续了历史文脉。

（3）聚沙园

聚沙园位于梅李镇，这是一座以聚沙塔为主体的公园。

聚沙塔全称为“聚沙百福宝塔”，于南宋绍兴年间（1131—1162）由钱道所建。当时由于梅李地处江边，建八面七级塔以镇江水，故取名为聚沙塔。历经岁月沧桑，塔身严重倾斜。20 世纪 90 年代由专家论证进行纠偏，按宋时形制修复塔身，恢复了原有风貌。

塔旁原有的法云禅寺已废，仅有一棵古银杏已有 800 年的历史，公园中有“中共常熟县委重建、常熟人民抗日武装诞生纪念碑”，是进行革命传统教育的地方。

梅李镇聚沙园

第四节　多彩的民俗

俗话说：“一方水土养一方人”，“千里不同风，百里不同俗”。常熟的水土滋养着世世代代的常熟人，也培育出丰富多彩、独具特色的地方风俗，它是历史文化长期积淀形成的，有深厚的文化底蕴，影响着一代又一代的常熟人。这里蕴涵着下层社会文化的珍贵资料，从中可以清晰地看到古代人民社会生活的一些侧面，是一笔宝贵的历史文化财富。

1. 传统岁时节俗

传统的岁时节俗是在岁时节令基础上发展起来的。在农耕社会里，开始的节日并不是“庆祝之日”，而是由年、月、日与气候变化相结合排定的节气时令，即常说的二十四节气，后来随着生产、生活、文化、宗教的发达，逐渐形成了大大小小的节日，并在长期的传承中，形成了传统的岁时节俗。

常熟旧时的传统岁时节俗可以分为庆贺节日、节气农事节日、祭祀节日、纪念节日四类。

(1) 庆贺节日

庆贺节日是以喜庆丰收，祝贺人畜两旺、平安幸福为主要内容的节日，它往往构成了连续性或系列化的喜庆活动，具有全民性特点，这主要是由祭灶节、除夕、春节、元宵节构成的“年节”。

祭灶节，农历十二月二十四日，旧时百姓对灶房内的“灶王爷”非常敬重，供奉了一年，这天晚上要举行“送灶”仪式，点香烛、供素食和果品，另外供奉糯米做的团子，名“谢灶团”。传说这天灶王爷上天要讲本家过失，所以还要供奉麦芽糖做成的糖饼，以胶住灶王爷的口，称为“胶牙糖”，所谓“封住灶君口，四季无灾忧”。仪式结束时，全家礼拜，然后将纸做的灶王爷供在一顶纸轿里，到门外焚化。接灶王爷仪式在除夕夜进行，点香烛，供以素斋，配上橘子、乌菱等果品，最后焚化纸钱，全家老少叩头礼拜，将一尊红纸描金画的“灶王爷”供奉于灶上的神龛内，称为“接灶”。“灶王爷”在年节中的地位非同一般。

除夕，农历十二月三十日，这是全年最末的一天，故称“除夕”。过年的准备工作在祭灶节以后就开始进行，人们理发洗澡以求面目一新，家家户户要拭去庭户屋顶的灰尘，俗称“掸埃尘”；购买年货，年内亲友互赠礼品，叫“送年礼”；除夕这天，家家户户以红纸印的福、禄、寿三星及和合二仙，中嵌“百无禁忌”、“天官赐福”等吉祥语贴于门户以招喜纳福；用冬青、柏枝合起来插于屋檐，取长寿吉利之意；用蚕豆、黄豆等入锅爆炒称“炒发禄”；用脚炉盖装石灰，筛于户阶前，称为“印宅基”；等等。这天，要祭祀祖先，挂祖先像，上供品，家长率全家长幼行礼，这是节日祭祀内容的遗纪，祭祀后全家入席吃“年夜饭”。饭后，长辈给儿孙分发钱币，称“压岁钱”，是祈祷与祝愿合一的俗例。堂上点“守岁烛”，半夜不寐，称“守岁”。

春节，农历正月初一日，也称“年初一”。家家户户贴春联，男女老少穿新衣，象征万象更新。凌晨燃放爆竹，叫“开门炮仗”，小辈向长辈拜年，亲友见面互道“恭喜”，早餐吃糕、汤圆、面或馄饨，以取“高升”、“团圆”、“长寿”、“兜财”吉利之意，早晨泡茶加上一枚青橄榄，橄榄状似金元宝，称“元宝茶”。日间，多数人居家不出，全家团聚，共享天伦之乐。入夜，提早就寝，称“关日头睏”。

这一天，凡起居饮食都要用吉祥词语，如读书人家在红纸上书写“岁朝执事诸事大吉”、“元旦书红万事亨通”等吉利话。有的地方用芝麻秆烧饭，称为“节节高”，炒青菜叫“亲亲热热”，炒黄豆芽叫“如意”，吃鱼要有剩余，叫“年年有余”。还要忌讳一切不吉利的行为，如全天不借火、不汲水、不扫地，以不失去财运。这天不能打骂孩子，如果孩子不小心砸碎了饭碗，大人就要说“岁岁平安”，因“碎”和“岁”同音，等等。

元宵灯迷

初二开始是走亲访友，拜年贺喜，彼此应酬，直至过了上元节（元宵节）后结束。

初五相传为路头（财神）生日，各家各户都要虔诚地恭迎财神，往往初四子夜即起，焚香点烛礼拜。初五日早起，开门燃放鞭炮，称“接（抢）财神”。旧时业主要在店内请职工吃“路头酒”，以祈求财源茂盛，生意兴隆，老板往往在这时宣布职工去留。

至此过年活动暂时进入低潮，但并未结束。

元宵节，正月十五日。这天称为“上元”，“上元”之夜叫元宵。这一天，各家要吃元宵（汤圆），喻“甜蜜团圆”。入夜，户户门前挂红灯，大街小巷燃放焰火，称之为“闹元宵”。城乡举行灯会，彩灯样式繁多，人潮涌动，热闹非凡，是中国民间的狂欢节。

这晚农家用稻草扎成火把，入夜孩童点着火把到自家田内奔跑，称“照田财”，以祈盼丰收。

元宵花灯

(2) 节气农事节日

以古代岁时节令和以农业生产习俗为标志的活动都属农事节日，主要有立春、土地神诞辰、百花生日、立夏、夏至、中秋、重阳等。

立春，是一年农耕开始的节日。在清代的立春日，常昭两县知县依例出城东向迎春，举行迎春仪式。因牛是农耕社会的主要畜力，所以仪式中要扎春牛，腹内放米麦杂粮，在指定地点由春官鞭打春牛，使肚内粮食漏出，俗称“打春”，以兆农业丰收。

土地神诞辰，农历二月初二。常熟人这天有吃“撑腰糕”的习俗，插秧、割稻、割麦都是弯腰体力活，吃“撑腰糕”希望腰板硬朗，身体健康。

百花生日，农历二月十二日。这一天，城乡百姓要剪红纸贴于花枝头，称为“赏（赐）花”，以祈盼花开茂盛。这一天又叫“稻花生日”，农家将红纸贴于盛稻种的器具上，以求稻花繁盛，水稻丰收，称“赏红”。

立夏节，是农历初夏的开始，农村家家吃草头（金花菜）摊面衣和咸鸭蛋，尝新蚕豆，午后有称体重习俗，祈求夏季无灾无病，不减体重。

夏至是全年白天时间最长的一天，也告示着夏天已经到来。常熟城乡有吃夏至粥的习俗，这时新麦上市，以新麦、赤豆、蚕豆、玉米、红枣煮粥食用。

中秋节，农历八月十五。农历以七、八、九为秋季，八月为秋季之中，十五日又在八月之中，所以称“中秋”。这原是个气候的节令，但后来有了嫦娥奔月的传说，才逐渐演变为一个祈盼团圆的节日。在常熟，这天白天妇女盛装出游，名“踏八步”、“走三桥”，以求无病、交好运。月亮升起后，在庭院中放一香斗，中间树一炷高香，供以月饼、瓜果，称为“斋月宫”，月光下香烟缭绕，自有一番情趣。但拜月仅限于女性。这天早上，常熟人要吃糖烧芋艿，吃芋艿是纪念戚继光。据传戚继光抗倭被围粮尽，挖不知名植物根茎充饥，取名“遇难”，后演化成“芋艿”。晚上吃馄饨与月饼，月饼寓家庭团圆、幸福美满。

重阳节，九月初九日，节令名。九为阳数，双九为重，故称“重阳”，又称“重九”。常熟人在这一天有吃重阳糕、饮菊花酒、登虞山赏秋景的习俗。据

重阳节老年人开展登高健身活动

说这一天登高可以避祸，所以居民纷纷登高兼赏秋色。“糕”同“高”同音，所以要吃“重阳糕”，饮菊花酒也有避灾的说法。由于“九”与“久”谐音，象征长寿，所以如今重阳节已成为老年节、敬老节。

冬至，说明冬天来了，常熟习俗家家要祭祖，俗语讲“冬至大如年”，人们相互赠食品叫“担（送）冬至盘”，意为冬天到了，辛苦一年，好好休养生息。

（3）祭祀节日

传统节日中以祭祀神灵、祭奠先人为目的的节日称为祭祀节日，主要有清明节、中元节、十月朝等。

清明节，是祭祀先人的节日。常熟民间有“上坟”、“扫墓”、“踏青”的习俗。一般先在家里祭祀祖先，称为“过清明”，然后家人一起携酒肴、香烛、纸钱前往祖坟祭扫，称“上坟”。今天，清明节已成为祭奠革命先烈、祭祀华夏始祖的节日，它对于弘扬传统文化、增强民族意识和民族凝聚力具有重要意义。此时正值春光明媚，游人“踏青”络绎不绝。这天，家家还要做“青团”当点心。

中元节，农历七月十五日，俗称“鬼节”。家家焚烧纸钱祭祀祖先，称“过七月半”。有新亡者之家，亲属前往亡者之家灵座祭祀，称“新七月半”。

十月朝，农历十月一日。此节专指新亡人家，亲戚前往礼拜灵位，本家设酒菜招待。

（4）纪念节日

以纪念历史英雄人物为主的节日称纪念节日，主要是端午节。

端午节，是纪念爱国诗人屈原的节日。常熟人有端午清晨吃粽子习俗，俗语讲“吃了端午粽，便把寒衣送”，过了端午节，就进入了夏季。这天在住房正间挂上艾叶、菖蒲，为的是驱除病魔，药铺有出售白术、白芷用来烟熏，可避秽，小儿用大蒜头系彩色绒线挂在胸襟上，雄黄酒擦在额头上，据说用来避蛇虫咬蜇。这一天，城乡到处举行龙舟赛，往往引来万人观看。反映了这一纪念节日在长期社会传承中，已融合进了竞技游艺的民俗特点。

端午节包粽子

2．地方民俗

(1)“三月三”拜香

农历三月三为上巳节，“三月三”拜香“报娘恩”，是常熟特有的一种习俗。

农历上巳节游春踏青，是一个非常古老的民间习俗，男女老少均到水边嬉游，以消除不祥，叫作“修禊”。王羲之《兰亭集序》中“曲水流觞”的故事，就是过“三月三”的上巳节。但常熟的“三月三”踏青却演变成为一种“报娘恩”的民间宗教活动，并且长盛不衰。虞山之巅有藏海寺，寺内有报恩草堂大慈大人墓塔。这座墓塔是由清朝顺治皇帝批准建立的。顺治信奉佛教并一度出家，当时江阴籍的高僧通琇深得顺治敬重，尊他为“大觉普济能仁国师”。后通琇由京城返乡，路过虞山，为虞山秀美景色所吸引，遂留在当时的

藏海寺

拂水东庵主持庵务。通琇在母亲亡故后，向顺治请求将母亲葬在庵内以陪伴亡母，顺治为他的孝心所感动，批准了他的请求。通琇就将母亲葬于庵内大悲殿之后，并建报恩草堂大慈大人墓塔。拂水东庵在通琇主持后，庵务日新，改名为“藏海寺”。常熟人民为通琇和尚维护佛殿的善行和葬母孝心所感动，于是在真武帝（供奉在藏海寺一墙之隔的报国院内）生日的农历三月初三日结伴朝山拜香，“报娘恩”完心愿。这一天，人们成群结队向祖师山行进，连江阴、无锡、昆山、太仓等地也有人专程前来拜香。

拂水晴岩下有烧香浜，拜香者大都坐船到此，上岸沿霸王鞭前进，此地山势陡峭，走几步就要歇口气，所以民间有七十二个“透气站”的说法。拜香者中的虔诚者头戴高帽，从家门口开始，三步一叩首，到了半山腰就改为三步一跪拜，一直跪到山上。也有结队而行的，一般以街坊、村为单位组成香社，结队前进。拜香者一般穿着白短衫、敞胸束腰，手端小凳，上置经书、木鱼、铃，队伍前有人举三角形黄旗导引，其他人举各色三角小旗紧跟，一路诵经，随行随拜。旧时，更有人为表示“报娘恩”的虔诚，以肉身灯、臂锣前行。肉身灯就是上身裸露，双臂张开用木棍撑住，臂上挂灯，灯以钩扎进皮肉。

虞山三月三香汛盛况

臂锣就是赤膊后用金属吊钩扎入臂部，挂上铜锣，一路上山一路敲。这反映出拜香者的愚昧无知。

拜香者到了祖师山后，即入寺设坛斋戒，诵经礼佛。这一天，也是小商小贩做生意的好机会，他们散布于山道各处，风味小吃如山前豆腐干、五香豆、粽子糖、豆腐花等到处可见，一天下来收入颇丰。城内这一天也因香客游人如云，酒店饭馆座无虚席。

（2）宝岩看杨梅

宝岩在虞山南麓，面湖背山，盛产杨梅。宝岩看杨梅的习俗从南宋开始，至今已有900多年的历史。

杨梅成熟正是水稻插秧完成之时，所谓“烧莳香”是指插秧结束后到宝岩寺去烧香，常熟人叫插秧为莳秧。莳秧在节气夏至到小暑这一段时间内，这是农民一年中最辛苦的时候，这时正值黄梅季节，天气时晴时雨，农民们要收割小麦、抢插秧苗，不能耽误农时。完成插秧后，劳累近一个月的农民难得有了一段休闲时光，宝岩有著名的齐梁古刹宝岩寺，他们到寺庙去烧香，祈求神灵保佑，以获五谷丰登。这时，宝岩杨梅林内果实累累，烧过香的农民再到杨梅林内看看，自然会身心俱爽，他们可以随手采摘新鲜杨梅尝鲜，也可买一些回去给家人品尝。于是，几百年来“莳完秧苗看杨梅”这一习俗流传至今。

宝岩看杨梅

（3）湖甸龙舟会竞渡

龙舟竞渡俗称划龙船，开始是纪念爱国诗人屈原的一种仪式，后来渐渐演变为一种竞技游艺。常熟的龙舟竞渡以“湖甸龙舟会”最有名。湖甸紧靠尚湖，由大湖甸、小湖甸、甸桥等自然村落组成，俗称“湖甸三村”，境内河港密布、多水少田，旧时村民大多以船谋生，村内多渔民和运输户，几乎是家家有船，于是就产生了极富地方特色的“湖甸龙舟会”。“湖甸龙舟会”在每年的农历三月二十四、八月初三在大湖甸的李王庙前举行，四月初二、七月二十一在小湖甸举行。其时，湖甸各户外出的船民都要回家参加龙舟竞渡，家家户户都要叫亲戚来观看，城内市民也涌向湖甸，商贩也纷纷前去赶场，热闹非凡，成为常熟最具观赏性、群众性的民间传统节日。比赛时，龙舟上旗伞飘扬，锣鼓喧天，船行如飞，划船的都是年轻力壮的农民，这是他们展示男性力量的一个场所。观者有的在岸上，有的乘船停泊在河道边观看，豪绅巨富的大号船停泊在河心，船上有“王四酒家”、“山景园”等名菜馆派出的烹饪名师烹调美食，边吃边看。

湖甸龙舟会1953年停办，1995年恢复，现有龙舟24条，湖甸农民除在传统节日划龙船外，还向周边乡镇出租龙舟，甚至连船带人一起参与，多次参加苏州市、常熟市的大型龙舟比赛。

湖甸赛龙舟

（4）庙会

庙会也称“庙市”，在寺庙节日或规定日期进行，一般设在寺庙内或附近，故称“庙会”，实际上它是一种市集形式。旧时的常熟，每年到农历的三四月间，迎神赛会接连不断，有不定期的和定期的。不定期的庙会有城隍庙庙会、周神庙庙会等。定期的有大东门外总管庙举行的“春会报社”，每年农历三月十六日举行。相传总管姓金，名七，西北乡金家村人，在抗倭斗争中殉难，被追封为总管，立庙祭祀，总管庙会有一天的，也有两天的。

因总管职责为管一方治安，所以庙会中有一内容叫吊阴犯，由人扮做县令坐堂，两边衙役齐立，传令将枪毙的罪犯、客死在常熟的孤魂野鬼吊进庙堂，传谕一律回归故乡，不准骚扰地方并发给路费，这种庙会表达的是一种企求平安的心理。

农村庙会以大义寺基庙会最为有名。寺基村有建于梁天监二年（503）的白雀寺，相传寺成之日有白雀飞来筑巢，寺因此得名。每年农历三月十三、十四两天举行，庙会俗称“寺基会”，庙周围各社都要请剧团演戏酬谢神灵，还有踩高跷、划龙船、调龙灯、舞狮等表演，热闹非凡。由于家家户户要忙于款待前来赶庙会的亲友，故有“嫁女不嫁寺基头，一年要过两个年”的俗谚流传。寺基庙会 1952 年停办，1997 年白雀寺重建后恢复。

举办庙会是为了祈求菩萨保佑，但对百姓而言，求神拜佛不过是个由头，“借佛游玩”才是目的。对于商家而言，则是振兴市面的一个好机会，所以他们往往热心地资助庙会。民间信仰的宗教色彩，祈求丰收的神灵崇拜，已被民众的娱乐狂欢、商家的生意兴隆所代替。民间信仰的宗教色彩已和世俗狂欢合而为一，对神的崇敬和对美好生活的追求合而为一。它既是酬神活动，也是自娱活动。

3. 人生礼仪

有人说：“人的一生就像竹子，其过程并不是平直的，而是有许多‘节’，表示着其阶段性的特征。人生是由若干阶段组成的，人就是在具备某些条件时，通过一个个‘人生之节’，发育成长，走向终点。”人生礼仪又称通过礼仪，主要是指在人的生命历程的关键时段形成的特定仪式活动。

（1）诞生礼

生育是关系到家族传宗接代的大事，所以备受重视，新妇生儿都要庆祝,但又有重男轻女观念。临产前,产妇娘家要送干果、彩蛋及婴儿需要器具、衣服等礼品,这叫“催生”。并备有大粉团,叫“催生团”。男方将粉团分送亲友,预报喜讯。

产妇分娩后,先要染红蛋向娘家报喜,并分送亲友。亲友都要准备礼物慰问产妇,称“吊舍母”。在婴儿周岁之前,要操办由许多内容构成的“诞生礼”以示祝贺。

“做三朝”,婴儿出生后三天,要敬神祭祖,这是“诞生礼”的开始。

“满月”,婴儿满月后要办满月酒宴请亲友,这天要为婴儿剃发,俗称“剃胎发”,所剃下的胎发要珍藏于丝线做成的网球中挂于床前,现在也有用胎发做成毛笔以留纪念。

“百日”,婴儿出生百日,也要庆贺。

“周岁”,婴儿周岁要隆重庆贺,并要举行一个仪式,在大厅上设“晬盘”,内放书画笔砚、弓矢刀剑、算盘秤尺、各类玩具,让婴儿自由抓取,以占卜其未来的志向。这一习俗,在宋代已经形成,也有叫“抓周”、“试周”。除酒筵外,还需做“季团”分送亲邻。诞生礼到此告一段落。

做季团

(2) 婚礼

婚礼是人生中一个具有“划时代”意义的礼仪，它标志着一个人要进入成家立业的重要阶段，所以，这是人生中的一个大礼。旧时在完婚的过程中逐渐形成了一套约定俗成的礼仪，主要有纳采、问名、纳吉、纳币、请期、亲迎六项。完成了这些礼仪，才是取得了合法的婚姻关系。

纳采。即由男方央媒人去女方提亲，若女方家长同意，男方则正式向女方求婚，这一过程也叫“议婚”。

问名。议婚以后，男方要请媒人取得女方的“庚帖”（生辰八字）与男方的生辰八字“合肖”（占卜）。

纳吉。男方把问名后“合肖”的好消息通知女方，再备礼到女家决定婚约，这是订婚阶段的主要礼仪，意味着婚约正式确立。

纳币。又称纳征，男方向女方赠送聘礼（现金和财物），婚姻进入筹备阶段。

请期。男方选择婚期并征求女方同意，定下成婚日期，用“请”字，是男方对女方表示谦让、尊重。

抬嫁妆

亲迎。是新婿亲往女家迎娶的仪式,是婚礼的主要程序。婚日,男女双方张灯结彩宴请亲友,前一天,女家把全部妆奁送至男家,新郎于黄昏时间到女家迎亲(古老的“黄昏娶女”,就是婚姻之“婚”的本义),新娘即坐轿(水乡地区也有坐船)随新郎而归。经过一系列繁杂而又严格的礼节,如拜堂、进洞房、挑头巾、饮合卺酒等,礼仪才全部完成。

婚后数天,新婚夫妻要回女方家看望长辈,称“回门”。至此,婚礼全部完成。

从整个婚礼过程来看,结婚的男女双方全凭“父母之命,媒妁之言”,男女往往在“挑头巾”时才看清各自面目,难以有婚姻的自由。

这种延续了几千年的婚俗,到民国以后才有所改变。当时城镇开始倡导文明结婚,一般借用公共场所宴请宾客,请有社会声望的人当证婚人,仪式简便但比较庄重,如证婚人要宣读结婚证书内容,新郎新娘与证婚人在结婚证书上要盖章,等等。但其他礼节改变不大,是旧俗与新风并存。

今天的婚礼,首先注重的是在自由恋爱基础上进行结婚登记,领取结婚证,这就成为合法夫妻。之后大都在酒店举行婚礼,由主持人主持,程序更为简单,注重活泼热闹的欢庆气氛,但有大操大办、铺张奢华的陋习。

(3) 寿礼

寿礼也叫寿诞,俗称“过生日”,它是“诞生礼”的周年性延续。但“过生日”与“寿诞”是不尽相同的,生日每年可过,“寿诞”一般自60岁开始。

过生日是今天年轻人包括儿童的一种时尚,他们在生日时集好友联络感情、聚餐,也有举行生日舞会的,友人则以生日贺卡或一些精致的小礼物祝贺,所以生日蛋糕能大行于市。但在古代,男女最重视的是30岁生日,俗语有“三十不贺,四十不发”,一般生日都是以合家吃面条作为庆贺,平时很少见有操办的。

“寿诞”是属于老年人的人生礼仪,从60岁开始逢“十”做寿,称为“正寿”,但一般老人都在逢“九”那年提前办“寿诞”,可能“九”与“久”同音,讨个口彩。做“寿诞”时正堂挂寿星画像,寿幛上缀金色“寿”字,左右挂寿联,桌上供寿桃、寿面、果品等,点燃寿烛、寿香,亲友要在堂上给寿主拜寿祝贺,晚辈要跪拜行礼。之后摆酒宴吃寿酒,酒宴上必有一碗寿面。

尚湖旅游度假区太公岛上的长寿桥

（4）葬礼

人自然生长的过程，就是从生到死的过程，这是自然法则所规定的。葬礼又称丧礼，是人死后，由亲属、邻里、友人等哀悼纪念、评价亡者的礼节，也是处理亡者殓殡、祭奠的礼仪，它既有社会习俗的特点，也有人类特有的处理亡者的信仰性质。

传统的葬礼必经四项程序：

停尸：把死者尸体安放到规定的地方，这是人死后的第一个仪式。同时差人告知亲友，叫“报丧”。亲属要为死者抹身净体，更换衣衫，移尸至孝堂地上，称“伏土”，然后给死者穿寿衣、整容、盖上殓被，这叫小殓。

吊丧：家族、亲族按与死者关系，穿不同丧服，孝男孝女要守灵，执丧棒（俗称“哭丧棒”），朝夕及宾客至时要哭奠，称为“哭丧”，内容多为歌颂死者生前功德，吹鼓手吹奏哀乐，营造一种悲戚气氛，这是丧礼的准备阶段。

殡仪：又称入殓、大殓，从移尸入棺到宾客拜奠都属殡仪，这是亲属向遗体告别的仪式。入棺前先写好灵位，入棺的上铺下垫都有严格规定，子女在外的都要等子女到家后方能入棺，妇女死后要等娘家父母或兄弟姐妹到后方能入棺，叫“亲视含殓”。盛殓后，设灵堂进行奠拜，这是正式追悼亡人的仪式,是丧礼中的大礼。

送葬:又称下葬,是丧葬的最后程序,墓穴有的生前就有准备,但大都是待人丧后为之破土掘墓。吹鼓手前导,孝子捧灵位随后,棺后是亲属宾友,沿途撒纸钱,棺木入穴后封土堆坟。葬礼招待亲友的菜肴中,必有一碗豆腐,叫“吃豆腐”。

丧事完毕,丧家设灵位,每日供奉,七天一期,以四十九天为期,其中以“三七”、“五七”、“七七”最为重视,但严格地说,这不属丧礼而属信仰习俗的仪礼,也就是葬礼由对人的仪礼转为对“鬼灵”的仪礼。至于请道士、和尚做道场或法事超度亡灵,则已属于宗教、迷信范畴。

20 世纪 60 年代以后,土葬改为火葬,葬礼有简化但基本程序未变,如报丧用电话、发讣告,灵位以亡者大幅照片代替,木棺改用纸棺,骨灰盒葬墓地或存放安息堂,奠礼改为追悼会,等等。

丧礼中有社会习俗,也有信仰习俗,它既是对死者一生社会影响、事业贡献的总体评价和追念,也包括对死者进入另一世界的祝福。而另一方面,它也是为了生者,这就是通过葬礼强化家族间的关系。一般而言,戴重孝者就是财产继承者,他对家族的繁衍发展负有重要的责任,其间蕴含着深刻的人伦意义。

4. 茶馆

茶馆在江南地区是一种独特的文化景观。

茶馆业起源很早,唐宋时即有“茶肆”,后称“茶坊”,茶馆是民间俗称。明中期以后,随着商品经济的繁荣,江南地区出现了大量的市镇,茶馆是市镇上最热闹的地方,与人们的日常生活有着十分密切的联系,对普通民众来说,是一个不可缺少的地方。旧时常熟的茶馆很多,1918 年,常熟城区茶馆有 60 多家,1950 年达 120 多家,居当时的百业之首。乡镇的茶馆则是星罗棋布,数不胜数。茶馆中,有市民百姓、贩夫走卒、文人士大夫、退休官员乃至政府官员,各色人等应有尽有,可见它已融入百姓的日常生活,成为常熟民俗风情最引人入胜的一个重要方面,是了解常熟社会的一个窗口。

常熟的茶馆大都是用正方形的八仙桌,一桌可坐八人,一室之内,茶客多达数百。茶客有上层精英,也有下层民众,有“忙人”,也有“闲人”,他们共同活动在茶馆这个公共空间。身份不同的茶客一般都有各自固定的去处。

常熟最有名的“得意楼”茶馆，三层布局，为当时城内最好的建筑之一，特别是由于翁同龢为其题写招牌后，更为风光。但在一座茶馆之内，茶客自有定位。一楼茶客都为贩夫走卒、城郊农民、市井百姓；二楼茶客大都为小商小贩及游手好闲之徒；三楼茶客大都为商业、商会人员。他们各自为中心，相处于一座茶楼之内。而其他茶馆的茶客身份则各有特点，寺前的琴园茶馆，是常熟旧时的文人聚会之所，楼上辟有宽敞洁净的雅座，是谈文说艺的地方。大东门的“琴一楼”茶馆，规模不大，然在20世纪20年代却因为能左右常熟政坛而被人称为“小楼内阁”。当时政界人物、商会会长、教育界名人往往聚集于此，品茶之际所谈一切，往往关涉全县政治、经济形势，以至在一次县政府的选举中，当选者多为这派人物嫡系，反对派由此贴出“打倒小楼内阁”的标语，轰动了常熟政界。地处石梅的“枕石轩”茶馆茶客都是退休官吏和地方士绅。他们以轿代步，茶具、座位各有专用，从不相混，人称“老爷茶馆”，其中不无讥讽之意。

而一些以清高自居的社会名流，则自筹资金，构建茶室于虞山之麓，最有名的有虞山公园内的环翠小筑与栗里茶室。环翠小筑内设有雅座，临窗座位仿火车座式，形成相对隔开的空间。室内名人书画琳琅满目，置有丝竹乐器、棋盘、文房四宝，供茶客即兴挥洒，名士张鸿为“环翠小筑”题记。虞山的佳景、茶室的雅致、张鸿的美文，相得益彰，令人心生向往，也足以使茶客细细品味常熟文化氛围中那份特有的清秀幽雅。集资建栗里茶室的陶氏兄弟为陶渊明后裔，因茶室前后有数株栗树，故取陶渊明“栗里高风”之意，名茶室为栗里。邑中知识界、书画家、诗界人物大都到此喝茶，著名诗人杨无恙为常客，他在茶室举办邑中著名画家王石谷等名画展，为上海“一·二八”抗战将士募捐，深得社会赞赏。茶室还常举办“兰展”、“菊展”等，供品茗者及游园者欣赏，增添了茶室雅趣。茶室还首创用玻璃杯沏茶，并以杯论价，使茶既可品，又可观，为品茗者所欣赏。一些时尚青年男女也常来此地品茗，开创了常熟女子上茶馆的历史。

茶馆也是个藏龙卧虎之地。常熟董浜镇有大名鼎鼎的涵芬阁茶馆，抗战期间一度成为中共地下党及抗日武装的联络场所。老一辈革命家谭震林就在这个茶馆内停留过，以至到晚年他还专程到此，回顾那峥嵘的岁月。在这个茶馆和老板娘陈二妹的身上，可看到《沙家浜》中春来茶馆和阿庆嫂的影子。

茶馆,是社会的缩影,但长期以来,一直被人误认为仅仅是个休闲的地方,是无所事事滋生懒惰的地方,而没有看到它的功能远远超出了休闲的范围。

茶馆是一个信息中心,各色人等在那里集聚,他们谈论国家大事、社会新闻,甚至家长里短。在信息不发达的时代,茶馆无疑是获知外部世界信息的最好场所。

老茶馆

茶馆是一个经济活动中心,生意人在那里打听行情,洽谈生意,许多交易往往是在茶馆内做成的。旧时常熟的许多同业公会,往往利用早晨喝茶的时间,统一市价,以垄断市场。

茶馆是一个娱乐的场所,一般茶馆内都设有书场,茶客一边喝茶一边听评弹,在不自觉中接受着传统的价值观。清末书场开讲评话“三国志”时,墙上贴有关公神像,两边挂上对联:

忠彪日月,驾赤兔胭脂马,过五关斩六将;
义感天地,凭青龙偃月刀,保皇叔兴汉室。

这对没有读过多少书的茶客来说，茶馆无疑是一个大众教育场所。茶馆为茶客提供了服务，也为评弹艺人提供了一个实践艺术的场所，许多优秀的评弹艺人都是在茶馆内培养出来的。常熟乡区梅李的龙园茶馆，在评弹艺人心目中非同一般，评弹艺人走上舞台的第一站往往选择龙园，茶馆老板瞿老四不仅在生活上悉心关照演员，而且尽力为他们撑场面，常熟人的欣赏水平高，过了龙园茶馆这一关，就意味着考试合格，可以踏实地到其他地方说书。以前的一些当红评弹艺人，对瞿老四都深怀感激之情，年过古稀客居加拿大的著名评弹艺人蒋芸仙先生至今还念念不忘瞿老四的恩德。

茶馆是一个社会调解中心。常熟人有“吃讲茶”的习惯，民间有了矛盾，甚至冲突，可以在茶馆里恳请一位德高望重的长者作为中间人，三方同坐一桌，矛盾双方把理由申述，把事实讲清，由长者予以裁决，理亏一方只要算上三人的茶资即可离去。“吃讲茶”，就是吃茶时讲开算数的意思，这种“诉讼”成本无疑是最低的，说茶馆是个民事法庭也是合适不过的。

茶馆是公众参与地方公共事务的地方，茶客们可以对地方当局的施政加以评论，回到家里又广为传播，从而会形成一股强大的舆论力量，当局有时也不能无视这些社情民意。而社会上一些违背社会公德的行径，经茶客说三道四，也许会传到当事者耳中，这对于匡正社会风气也不无益处。

可见，茶馆与市民的日常生活有着密切的联系，它不仅是一个歇脚、聊天、商品交易、信息传播的场所，而且兼具社交、娱乐等多种功能，是以市场为中心的地域社会的一个缩影，对当地文化、经济、政治等各项大事，都会起重要的潜在的影响，同时也集中反映了民众不同的思想活动和生活情趣，是市镇文化最集中的体现，即使在今天许多现代娱乐场所出现以后，它仍是大多数市民最能接受的公共生活空间，今天城乡还有众多的茶馆，我们不能仅仅把它看做是休闲的地方，而应看到它多层次的复杂的社会经济和文化功能，使它成为构建和谐社会的一个重要载体。从社会民俗角度来讲，茶馆是一个应该深入研究的课题。

第四章　小康之路

春秋时期,孔子对言子所阐发的关于小康社会的政治理想,影响了千年中国,常熟人民对小康社会也进行了执着的追求。在改革开放之后,历史的巨轮才真正驶入了小康进程的航道。2005 年岁末,江苏省人民政府宣布:常熟已成为全省六个首批全面建成高水平小康社会的县(市)之一。

第一节　三十年的艰辛探索

1949 年 4 月 23 日,常熟宣告解放,4 月 29 日,中共常熟县委、县人民政府正式开始办公,历史掀开了新的一页。

建国初期,常熟属于苏南行政区苏州专区。1953 年 11 月,江苏省成立,常熟属江苏省苏州专区。

1949 年 5 月,在常熟县城区设县辖常熟市,1951 年 9 月常熟市升为苏州专区直辖市,1954 年 11 月再升为省直辖市,1958 年 4 月,撤销常熟市,市境归常熟县管辖。

1961 年 11 月 18 日,中共苏州地委决定,把常熟县境北部的三兴、乐余、兆丰等 14 个人民公社、近 50 万亩耕地、34 万人口归属新设置的沙洲县。

1983 年 3 月,常熟撤县建市,属苏州市管辖至今。

在建国后的三十年中,常熟同全国各地一样,进入了社会主义社会。其间经历了"大跃进"、"人民公社"运动,"文化大革命"十年浩劫,社会主义建设遭到了严重的破坏。但这一时期的农田水利基本建设、农民对粮棉高产的追求、扫除文盲和消灭血吸虫病运动等，为后人留下了一份宝贵的历史遗产。

1. 泽惠后人的农田水利建设

常熟农田水利建设的基础大都是20世纪50年代后期到70年代利用当时的集体力量资源兴建而成的，这为常熟农业丰收提供了可靠的保证。其中的平整土地、治理圩区、以开挖望虞河为代表的河道工程在老一辈农民中留下的记忆特别深刻。

几千年来，常熟的农田高低不平、河浜潭塘众多，在小农经济条件下，难以进行大面积的土地平整。农业合作化后，主要是在20世纪六七十年代的"农业学大寨"运动期间，全县开展了持久的农田基本建设。

平整土地

例如，原任阳镇蒋巷村，地势低洼，河浜纵横，田块高低不一，农田基础设施差，易受涝灾。"蒋巷锅底塘，十年九涝一旱荒，泥垛墙，茅草房，树皮草根拌青糠”，这首民谣描绘了蒋巷村农民艰难困苦的状况。1966 年，年轻的常德盛担任蒋巷村的大队长，后又担任村党支部书记，自此以后的四十多年中，他把全部心血奉献给了这片热土。他针对蒋巷村坑洼不平、河塘纵横、坟堆遍野、田块零乱的现状，提出了治水改土、增肥改土的方案，凭着一根扁担两只筐平整土地，开深沟降渍害，规划河道通畅水流，修渠筑路，同时大搞积肥造肥，放养绿肥，改良土壤，把全村土地全部建成了稳产高产的高标准农田，打下了蒋巷村发展的基础。在这基础上，他带领村民发展村办工业，壮大村级经济。工业的发展为蒋巷村的新农村建设积累了雄厚的资金，走上了一条新型农业与观光旅游相结合的新路，这就是以生态农业为载体，以现代化新农村建设为依托，融合田园风光和农家生活特色，构建农业生产、农民生活和绿色生态相融合的旅游新景观。“农业起家，工业发家，旅游旺家”，这是常德盛领导的蒋巷村四十多年发展道路的概括，从而使蒋巷村建成为社会主义新农村的一个典范。国务院总理温家宝、时任国家副主席曾庆红都曾到蒋巷村视察并给予很高的评价。2009 年 9 月，常德盛与虞山镇梦兰村党委书记、江苏梦兰集团董事长、中国家纺行业第一驰名商标“梦兰”的创造者钱月宝一起，入选“50 位新中国成立以来感动江苏人物”。

再如，原何市镇南渡桥村，地处白茆塘边，全村大都是高亢的黄沙岗，只能种植旱地作物，全村农民苦战几个寒冬，平整土地近千亩，又自筹资金 11 万余元，建成长达 3680 米的混凝土管暗渠灌区，灌溉面积达 1800 多亩，黄沙岗变成了稻麦两熟的丰产田，当时的《红旗》杂志曾刊登《勤俭办社绘新图》一文予以肯定。

又如，地处沿江植棉区的原吴市镇，不愁水害却苦于干旱，全镇从 1958 年开始，平整龟背田，填高低洼田，后又结合疏浚河道，填塞废河浜，使全镇棉田在干旱时都能用机器灌溉，解决了数百年来影响棉花丰产的旱情。

平整土地使农田整齐划一，田成块、树成行，增加了面积，有利于灌溉、排水。平整土地都要在上茬作物收割下茬作物种植前的有限时间内用肩挑手挖的方式完成，难度可想而知。

低区建圩防涝是常熟水利建设的传统，在分散经营的小农经济条件下，圩的规模都比较小，建国时全县小联圩多达 800 多只，由于建设标准不高，排涝主要靠龙骨水车，很难从根本上解决涝灾。农业合作化后土地的集体所

开挖望虞河

有为圩区治理创造了条件,在统一规划下,实施“联圩并圩”,逐渐把全县圩区并成83只大联圩,一只联圩内的土地在1万至2万亩之间,并建机电排灌站,有效治理了内涝。20世纪60年代后,圩区治理又与平整土地结合起来,圩内田成方格,沟、渠、路配套,以丘为单位排灌,这样就适合机械化耕作。为解决联圩后圩内圩外船运,1960年开始兴建圩内套闸、防洪闸、分级闸,习称为“圩内三闸”,至1967年,耕地总面积达51万亩的联圩内建“圩内三闸”210座,国营排灌站200多座,确保了旱涝丰收。1962年开始,常熟圩区被列为全国重点商品粮生产基地。

建国后最大的河道工程是开挖望虞河。

1958年,国家水利部、省水利厅与浙江省、上海市共同制订了太湖流域治理规划,开挖望虞河是其中的一项核心工程。望虞河全长60.2公里,常熟境内35.6公里,因该河越望亭、经虞山,故名“望虞河”。1958年12月3日,工程开工,民工按兵团、团、营、连、排军事编制组织施工,民工总数达7万多人。为保证如期完工,民工们以那一时代特有的摆擂台、打擂台形式进行劳动竞赛,组织了数以千计的卫星班、火箭班、尖刀连和以刘胡兰、黄继光等革

望虞河水利枢纽

命先烈命名的突击队，运用四平车、独轮车、绞关、肩挑等工具运泥。1959 年年初，施工处于最艰苦的阶段，为保证在黄梅雨季前完工，民工扫雪破冰取土。县委又从 10 个人民公社调集 4 万民工、地委从昆山调集 4000 多民工增援。经过 10 万多民工的艰苦奋斗，工程在 1959 年 4 月 25 日基本结束，完成土方 1400 多万立方米。假如把 1 立方米的土连接起来，就是 1400 多公里。在竣工后举行的庆功大会上，136 名水利英雄、6588 名水利模范、623 个团、营、连、排先进集体受到了表彰。历史应记下在充满理想主义年代里前辈们所作出的巨大贡献。望虞河在干旱时可引江水灌溉上游地区的农田，同时由于河东岸筑堤建闸，有效地控制了阳澄湖低洼地区的洪水压力。这项兼具防洪、排涝、引水、航运的综合性工程，为常熟地区乃至太湖流域带来了无穷的福泽。特别是在 2007 年太湖蓝藻爆发以后，望虞河已成为太湖主要的进水河道，它也成为无锡市民饮用水的生命通道。江苏省省长亲自担任“河长”，流域各地的行政第一把手担任“副河长”，望虞河对于苏南地区生产发展、人民生活的重要意义不言而喻。

2. 对粮棉高产的探索

建国以后，常熟县长期坚持以农业为基础的方针，农民把夺取粮棉高产作为人生的追求，出现了一大批先进模范人物。见之于《常熟市志》记载的有：

1952 年 7 月 15 日，常熟县召开农业生产春季评奖大会，政务院农业部委托县政府对 1951 年亩产籽棉 424 斤的丰产模范张正芳授奖。

1952 年 10 月 4 日，县四届一次各界人民代表会议决定开展爱国丰产总结评比。这里虽没有记载评比的结果，但可以看到当时社会对农业丰产的重视。

1957 年 2 月 13 日，谢桥区汤桥乡五社社长刘顺元因该社 1956 年稻麦平均亩产 998 斤、超产粮食 13 万斤而赴京出席全国农村劳动模范会议。

农业合作化后，由于农民种田积极性空前高涨和推行科学种田，水稻形成了以晚粳为主的稻麦两熟制，而药剂防治则有效地解除了对水稻危害最大的螟害。棉花由于优良品种大棉（陆地棉）的普遍推广，结束了棉花与杂粮套夹种的历史，棉麦轮作推广了条播宽植的先进种植方法，同时由于水利条件的改善，1957 年农业生产获得了历史性的大丰收。全县粮食总产量比解放初期翻了一番，皮棉产量增长了 34.3 倍。

这一时期，农业战线上涌现了一大批以沈巧根、倪永福、张云生为代表的高产模范。

1965 年，常熟县委、县人委推广县内农业生产高产稳产三个典型，他们是：水稻连续三年超千斤的莫城人民公社安定大队十四生产队队长沈巧根；三麦连年亩产超 300 斤的王市人民公社南塘大队第六生产队队长倪永福；棉花连续六年平均亩产皮棉超百市斤的浒浦人民公社六大队第二生产队队长张云生。这三位农民专家在当时的科技水平下，能取得这样的高产记录是极不容易的，他们所创造的丰产经验，直接影响了长江下游地区的广大农村，历史应记下他们的名字。

沈巧根（1906—1990），她把农民水稻专家陈永康的水稻高产经验简化为易于掌握的“早发控蘖，分期促控”的“八字”方法，1963 年、1964 年、1965 年连续三年在全省首获水稻亩产超千斤的殊荣。著名作家吴强在常熟挂职期间专门撰写了长篇通讯《种田能手——生产队长沈巧根》发表于《人民日报》，《中国妇女》杂志也发表长篇通讯《夺高产的人——记生产队长沈巧根》，把她与工业战线上的劳动模范郝建秀相提并论，号召全国妇女向沈巧根学习。1977 年获江苏省农业劳动模范称号,1979 年获全国“三八红旗手”称号。

倪永福(1910—1992),他创造了“适时早播,散布密植,薄片深翻,精耕细作,高畻深沟,全层碎土,春肥腊施”的三麦高产经验,连续三年创造了三麦高产纪录,1965 年,全队小麦平均亩产达 500.5 斤,夺得了全省三麦亩产首超 500 斤的记录,使常熟农民追求的“三麦赶水稻”目标变为现实,改写了把“三麦”作为“小熟”的历史。当时,前去参观学习的农民、干部、专家、学者不绝于途。1977 年获江苏省劳动模范称号,曾任江苏省政协委员。

张云生(1924—2004),他领导的生产队在 1958 年亩产皮棉就已跨过百斤大关,从 1960 年起的六年中,全队亩产皮棉稳定在百斤以上,而且自 1961 年起的五年时间中,每年亩产皮棉递增 11.7%。从今天棉花生产条件来看,亩产皮棉百斤比比皆是,但在当时条件下,是很难达到的高度。他所创造的“早发,稳长,不早衰”的“七字”方法,至今还有指导意义。浒浦人民公社推广了他的高产经验,成为苏州地区第一个亩产皮棉超百斤的公社。其间还出现了一批平均亩产皮棉超“双百”的小队和近“双百”的大队。1962 年和 1963 年,张云生连续两年与县、社领导一起参加了全国棉花生产会议,受到周总理等中央领导的接见,是全国参加会议的 4 位生产队干部之一。

粮棉高产不仅要有好的耕作技术,更要有好的品种。为了培育优良种子,几十年来,农业战线上的科研人员作出了不懈努力,常熟市农科所水稻室主任端木银熙就是一个杰出的代表,他从 1965 年开始,一直在农业科研第一线从事水稻新品种培育,经过数十年努力,主持培育成功了“太湖粳”系列与“常优”系列水稻新品种,其中的“太湖粳 2 号”曾经成为全市的当家品种,并获得过单产 802.4 公斤的省纪录,经国家审定并推广的“常优 1 号”以“高产、优质”、“抗病”、“抗倒伏”成为苏南地区水稻生产首推新品种,也是常熟市第一个具有自主知识产权的优秀“三系”杂交粳稻,被国家列入“863”计划并通过国家级审定,认为其综合性能在国内同类品种中处于领先水平,可在全国晚粳稻地区推广。2006 年实收亩产 808.6 公斤,突破了国家规定的超级稻单产水平,打破了全国纪录。日本最大的米业公司木德神粮株式会社的专家来常熟考察后,专门撰文进行介绍,认为该品种不仅单产超过日本著名优质水稻品种“越光”,品质也在“越光”之上。端木银熙所培育的水稻新

常优1号在海南的育种基地

品种,在江、浙、沪、皖、鄂五省(市)推广,种植面积超过1300万亩,现已成为全国50只主导产品之一和唯一的单晚杂交组合,增产稻谷5.3亿多公斤,为农业持续增效和农民持续增收作出了卓越的贡献。端木银熙由此被称为常熟的“袁隆平”。

3. 扫除文盲和消灭血吸虫病运动

建国后的扫除文盲和消灭血吸虫病曾以“运动”的形式出现,它带给百姓特别是广大农民的温暖至今仍使中老年人难以忘怀。

常熟历史上教育发达,但受教育的大多是富户子弟,而且大都集中在城镇。据建国后统计,当时的文盲占全县总人口的68.77%。医疗卫生也是如此,全县70万人仅有设备简陋的公立和私立医院6家,广大农村地区仅有卫生服务站4所,向政府备案的私人诊所30余家。由于缺医少药,天花、伤寒、疟疾、流脑、血吸虫病等传染病连年不断,给人民带来了深重的灾难。

建国以后,教育贯彻“为工农开门”的方针,使工农子女真正享有受教育权,农村举办了大量的简易小学、耕读小学(学生半天学习,半天劳动)、农业中学,吸收农民子弟入学。到20世纪50年代末,每个人民公社建有一所初级中学、一所中心小学，一些原办学基础较好的人民公社设高中，公社以下若干大队联办一所初级小学或完全小学，形成了县、公社、大队三级办学网络。

在医疗卫生事业方面，先后建立了县人民医院、血吸虫病防治站、卫生防疫站、妇幼保健所等县立医疗卫生机构。在广大农村引导个体医生建立了91所联合诊所，后又以联合诊所为基础，按乡为单位建民办医院（人民公社以后称公社医院）。1969年农村全面举办合作医疗制度，各生产大队普遍成立卫生室，配备“赤脚医生”，形成了县、公社、大队三级医疗网络。

教育事业的发展和医疗卫生条件的改善解决了几千年来常熟农村地区教育落后和缺医少药的状况。当然，也出现了教育发展过快，民办教师水平偏低，教育质量不高，劳动、停课时间过多，“赤脚医生”水平参差不齐，过分夸大“一把中草药”、“一根针（针灸）”的治病效用，等等（在“文化大革命”期间，学生停课闹革命，大批判、大串联，教育秩序混乱，使学校成为重灾区等，则是另一个问题），但这毕竟是在建国后不长时间里完成的，其中的扫除文盲和血吸虫病防治是这一时期的重大成就。

全民扫盲运动前后长达十多年之久。1949年冬季，城区举办职工业余学校、干部文化补习学校，称为“冬学”。农村举办农民业余学校，称为“民校”。“冬学”、“民校”以识字扫盲为主。

1953年，县、市建立扫盲工作委员会和扫盲工作办公室，农村扫盲采用记工识字的方法，就是先学记工分的十四个字：“日”、“月”、“工”、“分”、“1～10”10个数字，进而用县编的300字或400字的识字课本，全县印发识字课本达31.8万册，参加学习的有10多万人。市区也编印“学以致用，见物识字”的识字教材，用互教互学、包教包学等方法进行扫盲。

1956年3月，中共中央、国务院下发了《关于扫除文盲的决定》，扫盲运动掀起高潮，县、市都建立了扫盲工作队深入基层，并分别举行扫盲大会考，共有1.72万人正式达到扫盲标准（能识1500个常用字，能看懂简短通俗的文章，能写简单的便条收据）。到1956年年底，农村有“民校”400所，参加扫盲及业余学习的学员达15万人次，城区有职工学校34所，学员8138人。

扫盲运动提高了工人和农村干部群众的文化水平，老一代的干部、工人、农民的文化大都是通过扫盲识字班学到的。20世纪60年代初期，扫盲运动基本结束，代之而起的是常态化的业余教育。

农村扫盲

历史上，常熟就有血吸虫病流行，明代名医缪仲醇、清代名医曹伯仁在医书中已有记载，民国十三年（1924）在美国人福斯特和梅伦奈两人合著的《日本血吸虫病的研究》一书中，标明常熟有血吸虫病流行。民国十九年（1930），著名的国内寄生虫病专家陈方之、李赋京两人到常熟实地调查，确切查证常熟有钉螺分布，据他们测算，常熟有血吸虫病患者28万人，是江、浙两省市17个血吸虫病严重流行县之一。但这些报告仅在医学界流传，政府未能采取有效的措施开展防治工作。

1950年夏秋间，练塘区卫浜乡南范村附近突然发生大批青壮年发病暴亡，由此而受到了政府高度关注，立即派医务人员赴现场调查，证实为血吸虫病急性发作所致。当年11月1日，在第二届常熟县各界人民代表大会第二次全体会议上作出了血吸虫病防治的决议，并成立了常熟县防治血吸虫病委员会，拉开了血吸虫病防治工作的帷幕。政府对血吸虫病流行区进行了全面普查，累计查出血吸虫病患者20.8万人，平均感染率为40.17%，流行区域以低洼的东南部稻区最为严重，非疫区仅为北部沿长江地带，流行面积占县境的三分之二。

血吸虫病流行造成了严重的后果。例如，古里乡的钱家门在1936年是个有 150 户、500 余人聚居的大村庄，1952 年普查时仅剩 50 户、80 余人，而且其中晚期腹水型病人占 80%，死绝 10 多户，全村无 3 岁以下儿童。支塘乡的大团圩建国前有 19 户、70 多人，到 1954 年时已死绝 14 户，剩下 5 户带病逃往他乡，一度成为无人村。

1950 年 11 月，常熟县第二届各界人民代表会议作出了《全县开展血吸虫病防治工作》的决议，县与疫区随之成立专门机构，以“治、灭”并举的方法，与血吸虫病展开了长达三十年的斗争。

“治”即治病。至 1957 年，全县累计粪便检查病人 41.7 万人次，查出病人 4.7 万人，治疗 2.6 万人。1966 年开始，实行血吸虫病免费检查治疗。为了加速消灭血吸虫病，从 1970 年开始，在流行疫区的生产大队设化验组，对 5 岁以上人群的粪便实行“三送三检”，当年普查 41.4 万人，查出病人 9.5 万人。1974 年开始，查病改为每年一次，每人粪便“七送七检”。1970 年至 1975 年，共查出病人 28.3 万余人次，病人在每年秋冬季节集中进行治疗。到 1976 年，病人仅存 1.9 万人，之后经过治疗，病人大都康复。1980 年，全县征兵无人检出血吸虫病，从 1983 年开始，征兵体检已取消血吸虫病检验项目。

“灭”即灭钉螺。血吸虫发育以钉螺为寄生体，消灭钉螺是消灭血吸

灭钉螺

虫病的治本之策。从1954年开始，全县采用土埋、捕捉、开水浇、烫、药物喷洒，甚至火焰喷射等方法，开展了大规模的灭钉螺群众运动。如南湖荡向来是钉螺孳生之地，经1958年、1960年、1965年三次大规模的灭螺，钉螺彻底灭绝，荡内2000多亩芦苇草滩，建成了农、林、果、渔、禽生产基地，后来在15年内再未发现钉螺。1970年，疫区动员66万人会歼钉螺，灭螺面积达3326万平方米，占当年有螺面积的99.1%。自1985年以后，全县未曾查获钉螺。

第二节　改革开放迈大步

改革开放的春风吹拂着常熟大地，1983年3月1日，常熟撤县建市，常熟人民站在时代潮流前头，领风气之先，创造了闻名全国的“碧溪之路”，创建了全国最大的服装市场招商城，兴建了全国十大内河对外开放口岸之一的常熟港，等等，一步一个脚印地站到了中国百强县“十强”的前列。

1. 乡镇企业的崛起与“碧溪之路”

常熟乡镇企业（开始叫社队企业）从萌芽到崛起，经历了20多年时间。1958年，县政府把部分手工业合作社划给属地人民公社管理，这为乡村工业的发展创造了条件。在人民公社运动中，为适应农田水利基本建设的需要，公社办起了农具修配、粮食加工和砖瓦制作等小型工厂，后来又提倡“以农具带头抓机械化”，公社相继办起了农具厂、农机厂以及棉花加工、棉纺织和服装等加工企业，社队企业开始萌发。

在“农业学大寨”运动中，农村掀起了大规模的农田水利基本建设。为解决资金，社队企业开始发展，20世纪70年代初，全县号称有三个“一万”：一万台横机、一万台缝纫机和一万台织机，在商品匮乏的年代，这些手工业品都是市场急需的日用消费品，它推动了社队企业的发展。到1975年，在贯彻第一次全国农业学大寨会议精神以后，政府就开始有计划地发展社队企业，并实行城镇工厂与社队企业挂钩的方法支持其发展。

常熟社队企业的发展还有多方面的原因：常熟人多地少，转移农村劳动力成为迫切的要求，“高产穷队”又激化了这一矛盾。而“文化大革命”期间，大批干部、工人下放农村，知识青年下乡，这为社队企业的发展提供了大量的人力资源与社会关系网。在“文化大革命”结束后的1978年，常熟的社队企业已经发展为公社、大队、小队三级企业，当年全县的工业产值为6.5亿元，而社队企业产值已从1970年的0.45亿元增长到2.7亿元，占工业总产值的40%以上。

十一届三中全会以后，农村实行联产承包责任制，1983年秋，全县有97%的生产队实行了家庭联产承包责任制。联产承包责任制的推行，激发了广大农民的积极性，大量富余劳动力急需寻找出路，这为乡镇工业的发展提供了强劲的动力（当时已实行政社分设，撤销人民公社管理委员会，建立乡人民政府，此后，社队企业称为乡镇工业）。

乡镇工业的成长壮大，使常熟经济结构发生了根本性的改变。1978年，全县工农业产值之比已从1969年的55.5∶44.5改变为65∶35，农村务农劳动力从占农村劳动力的96%下降到70%。五年后的1983年，常熟全市的工农业总产值在1978年的基础上翻了一番，从1978年的10.4亿元增至1983年的20.7亿元，常熟经济由此进入大发展时期，闻名全国的“碧溪之路”就是在这样的背景下诞生的。

1984年2月25日，《人民日报》在显著位置上刊登《碧溪乡发展农副工建成新型集镇》的消息，并加编者按说：“随着农村商品生产的蓬勃发展，将有越来越多的人脱离土地，经营、从事林牧渔等生产，并将有一部分人转入小集镇从事小工业和服务业，这是一个必然的历史性进步，可为农业生产向深度广度进军，为改变人口和工业布局创造有利条件，并使集镇逐渐成为农村区域性的经济和文化中心，建设成为农副产品进城、工业品下乡的集散地。常熟市碧溪乡从事社队工业生产的农民做到了离土不离乡、进厂不进城，生动地反映了新兴集镇的特点。”

2月26日，《新华日报》又刊登了长篇通讯《碧溪之路》，具体描绘了碧溪农民离土不离乡、进厂不进城的壮观场面：“清晨，通往碧溪镇的几条宽阔的马路上，自行车的铃声响成一片……从四面八方向碧溪镇滚滚而来。人们浩浩荡荡地涌进镇上的布厂、羊毛衫厂、塑料厂、针织服装厂……不到半个钟点，喧闹的马路上重又归于宁静，各工厂门口的车棚里黑压压地挤满了自行车。”在“两报”刊出这些报道以后，党中央、国务院的领导以及著

人民日報
RENMIN RIBAO

1984年2月
25
星期六
甲子年正月二十四
北京地区天气预报
白天 阴转多云
风向 偏北
风力 一、二级 转四、五级
夜间 多云转晴
风向 偏北
风力 四、五级
温度 最高 5℃
最低 零下8℃

南方有五……
完全消……

离土不离乡　进厂不进城　改造旧乡村

碧溪乡发展农副工建成新型集镇

住宅、厂房、商店、学校遍布集镇，人民生活富裕又文明

编者按：随着农村商品生产的蓬勃发展，将有越来越多的人脱离土地，经营、从事林牧渔等生产，并将有一部分人转入小集镇从事小工业和服务业。这是一个必然的历史性进步，可为农业生产向深度广度进军，为改变人口和工业布局创造有利条件，并使集镇逐步建设成为农村区域性的经济和文化的中心，建设成为农副产品进城、工业品下乡的集散地。常熟市碧溪乡从事社队工业生产的农民做到了离土不离乡，进厂不进城，生动地反映了新兴集镇的特点；碧溪镇已成为经济繁荣、人民生活富裕文明的集镇。

本报讯　江苏常熟市碧溪乡放手发展社队工业，一万多农民白天自带口粮到镇上做工，下班回家从事农副业生产，农副工三业齐发展，带动了小城镇建设。乡政府所在地碧溪镇，不仅初步成为水陆交通方便、经济繁荣、购销两旺的商品生产基地，而且成为全乡政治、经济、文化中心的新型农村集镇。春节前，中央一位领导同志来视察时认为，这个乡是发展社队工业，加强小城镇建设的一个典型。

碧溪乡是个纯棉区。十一届三中全会以来，这个乡认真落实各项农村经济政策，在抓好棉花生产和多种经营的同时，解放思想，放开手脚，发展社队工业。目前，全乡已经拥有以纺织工业为主的社队企业61个，务工人员达到一万多人，占全乡总劳力的56%以上。1983年工业总产值超过了5,000万元，和1978年相比增长了1.96倍，利润576万元，增长了1.54倍。工业产值占农副工总产值的80%。从事社队工业生产的农民离土不离乡，进厂不进城，早上骑着自行车上班，中午在厂里吃一顿饭，下班后骑车回家，从事棉田劳动和各种副业生产。全乡90%以上的家庭工兼农、农兼副，改变了过去吃饭靠种田的状况。去年全年人均收入超过583元，收入水平大大提高。

这个乡三业的发展，为小集镇的建设创造了条件。过去的碧溪镇，交通闭塞，房屋破旧，全镇只有一条全长不过200米的小街。最近五年来，这个乡没有拿国家一分钱，自集资金500多万元，兴建了居民住宅、厂房、商店、学校等建筑物面积达5.4万多平方米，还新建了一条宽9米、长1,400米的柏油马路，市政规模扩大了近十倍。目前全镇有商业服务网点20多处，新建了一个环境优美的文化中心，使农民休息有场所、娱乐有阵地、学习有课堂。昔日贫穷落后的碧溪镇，如今已成为经济繁荣、人民生活富裕的文明集镇。

（吴庆昌　张惠明）

常熟市碧溪布厂的工人大多数都是昔日乡村的农民。这个厂的干部说，在城里办这个厂至少要盖1,000套职工宿舍，现在只要有1,000辆自行车就行了。这是该厂自行车车棚。　新华社记者　曹　铁摄（传真照片）

全国企业整顿领导小组要求
年内大中型骨干企……
已经验收合格的企业要把……

据新华社北京2月24日电（记者徐耀中）全国企业整顿领导小组在刚刚结束的全国经济工作会议上宣布：1984年我国企业整顿工作要加快步伐，提高质量。今年内全国大中型骨干企业要全部整顿验收合格，中小企业的整顿要抓住重点，深入展开。争取在1985年底以前把我国所有的国营企业都整顿一遍。

全国企业整顿领导小组在部署今年的企业整顿工作时强调指出，企业整顿工作要紧紧围绕提高企业素质、提高经济效益这个目标展开，关键是要把企业的领导班子调整好。全国企业整顿领导小组对三类不同的企业分别提出整顿要求：

新闻媒体对碧溪之路的报道

名的经济学、社会学专家纷纷到碧溪考察。一时间，碧溪成为全国各大报刊追踪报道的新闻热点，“碧溪之路”成为全国农村经济体制改革的一面旗帜。

“碧溪之路”是常熟乡镇工业发展的一个缩影。1984 年，福山乡、徐市乡、王市乡工业总产值超过 1 亿元，谢桥乡福圩村、王市乡东泾村工业总产值超千万元，市委、市政府专门举行隆重授奖仪式，三个乡各奖轿车 1 辆，领导晋升工资、颁发奖金。这在常熟乡镇工业发展史上是一个转折点，它说明乡镇工业已成为常熟经济的一个加速器。1985 年，常熟工农业总产值又在

1983年20.7亿元的基础上翻了一番，达到40.37亿元，1988年又翻了一番，达到81.2亿元。

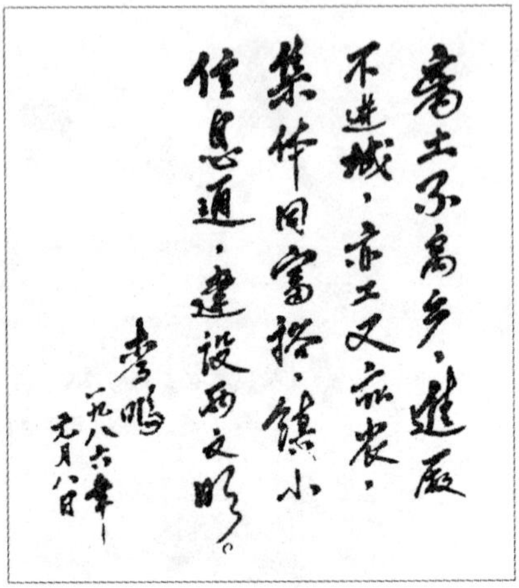

李鹏同志题词

乡镇工业的发展，吸纳了大量农村劳动力，改变了农村的经济结构，这个历史性巨变推动了常熟现代化进程。

2. 服装城的诞生与发展

服装城的创办是常熟改革历程中的一个奇迹，始称招商场，后称招商城，现更名为服装城。

常熟自古以来就有家庭纺织的传统，所以乡镇工业中服装业、针织业占有很大的比重，在招商场创办之前的1984年，常熟有服装、针织企业300多家，个体户400多户。改革初期在商品流通不发达的情况下，城区南门长途汽车站成为个体及乡镇企业推销人员的聚集之地，这里是沪宜公路与苏十王两条省道的交汇处，是外地旅客的一个集散点，在这里自然形成了以服装、针织品为主的地摊市场，这既妨碍了交通，又影响了市容，工商部门也难以管理。在这种情况下，市委、市政府决定由当地的琴南乡建办商场，琴南乡与当地的湖泾村双方共同投资10多万元，建了一个占地12亩的玻璃钢大棚，里面有500个用水泥板搭成的摊位供经营户经营，名为招商场。

这本是个解决马路市场的权宜之举，却出乎意料地表现出强大的生命力。开业之初，每天流量近万人次、成交额10万元左右、国家税收两三千元、商场毛利近千元。招商场很快又建设了二期工程，吸引了近200家国营、集体企业到场开设门市部，既批发又零售，形成了国营、集体、个体三驾并驱的格局，商场初具规模。当时市委、市政府之所以没有把建办商场的任务交给工商部门去办，是因为希望调动琴南乡的积极性，土地征用、房屋搬迁等难题都由琴南乡自己去解决，但正是这一点，打破了传统计划经济的习惯思维，在经济体制改革中具有突破性的意义。所以，《人民日报》敏锐地对这个“流通适应生产发展”的新生事物予以报道，并刊发《发展民间市场》的评论员文章，号召全国“学学常熟的经验”。一时各级领导纷纷前来考察，中外记

繁华的常熟服装城

者云集，招商场进入了滚动发展阶段。邓小平南方讲话以后，招商场辖区面积扩展到3.71平方公里，并改名为招商城。市委、市政府为支持招商城的发展，组建了招商城党工委和管委会，同时建立招商城工商、公安、国税、地税、交通、城管执法6个分局以及交警、技术监督、消防、卫生监督4个中队，实行主管部门和招商城管委会双重领导，为招商城的发展提供了适宜的体制保证。

经过20多年的发展，招商城市场营业面积已达280万平方米，下设招商场、纺织品交易市场、布匹市场、八达市场、五金市场、小商品市场、时装中心、男装中心八大管理区，另有国际服务城、宝鼎、凯莱等10多家外办市场，批发经营服装、针织品、布匹、装饰面料、床上用品、小商品、鞋业、五金、电器等。区域内有10个大型停车场，同时可容纳5000辆大型客、货车，开辟了237条直达全国各地的客货运专线，有完善的公路、铁路、航空托运的运输服务网络，商品辐射全国各省、市、自治区的1000多个大、中城市，各金融机构在商城内设立营业点达44家，并开通了全国电子汇兑系统，与约100个大、中城市建立特约通信业务，还搭建了在国内服装行业中最具权威的大型专业门户网站“世界服装网”和招商城电子商贸平台“常熟服装网”。建造了3万多平方米的外来人员公寓区，为外来人口提供了舒适的居住环境。为创造一个安全、有序、文明的经商环境，公安部门在招商城地区安装了遍布各个角落的电子监视仪，对特种行业和店铺推行CK报警装置，“110”处警保证3分钟到达现场，从而使招商城地区长期保持了良好的社会治安，由此吸引了越来越多的客户前来安家。从本地的著名品牌波司登、梦兰等，到外地的杉杉、开开、法派、培罗蒙等，以及国际著名品牌如啄木鸟、宾度、蓝威龙、美国苹果等纷纷入驻，使招商城成为高档品牌名品的展示舞台。招商城对常熟纺织服装业的发展起了很大的促进作用，企业的产品在招商城展示，同时也在与全国各地同类产品的交流竞争中提高。常熟服装纺织企业之所以在全国一直保持领先地位，是与招商城的发展有着密切关系的，它在常熟“富民工程”中发挥着极其重要的作用。为了凸显招商城主营服装的经营特色，打造常熟服装生产基地品牌，2008年招商城改名为服装城。

3. 从“城乡一体”的改革到“三外齐上”的开放

常熟的改革开放是从1978年党的十一届三中全会以后开始的，改革的突破口是农村。

为了解决农村长期存在的经济结构单一、产量高收入低、管理“大呼隆”、分配“大锅饭”的弊端，1983年1月，县委根据中央精神，制定了《常熟县农业联产承包、包干分配责任制试行条例》，开始推行联产承包责任制，这是农业生产体制的重大变革，它为农业的增长和农村的发展注入了新的活力。

与此同时，农村结束了长达28年的人民公社体制，基层政权组织为乡人民政府，为农民摆脱单一的农业经营，向多种经营和非农经营发展提供了制度保证，乡镇企业在这一时期快速的发展，农村迈出了由传统经济向现代经济转轨的步伐。随着农业生产的现代化与农产品的专业化、商品化的相互推动，农村的种植业、养殖业部分实现了规模经营，出现了“种田大户”、“专业户”，其中最有代表性的是原琴南乡元和村开创的“元和模式”。该村4名女种田能手聘用18名女劳力组建了合作农场，承包了全村耕地，其余劳动力从事工业与服务业，形成了农副工协调发展格局。当时的中共中央总书记胡耀邦曾到该村考察，一时间，“元和模式”成为当时“苏南模式”的代表之一。

改革的第二步是以搞活企业为中心进行的企业改革。计划经济体制下的企业长期存在着严重的吃国家“大锅饭”的弊病，不管企业经营状况好坏，职工有统一的工资标准，企业盈利全部上交，亏损由政府包下，这就抑制了企业的生产积极性。从1985年开始，对企业实行多种形式的经济承包责任制，对职工实行岗位责任制，使企业职工收益与经济效益挂钩，企业的活力得到了释放。

改革的第三步是打破城乡分割，进行城乡一体化改革，市委确定了“城乡一体、工农相辅、外引内联、繁荣常熟”的总体改革目标，逐步形成以城区为中心、农村为基础、小城镇为纽带的城乡一体、工农并举、条块结合的城乡经济网络。其中最突出的成果是形成了“龙头、龙身在城，龙尾在乡”的方针，将一些县办工业企业产品中的中间工序交社队企业加工，把城乡各自的优势联合起来，并在城乡合理分工的前提下，建立了以名优产品为核心、骨干企业为依托、各种所有制经济相互渗透、内外贸有机结合的城乡联合体，形成了一批企业集团，形成了城乡经济协调发展的群体优势，初步形成了“城乡一体，联合壮大”的新格局。

改革的第四步是以深化企业产权制度改革为重点，推行股份制、资产出售等项改革，同时鼓励发展民营企业。这项改革从1993年开始试点，1996年全面推行，到20世纪末基本结束。它创新了公有制的多种有效实现形式，明晰了产权制度，使企业在激烈的市场竞争中始终保持活力。

对外开放包括对外贸易、利用外资、对外经济合作三个方面，统称“三外经济”。

常熟的对外贸易历史悠久，20世纪常熟花边就已跻身国际市场。建国以后，常熟的薄荷、猪鬃、小湖羊皮等农副产品一度成为重要的出口产品，工艺品中除花边外，红木家具、绣衣服饰、中国画等在国际市场上也深受欢迎。到1978年，外贸年收购额已占国民生产总值的18%。

1985年，常熟市列入沿海对外经济开放区，外贸进出口体制改革后，常熟外贸公司和一些企业获得了自营进出口权。1995年至1999年，常熟市外贸公司连续5年列入中国进出口额最大的500家企业行列，同时还列为全国出口额最大的200家外贸企业。其中引人注目的是梅李农民成立的“俊龙公司”闯荡东欧国际市场。在20世纪90年代，梅李生产的经编布三分之一是由该公司销往东欧的，创造了常熟外贸史上的一个奇迹。

常熟的利用外资与对外经济合作起步于20世纪80年代中期。

1985年，中美合资的“常熟华美有限公司”成立，这是常熟历史上第一家中外合资企业。1985年，常熟丙纶厂作为中方投资单位之一，在泰国合资建办“丝特集团有限公司”，这是常熟历史上第一家对外经济合作项目。这两个企业的诞生标志着常熟外向型经济开始起步，在经济发展模式上由封闭型的内向型经济逐步向开放型的外向型经济转变。

常熟利用外资在起步阶段主要以港资为主，均以中外合资形式建立，全部是工业生产企业，以中小企业为主，乡镇企业占绝大多数，大都是对原企业进行改造，中方企业利用原有厂房、设备和劳动力作投资，引进先进技术设备装备原企业进行“嫁接”，扩大原产品产能或开发新产品，项目建设周期短，投资省，上马快，收效好，很快能形成生产能力。

常熟港兴华码头

日本夏普公司进入常熟，标志着常熟利用外资进入了一个新的阶段。1992年，世界著名企业日本夏普公司投资3000万美元，在常熟建立了以生产复印机为主的日商独资企业。之后，一些著名外资大企业纷纷进入常熟，如荷兰菲利浦、比利时威特隆、法国埃多夫阿托、英国怡和、新加坡泛联、印尼金鹰、芬兰UPM、日本大金等；香港华润、我国台湾地区华丰和三和集团等企业也纷纷在常熟落户。外资的引进，使常熟工业结构趋于合理，产品技术含量提高。

常熟对外经济合作在起步阶段主要是劳务输出，20世纪90年代在肯尼亚等非洲国家承接海外承包工程，后来劳务合作的渠道扩展到美国、日本、新加坡、科威特等，向他们提供各类专业技术劳务人员。海外投资从丙纶厂投资泰国的项目开始，不断在海外兴办独资、合资企业，这些企业分布在俄罗斯、波兰、美国、罗马尼亚、匈牙利等13个国家和地区，涉及纺织、轻工、化工、服务、贸易等10多个行业。

到20世纪90年代后期，常熟的对外开放基本形成了“三外”齐上的局面。

改革开放使常熟的工业经济形成了两头在外、以加工业为主、原材料主要依靠从外地或海外输入、产成品80%左右外销的特点，这样建立自己的口岸就显得十分迫切。常熟境内的长江岸线水深条件好，河势稳定，是长江航道上建设深水泊位的天然优良港址。所以，当党中央、国务院作出了开发开放浦东和建立苏州新加坡工业园区的决策以后，市委、市政府及时作出了“兴港兴市”的战略决策与之回应，并投资14亿元，用于常熟港的基础设施建设。1996年10月，国务院口岸办组织了对常熟港对外开放的验收，常熟港被批准为一类对外口岸。1996年11月6日，外籍轮“润发号”鸣笛驶进了常熟港，这标志着常熟的改革开放进入了一个新的阶段。

4. 高歌猛进的教育文化事业

20世纪80年代，高等教育的诞生与发展使常熟的教育事业出现了一个历史性飞跃。

常熟历史上从未有过高等教育。改革开放初期，由于“文化大革命”耽误了一代人上大学的机会，而经济建设对人才有着急剧的需求，经江苏省人民政府批准，1984年8月建立了全国最早的一所全日制高等职业学校——

常熟理工学院

常熟市职业大学，并把当时市内几所大体符合国家规定要求的常熟市机械职工大学、常熟市工艺美术大学合并统一管理。该校在 1989 年 9 月与苏州师范专科学校合并建立了常熟高等专科学校，这是一所经江苏省人民政府和国家教委批准的省与地方合办的省属高等专科学校，它为常熟经济建设培养了大批实用人才。2004 年 5 月，经教育部批准，在常熟高等专科学校基础上建立常熟理工学院。学校是一所以理科为重、应用技术和师范教育为特色的省属本科院校。

成人高等教育在这一阶段也以自学考试、函授大学、夜大学、业余大学、广播电视大学等形式齐头并进，其中的成人高等教育自学考试自 1983 年举办至 1990 年，全市共有 20222 人报考，从中可见市民求学的热情。成人高等教育在当时高等教育资源稀缺的情况下，为提高市民的学历水平作出了贡献。从 1978 年至 1990 年，常熟成人高等教育培养出大专以上毕业生 3000 余人。

成人中等职业教育也发展迅速。1981 年,中央下发了《关于加强职工教育的决定》,全市相继成立了卫生学校、供销职工学校、商业职工学校、机械中专等 13 所中等职业学校,这些学校为全市 3.2 万名职工进行了初、高中文化补课。1985 年,常熟市获省教育厅颁发的"江苏省基本扫除文盲合格证书"。

普通教育中的中等教育结构改革也进行了有益的尝试。1985 年,成立了工业职业中学、农副职业中学、技工学校等全日制中等职业技术学校,同时还有 32 所中学也举办了各种类型的职业班,设置专业最多时达 42 个,职业中学招生数与普通高中招生数比例达到了 1∶1.78,为企业特别是乡镇企业输送了大量急需实用人才。

到 20 世纪末,一个包括学前教育、普通教育、职业教育、高等教育、高等成人教育在内的教育体系在全市初步形成。

江苏省常熟中学

改革开放以后,文化事业以农村群众文化的繁荣、文物资源的开发利用、大众媒体的发展为标志,常熟因此获得了"全国文化工作先进地区"的称号。

20 世纪 80 年代初,全市建成了 31 个集文化娱乐、政治宣传、科技普及、群众体育、成人教育于一体的文化中心。各文化中心普遍设有影剧院、图书阅览室、球场、老干部活动室、文化茶室等文化设施，都建立了一支文艺宣传队，经常到企业、农村演出，艺术水平也较高。如董浜农民管弦乐队、白茆山歌队等都有节目到北京参加演出，甚至进中南海演出，受到中央领导、首都观众的好评。

群众文化的繁荣是改革开放以后的一大文化景观。1984 年 10 月 1 日，市政府组织了一次数十年来最大的大型民间文娱活动。各乡组织的彩车队、龙灯队、高跷队、荡湖船队、莲厢队、大头娃娃队、蚌妇人队在市区巡游，绵延数公里，5 万多市民观看，这在常熟历史上是空前的。每年重大节庆，文化部门都要组织各具特色、主题鲜明的大型文化活动，如 1998 年元旦、春节期间，文化部门组织了千人送艺、万人参与的“文化下乡”活动，由歌舞、戏曲、评弹、电影、图书、书画六部“文化专车”到各乡镇开办文化集市，为广大农民提供文化精神食粮。

文物资源的开发利用也是这一时期的重要举措。常熟是国家历史文化名城，文物资源极其丰富，1989 年以后，政府投入大量资金用于文物基础设施建设，先后建成常熟博物馆、碑刻博物馆、翁同龢纪念馆、铁琴铜剑楼纪念馆、白茆山歌馆、沙家浜革命传统教育馆、常熟名人馆、庞薰琹美术馆，这不仅为常熟文物藏品提供了合适的展览场所，也为宣传介绍悠久的常熟文化创造了良好的条件。

广播、报纸、电视的发展在这一时期方兴未艾。广播和报纸是传统的媒体，常熟县广播站成立于 1962 年，1985 年改名为常熟人民广播电台，常熟家庭广播喇叭数量达 20 多万只，农民主要通过广播了解国家大事以及天气预报等。常熟办报历史悠久，《常熟日报》自 1984 年复刊以来，忠实地记录了常熟人民在改革开放时期奋进的历程。常熟电视台成立于 1984 年，是最年轻的大众传媒，在电视进入千家万户以后，它的宣传娱乐优势越来越明显，为常熟两个文明建设发挥了积极的作用。

第三节 新世纪 新发展

站在新世纪门槛上的常熟，有着太多的自豪：1995 年，中国农村评价中心对全国 2000 多个县（市）整体综合经济实力进行了一次总体评价，评出了中国综合经济实力百强县,常熟名列第六;1997年,江苏省人民政府公布了全省64个县(市)小康水平的162项指标测评结果,常熟名列第一。

在这样高的平台上,在新世纪常熟的发展如何更上一层楼?

"让百万市民更满意,让千年古城更美丽",常熟城区一幅巨大的公益广告上的这两句话就是市委、市政府对全体市民的郑重承诺。

1."工业立市"的实践

进入新世纪以后,常熟坚持走"工业立市、工业兴市、工业富市"之路,形成了民营经济、外资经济、品牌经济齐头并进的产业特色。

至2007年岁末,全市民营经济累计注册资本超500亿元,民营企业自营出口、专利品牌等指标在全省县(市)领先。累计实际利用外资68亿美元,其中超1000万美元项目有105项,世界500强企业中有19家落户常熟。

常熟民间资本雄厚,改革开放以来,居民储蓄存款余额一直位居全省县(市)的首位。为鼓励民营经济发展,政府用真诚的态度扶持私营企业的发展。多年来,春节后上班第一天,市委、市人大、市政府、市政协四套班子领导雷打不动地为私营企业开工奠基剪彩。为了让更多的国际资本进入常熟,政府提供了优质的服务,使外商在常熟有到家的感觉。

民间资本、国际资本在常熟落户,就必须有相应的承载能力,这包括提高工业园区的建设水平,扩大港口的进出口运输能力,建设顺畅的交通和一流的人才培训基地等。

常熟经济开发区进驻港区和东南开发区的建立,是工业园区建设的重点。常熟经济开发区建立于1992年,因其地处城区西北部,与城市建设的矛盾较大,利用外资水平不高。为改变被动局面,2001年,市委、市政府果断决策:"经济开发区退出城区,进驻港区,发展临江经济。"

常熟发展临江经济,有港口优势,有岸线优势,有交通优势,苏通大桥、苏嘉杭高速公路、沿江高速公路均在沿江地区贯通,还有大企业支撑,一些国内国际著名企业都已在沿江落户。

沿江开发区建设由此拉开了序幕。区内"一横三纵"的道路框架、污水处理厂、自来水厂、开发区行政大楼全部完工,1万多幢民房及140多个中小企业完成动迁,等等。今天,一个具有国际竞争力的工业园区和现代化、国

常熟经济技术开发区一角

际化、生态化的滨江新城正在形成。芬兰 VPM,美国杜邦、泰科、AAM,瑞士诺华,英国皮尔金顿,法国道达尔液化气,意大利达涅利,日本住友、夏普、大金等一批著名的跨国公司以及台湾烨辉、长春,香港华润、理文等地区的企业和中国石油、中国五矿、亨通光电、西北轴承等“中”字头企业与著名上市公司已在此设立了生产和研发基地,成为江苏省内最成功的临江型工业园区之一,综合实力位居江苏省各级各类开发区前 10 强之列,一个面积达 50 平方公里的现代化开发区呈现在全市人民的面前。

与此同时,全市各镇的工业园区建设也全力推进,其间曾产生了唐市镇常昆工业园区建设中“自加压力,敢于争先,解放思想,立足拼抢,一年见形象,三年大变样”的“常昆精神”。为了整合资源,市委、市政府又一次果断决策,把常昆工业园、昆承工业园、古里工业园三园合一,经省人民政府批准,建立了常熟第二个省级开发区——东南开发区,一个县级市有两个省级经济开发区,这在全省是不多见的,这是抢抓机遇的成功范例,它为常熟经济的长远发展打下了扎实的基础,全市形成了省级开发区与乡镇开发区联动开发、统分结合、梯次发展的格局。

东南经济技术开发区内的中利科技集团

品牌是常熟经济的特色，它是企业拥有自主知识产权的标志，代表了企业的核心竞争力。2007 年岁末，全市有中国波司登、梦兰、隆力奇、白雪、阪神等驰名商标 41 只；有波司登牌羽绒报、雪中飞牌羽绒服、梦兰牌床上用品、阪神牌电冰柜、白雪牌电冰柜、白雪牌压缩机、CM1 系列型外壳式断路器、CM1 系列智能型万能式断路器、通润牌千斤顶、梦兰牌纤维被等中国名牌产品 22 只；45 只国家免检产品；还有一大批江苏省著名商标、江苏省名牌产品、苏州市知名商标、苏州市名牌产品。全市名牌企业工业销售利税和利润占全市工业的三分之一。常熟曾因"中国品牌"数量居国内县（市）之首而被首都十大新闻单位推选为 2002 年度中国乡镇企业十大新闻之一。

常熟港的建设也快速推进，2000 年有泊位 13 个，其中万吨级的有 4 个，到 2008 年，投入运行的泊位有 30 个，其中万吨级的有 18 个。代表港口水平的货物吞吐量、集装标准箱、外贸吞吐量、进出港船舶四个指标，常熟港均列全国内河港前列。

四通八达的公路交通格局也已形成，苏嘉杭高速公路、沿江高速公路和苏虞张一级公路、锡太一级公路已全面贯通，苏通长江大桥已建成并通车，全市与高速公路的连接线、区域干线也全面完工，全市境内的公路总里程达 1500 公里，其中高等级公路 357 公里，高速公路的密度是全省平均水平的 3 倍，在全国处于领先地位。各乡镇 15 分钟可上高速，上高速后 30 分钟内到达苏州、无锡，1 小时内到达上海，2 小时到达南京、杭州。

苏通长江大桥

人才是“工业立市”之本，为了培养大批高技能的实用人才，政府投入了3.5亿元在东南开发区建造了一所全省规模最大的国家级重点职业学校——常熟市职业教育中心。学校占地面积500亩，建筑面积16万平方米，设8个部、40多个专业，涵盖了技工、中专、大专预科、大专等学历教育，现有全日制及业余学习学员近万人，它将为常熟工业的发展输送大批实用型合格人才。

工业园区、道路、港口、人才基地四大建设奠定了常熟“工业立市”的基础。

2. 创建园林生态城市

常熟有国家历史文化名城、国家卫生城市、国家环保模范城市、国家园林城市、全国绿化模范城市、中国优秀旅游城市、中国人居环境范例奖、全国生态示范区、全国县级城市中第一家获得“国际花园城市”等诸多荣誉，这是多年来市委、市政府坚持科学发展观，以园林化、生态化的理念推进城市化结出的硕果。

按照常熟城市的总体规划，常熟城镇体系由中心城市、重点中心镇、一般建制镇构成。

中心城市中的主城区由古城风貌保护区、虞山尚湖风景区、新城区三部分组成。古城是常熟历史发展的见证，是常熟历史文化名城的城市特色所在。在古城风貌保护上，以延续文脉、亮山露绿为主要措施。

在延续历史文脉方面，在20世纪90年代建成的老县场文化广场与方塔园、方塔苑商业区是一个成功的样本，进入新世纪后建成的清和坊与荷香馆两个居住区也为专家所称道。其中的清和坊小区是常熟古城保护规划中进行的成片改造规划最大的居住区，它继承了传统江南民居粉墙黛瓦与小桥流水的特色，体现了江南水乡城市建筑的神韵。

古城区内的"亮山工程"是从石梅广场建设开始的，但这仅是"亮山工程"的序幕。虞山公园南扩工程是使"十里青山半入城"的景观再现于市民面前的核心工程。这一工程以亮山为要求，重建山麓绿化，同时运用传统的造园添水方法，开挖了映山湖，达到了山因水活、水随山转的景观效果。青山、城墙、城楼倒映水中，七孔桥、水榭、城楼等景观互相映衬，湖光山色，浑然一体。与此相呼应，虞山公园拆除了围墙，这样，从西门大街到北门范围内，形成了一个连成一体的市民广场，成为市民休闲、学习、健身的最佳去处。这一工程放弃巨大的商业利益，把虞山脚下的每一处绿地、景观这些极其宝贵的公共资源让市民共享，体现了以人为本的执政理念。

实施"亮山工程"后的虞山公园

新城区建设以道路建设为基础，以文化片区与商贸区建设为重点。

道路框架是新城区建设的命脉，其中的新世纪大道是常熟城市总体规划中城区东部地区的南北向主干道，北起黄河路，经通港路与沿江高速公路相接，南至外环南路与苏嘉杭高速公路连接线相接，全长7.1公里，路宽75米，快车道为双向八车道，各宽16米，是目前常熟城市道路建设历史上最长、最宽、单项投入最大、科技含量最高的基础项目。

新世纪大道与海虞路组成了常熟新城区的两条发展轴线。海虞路经过20多年的建设已初具规模，而新世纪大道则是新兴的发展轴线，它在常熟城市化进程中发挥的作用将会很快体现出来。

文化片区处于常浒河与青墩塘相夹的楔形地带，这里已建成使用的有江苏省常熟中学、常熟市中学、会展中心、体育中心，体育中心的游泳馆已成功地举办了全国跳水冠军赛。全部设施建成以后，这里将是常熟现代文化的聚集之地。

商贸区处于新城区的南部，是以原有的招商城、农产品交易城与新建的建筑装饰材料市场、汽车交易城、国际汽配城组成的一个大型现代的市场群，其中的建筑装饰材料市场是华东地区一流的超大型现代化建材市场，占地15万平方米，总投资达6亿元，相继建成了陶瓷、卫浴、五金、灯具、石材、铝材、钢材、油漆、布艺、家具等市场区。汽车市场总占地面积12万平方米，总投资1.2亿元，城内设有汽车展示销售、汽车零配件交易、汽车售后服务、汽车信息和网上交易配送服务四位一体的国内品牌车销售中心。

虞山尚湖风景区是城市的生态区，也是城市的休闲度假区。虞山林场以保护虞山为己任，做到开发与保护并重，加强生态保护，打造精品景点，恢复传统景点，使虞山森林景观更加美丽，生态布局更加合理。

与虞山交相辉映的尚湖，经过近20多年的开发，已成为名副其实的生态天堂。为了保持尚湖水质长期能达到二级饮用水标准，政府花5000多万元搬迁了湖边国家著名的二花脸良种猪场，又花200多万元使以湖为生的600户渔民从传统的水产养殖走上了生态型养殖之路；同时对湖中的荷香洲、钓鱼渚等岛屿和环湖地区进行大规模的植树造林、种草栽花。天蓝水清的自然环境，吸引了鸟儿纷纷到尚湖栖息，湖中的水上森林（种在浅水区的池杉）形成了万鸟齐集的奇观，黑鹳、白鹳、白鹭等70多种珍贵鸟类栖集其中，俨然是群鸟的乐园。尚湖被国家建设部命名为全国首批湿地公园。

目前，尚湖正在进行大规模的生态修复工程，工程全部完成以后，常熟的旅游经济、城市建设、生态环境将以崭新的面貌呈现在世人面前。

2006年10月启动的昆承湖生态修复是继尚湖“退田还湖”之后又一项重大生态建设工程。昆承湖是常熟最大的湖泊，位于常熟城南，水面面积18平方公里。结合城市总体规划，昆承湖生态修复“一环、一堤、二区”的总体布局：“一环”即在环湖建设绿色湿地和休闲公园；“一堤”即建一条西接227省道，东连东南大道东西向的穿湖大堤景观廊道；“二区”指以穿湖大堤为界将湖面分为南北两个区域。生态修复工程完工以后，昆承湖地区将会形成自然开阔的水面风光、堤岛风光、水乡湿地田园风光，成为旅游观光、休闲度假的现代城市湖泊景区。

常熟市垃圾焚烧发电厂

在进入常熟主城区的五个道口建成了总长达13公里、宽15米至30米的绿色景观大道，使常熟成为一个生态景观大道环抱的城市，城市人均公共绿地面积达21.2平方米，城市绿化覆盖率达57%，让常熟处处有个好环境，让百姓天天有个好心情，让市民人人有个好身体。

为从根本上解决城区企业的污染，政府投入15亿元，搬迁了城区内48家企业，同时建成了日污水处理超过20万吨的城市污水处理厂3座，集镇及工业园污水处理厂13座，建成了日处理6000吨生活垃圾的焚烧发电厂，建成了集空气、水质、噪声、工业污染为一体的远程监控环境信息综合预警系统,并通过完善的信息发布系统每天向全市发布环境信息,等等。

农村集镇与新农村建设正加快推进。全市10个建置镇全部荣获“全国环境优美镇”,全市实现了区域联网供水,长江水使用率达100%。为让农民过上现代化生活,农民集中居住区建设已经启动。

3. 文化建设的大手笔

市委、市政府在建设先进文化的实践中,保护历史文化遗产,建设文化设施,传承文化命脉,弘扬优秀文化,提升了常熟的城市综合竞争力。

历史文化遗产的保护是常熟文化建设的重点。常熟是历史文化名城,有着丰富的文化遗产,全市有100多处国家、省、市级文物保护单位。在城市化进程中,根据“保护为主,抢救第二,合理利用,传承发展”的方针,把文物保护纳入城市建设的总体规划。

曾园、赵园是常熟城内的著名私家古典园林,建国后长期被单位占用,整修开放的呼声一直不绝。政府顺应民意,对两园进行了全面修复,受到了市民的称赞。

常熟的跨山城墙是常熟城市景观的重要标志,但这一历史文化景观毁于“文化大革命”期间。政府在1994年重修了虞山门及部分城墙,但市民希望能完整地再现历史旧貌,政府为此斥资恢复,圆了市民数十年之梦。省级文物保护单位、明代著名藏书楼脉望馆也得到了修复。

历史文化遗存的修复延续了历史文脉,展示了历史的积淀,丰富了历史文化的内涵,也为旅游事业的发展创造了条件。2004年,在申报国际花园城市过程中,常熟获得了奖项中唯一的“遗产管理奖”。

非物质遗产的保护也已启动,市文化局成立了办公室,在普查的基础上形成了市级保护名录。2003年,中国古琴已被列为联合国教科文组织第二批“人类口述与非物质文化遗产”代表作。为保护古琴艺术,在修复的脉望馆内,建立了古琴艺术馆,使之成为传承保护虞山古琴艺术的重要阵地。为保护白茆山歌,成立了“白茆山歌”研究会,建立了全国第一家山歌馆,编辑出版了80万字的《中国·白茆山歌集》。

文化设施是开展群众文化活动、传播先进文化的重要阵地。近年来,政府加大对文化建设的投入,完成了文化馆培训楼、博物馆、虞山大戏院的改扩建工程,新建成了1.2万平方米的京门影城、1.17万平方米的娱乐总汇。

其中的图书馆新馆、美术馆、评弹艺术馆是文化设施建设的重点项目。

常熟图书馆在石梅广场北侧，占地9000平方米，建筑面积1.1万平方米，全部投入达1个亿。整座建筑结构合理，功能齐全，设有图书借阅室、报刊阅览室、多媒体阅览室、少儿借阅室、古籍借阅室、参考借阅室，还有讲座会展中心、教育培训中心、信息咨询中心、采编辅导中心等，被市民评为全市十大优秀建筑，成为常熟新建筑中的标志性建筑。

常熟评弹艺术馆位于老城区方塔园西侧，建筑面积近2000平方米，集演出、展览、研究等功能于一体。内设大小书场各1个，可同时容纳近250名听众，馆内设施在江浙沪一带堪称一流，展示了评弹“江南第一码头”的风采，是传承和弘扬评弹艺术的重要窗口。

常熟美术馆位于西门大街虞山大戏院东侧，建筑面积5200平方米，内设5个展厅、1个多功能报告厅和6个书画交流培训室，展线总长450米，馆藏当代著名美术家、书法家作品1000余件。在展示常熟书画创作成果、开展书画艺术交流、征集和收藏当代书画名家精品以及开展书画艺术培训等方面将发挥重要的作用。

这些文化设施都达到了全国同类城市的一流水平，从而在常熟古城区形成了一条纵贯南北，集仲雍、言子墓，博物馆，图书馆，美术馆，翁同龢纪念馆及古琴艺术馆等10多处文物保护单位为一体的图博文特色文化街和横贯新老城东西、依托最繁华的商业地段，集京门影城、虞山大戏院和老县场文化广场、石梅广场等20家歌舞娱乐场所为一体的休闲娱乐特色文化街，它提升了城市文化形象，丰富了市民的精神文化生活。

在群众文化建设上，形成了“一镇一品”的特色文化。白茆山歌、徐市灯谜、任阳篆刻、福山花鼓、练塘龙舟、谢桥书画、董浜摄影、王庄戏曲、唐市评弹、沙家浜旅游、虞山镇篆刻和古琴等特色文化已颇具影响，其中的王庄兰花艺术团在苏南地区乃至全省有相当的知名度，白茆山歌已成为具有全国影响力的特色文化经典。特色文化建设带动了群众文化的发展，石梅广场、海虞镇东方广场入选“全国特色文化广场”。

城区文化设施的加快发展对农村产生了积极的导向作用。各镇正在因地制宜地推进建设“一个文化中心和文化广场，一个藏书丰富、管理规范的图书馆，一个规模适度、设施完备的影剧院，一个与当地学校相配套的农村儿童文化园，一个集娱乐休闲、健身为一体的老年活动中心”等农村文化建设工程，为社会主义新农村提供文化活动的场所。

4．从“常熟人形象讨论”到“城市精神讨论”

2001年，全市开展了一场历时半年之久的“常熟人形象讨论”，这是常熟市民进行的一次自我反思、自我教育活动。2003年，全市又开展了“城市精神讨论”，这不仅在于传承优秀的历史精神传统，更在于为常熟未来发展提供精神动力。这两场讨论内容上相互联系，把常熟人精神品格建设提升到现代化建设的高度，这在常熟文化史上是第一次。

常熟市体育中心

在充满挑战的新世纪，常熟的发展迎来了前所未有的机遇，但要加快发展，就必须要解放思想，使市民自觉地在思想观念、行为方式、精神面貌、学识才干等方面与时代相适应，因为从根本上说，现代化应当体现在人的现代化。

常熟的历史文化背景造就了常熟人特有的人格形象，比如，常熟人延续了仲雍谦让的历史传统，宽厚而有雅量；常熟人在与虞山、尚湖的相处中，懂得了人与大自然保持和谐的重要性；常熟人受言偃“弦歌教化”的影响，重视教育，追求知识为本；等等。这些优良的精神传统，对常熟社会经济的发展产生了积极的影响，但应该看到，常熟人的精神传统既有积极向上的一面，又有消极保守的倾向，因为精神传统的发展本身就有一个不断弘扬积极因素、化解消极因素而达到自强自新的过程。"常熟人形象讨论"对此进行了深入的探讨，其中涉及忧患意识、开拓精神、开放襟怀等。

常熟人的精神传统中忧患意识不足，这可能与"常熟"的自然环境使农业丰收有较大的把握有关。在"靠天吃饭"的农耕社会里，有这种意识并不奇怪，问题在于这种对乡土家园优越环境的满足而引发的自豪感，经历代文人的不断渲染而不断得到强化，成为常熟人精神传统中一个永恒的主题，具体表现为"小富即安"、"求稳求安"，这已成为一种普遍的社会心态，它往往会消蚀危机感，对今天常熟发展的负面影响不可忽视。

常熟的精神传统的基调是温文尔雅，争先、开拓精神不足，这可能是由于生活在常熟优越自然环境中的常熟人相对其它地方要富裕、轻松、悠闲，缺乏外部生存环境的压力，所以常熟人的气质显得柔弱谦恭、温柔敦厚、稳健中庸。

常熟的精神传统中乡土意识比较浓重，如常熟人习惯把外地人称为"野人"，很少说普通话，自古以来就有一种安土重迁观念，不愿到外地闯世界，认为普天之下常熟最富、最美、菜肴最可口，这固然有对家乡热爱的一面，但这种心态是狭隘的，襟怀不够开阔。

这次讨论，在常熟人的历史上是第一次自觉地直面自己的精神弱点，为新世纪常熟的思想解放发挥了积极的作用。

在常熟城市化快速推进过程中，需要一种为市民所认同的城市精神引领，如果把城市的高楼大厦、马路街道比为城市的"筋"与"骨"，那么城市精神就是城市的"气"与"神"，所以继"常熟人形象讨论"之后，常熟又进行了"城市精神讨论"，这是"常熟人形象讨论"的继续，是在更高的层次上确立一个城市的共同价值目标，从而形成了把"争先，开放，和谐，人文"这八个字作为常熟城市精神核心的共识。

争先是一种精神状态，在千帆竞发、百舸争流的时代中，要始终保持奋勇争先、敢争第一的创业激情，始终保持抢抓机遇、加快发展的进取意识，始终保持勇立潮头、永思进取的拼搏精神，在常熟的发展中形成独特的精神风貌。

开放是一种风范、境界,它不仅限于经济,更应包含文化观念,要以海纳百川、兼收并蓄的宽阔胸怀,学他人之长,创常熟之新,摒弃欺生、排外、忌富等狭隘心理,诚招八方客商,礼聘天下贤才,鼓励创新,善待挫折,激励成功,宽容失败,让一切有益于富民强市的新鲜思想和有志于创新、创业的社会成员充分活跃起来。

和谐是现代人的追求,现代文明所导向的是人与自然的和谐、人际关系的和谐、人内心世界的和谐。常熟城市精神要走向和谐,走向崇高,就必须在经济发展中保持良好自然生态环境,用自然山水来中和技术文明倾向极强的现代化所带来的消极影响;人际关系的和谐则要从根本上提高市民素质,提高城市文明程度,形成良好的社会风尚,促进社会安定有序,形成宽容的人际关系;人内心世界的和谐,必须使市民竭力从无谓的纷争和过度的名利追逐中摆脱出来,在人心灵中形成超脱潇洒、自然平和的心态。

人文是城市精神的"魂",一个人文匮乏的城市,是一个没有灵魂的城市。常熟独特的文化优势是历史留下的最大财富,要在对常熟优秀历史文化挖掘整理的基础上赋予传统文化时代精神、民族气派、常熟特色,从而丰富文化内涵,增强人文气息。

两次讨论,使市民自觉地从文化的高度来看待自身的精神缺陷,自觉地理解并认同实践常熟城市精神。20 世纪 90 年代初,上海曾进行了一场"上海人形象讨论",其中一句"上海人精明不高明"的话,给上海人的灵魂以巨大的震撼,从而对上海的现代化进程产生了深远的影响。新世纪常熟的两次文化讨论,在常熟发展中也同样产生了巨大的精神动力,新世纪常熟的新发展就证明了这一点。当然,人格形象的塑造是一项长期的任务,城市精神对人观念与思想的影响是一个潜移默化的过程,但两次讨论无疑在常熟文化史上留下了深刻的印记。

5. 城乡统筹发展的宏伟蓝图

改革开放以来,常熟始终围绕"城乡一体、工农相辅、协调发展、共同富裕"这个主题开展工作,从"离土不离乡、进厂不进城,亦工又亦农,集体同富裕"的"碧溪之路",到"条块结合,以块为主"和撤乡建镇为主要内容的行政管理体制改革,从土地适度规模经营为主要内容的土地制度改革到以明晰

晨曦中的常熟

产权、政企分开为重点的乡镇企业产权制度改革以及以富民强村为重点的农村现代化示范村建设，都包含了加快城乡一体发展的全面探索。党的十六大以来，市委、市政府进一步加快了统筹城乡发展、推进社会主义新农村建设的步伐，为加强农村社会建设而实行统一供水、电网改造、道路建设、学校布局调整、文化下乡等；为增强农民收入而实行财政转移支付，扩大社会保障覆盖面，加快富民强村工程；为提高农村城镇化水平而推进镇、村合并；等等。但是，常熟的城乡统筹工作与中央提出的要求，与城乡居民特别是农村居民的现实要求相比，还有很大的差距，主要是长期困扰城乡关系的二元结构还没有根本改变，城乡经济社会发展还不够协调，城市化水平还滞后于工业化，城镇的集聚辐射功能还不强，城乡融合度还不高，城乡居民特别是农村居民收入持续增长的难度还没有得到有效缓解，等等。因此，在党的十七大以后，为进一步贯彻落实科学发展观，市委、市政府把统筹城乡发展工作放到了重要的地位，并从五个方面重点推进。

（1）完善覆盖统筹城乡的规划体系。

按照城乡统筹发展的要求，重新审核修订完善原有城镇布局规划，形成突破城乡二元分割的城乡规划体系。完善“城市中心”、中心镇、建制镇的城乡规划体系,形成城、镇梯度发展格局。

调整社区布局。按照现代社区型、集中居住型、整治改造型、生态自然型和古村保护型等形态,完善农村集中居住点详规编制工作,要保留农村优点,扬弃城市弊病,避免“千村一面”。重视非建制农村集镇社区建设;加快城中村、镇中村改造。

按照“布局合理,产业集聚,发展集约”的要求,重点打造江苏省常熟经济沿江开发区、江苏省常熟东南经济开发区。提高与中心镇、建制镇功能相适应并体现“专业化、特色化”的镇工业集中区建设标准,引导企业向园区、镇工业区集中。合理布局农业发展空间,形成蔬菜种植、水稻种植、水产养殖三大基地,增强农业综合生产能力。优化生态保护空间和市场、专业市场发展空间,发展旅游业与现代商贸业。

(2)优化统筹城乡的产业发展布局。

按照“优化一产、提升二产、突破三产”的要求,调优产业结构,转变发展方式,扩大经济总量,形成三次产业相互促进、城乡经济协调发展的产业布局。

以建设先进制造业基地为方向,构建城乡工业布局。培育一批拥有自主知识产权、核心竞争力强的大企业大集团,以积极推进企业上市为导向,突出结构调整,加快转变经济发展方式;突出自主创新,推动科技进步;突出基地建设,打造高新技术产业和传统产业的特色产业基地;突出节能减排,构建资源节约型、环境友好型社会。

以建设高效生态农业为方向,构建现代农业布局。稳定基本农田保护面积,加强农业基础设施建设,提高农产品的商品率和市场竞争力,加快农业产业化步伐,培育发展以农产品精深加工为主的龙头企业和农产品交易市场,促进农业发展和农民增收。建成江苏常熟国家农业科技园核心区,推进现代高效农业示范基地建设,按照区域化布局、专业化生产、产业化经营的要求,实施辛庄朱家桥优质水稻、董浜优质蔬菜、沙家浜高效渔业、古里坞丘优质粮食四个苏州市现代农业示范基地发展规划,在全市形成一批特色农产品基地,加快形成优质、高效、生态、安全为导向的现代农业产业体系。

以提升城市服务功能为方向,构建现代服务业布局,以服装城为龙头,整合提升专业市场，大力发展现代商贸业，以常熟港、服装城、东南开发区为龙头，大力发展现代物流业；以虞山、尚湖、沙家浜为龙头，大力发展旅游业；以两个开发区为龙头，大力发展服务外包业；以“新合作常客隆”为龙头，推进“万村千乡市场工程”，发展农村连锁超市，构建全社会放心消费体系。

（3）提升统筹城乡基础设施的水平。

按照基础设施先行的要求，以交通道路建设为重点，加快城市基础设施向农村延伸，形成高水平的城乡一体的基础设施网络。

交通道路建设要在市、镇干线公路升级改造的同时，重点抓好农村干线、支线建设，提高镇村公路建设标准，继续推进“城市公交、城乡公交、镇域公交”的民心工程，实现村村通公交。

新投运的城乡公交车队

公共服务设施建设要加快实现城乡对接与资源共享，进一步完善覆盖城乡的供水、供电、供气、通信、宽带网络体系，提升公共服务设施网络的功能和服务水平。

提高城乡生态环境建设标准，提升山、水、城融为一体的环境特色，建设具有常熟特色的生态文明。重点抓好“三湖一山”生态建设工程，农村全面推进绿色基地、绿色通道、绿色家园“三绿”工程；加强农村河道的疏浚整治和水系调整，加快构筑全市可调控水质体系，确保用水安全。全面实施农村清洁家园、清洁水源、清洁田园“三清”工程，建立“户集、村收、镇运、市处理”的垃圾无害化处理长效机制。加快农村生活污水处理和城乡污水管网系统建设。

（4）提高统筹城乡社会建设的标准。

统筹城乡教育、卫生、就业、社会保障等社会建设要从优化整合资源入手，引导城市教育、卫生资源向农村倾斜，构筑完善的区域性就业和社会保障网，让农民共享社会进步的成果。

促进城乡教育均衡发展。进一步整合农村教育资源，优化教育布局与结构，重点加强农村师资队伍建设，以政策引导优秀师资向农村流动，把城市教师支援农村教育作为制度性安排，提高农村教育质量。扶持和规范外来民工子弟学校建设，使城乡居民享有平等的优质教育。

坚持公共医疗卫生的公益性质，加快农村公共卫生服务体系建设，合理配置城乡医疗卫生资源，限制城市医疗机构盲目扩张和重复建设。建立与健全以市属医院为龙头，由乡镇社区卫生服务中心为依托，社区和村卫生服务站为基础的城乡一体化医疗服务体系。鼓励城市医疗卫生机构为农村输送和培养人才，提高医疗质量和水平，使城乡居民就近享受到最基本的医疗卫生服务。

建立城乡统一的劳动力市场和公平竞争的就业制度，积极引导以创业带动就业，重点扶持被征地农村劳动力就业和再就业，帮助农村剩余劳动力向非农产业转移。建立面向困难群体的就业援助机制，及时帮助零就业家庭解决就业困难。健全实用技能培训制度，推进农民知识化进程。

提高城乡社会保障全覆盖的水平，加快农保与城保并轨，落实“土地征用换社保”政策，扩大农村老年农民领取生活补贴受益面。提高城镇居民医疗保险和新型农村合作医疗保障水平。建立城乡一体的社会救助体系，完善城乡居民最低生活保障制度和自然增长机制，做好城镇“三无”对象和农村“五保”对象的集中供养。

加强社会综合治理。建设各类治安防控网，构建打防控一体的工作体系，开展创建平安村、社区、企业、学校、市场等活动，以建设平安基层提升“平安常熟”建设的水平，妥善处理涉及群众切身利益的实际问题，化解社会矛盾，维护社会和谐稳定。

（5）增强统筹城乡文化发展的能力。

统筹城乡文化发展是推动农村向现代社会转变的重要举措，要以丰富活跃城乡居民文化生活为重点，用先进文化占领农村，提高农民的文明素质，促进农民向市民转化，满足城乡居民对精神文化生活日益增长的需求。

从传承命脉的历史责任出发，保护和弘扬常熟优秀的传统文化。要重视历史遗产的保护和利用，争创一批国家级、省级历史文化名镇、名村，保护修缮一批文保单位，建成开放一批文博场馆，保留百万市民共有的精神家园，扩大常熟文化的影响力，增强常熟的综合竞争力。

提高市民文明素质。抓住"争创全国文明城市"的契机，扎实推进《提高市民文明素质行动计划》，切实加强城乡精神文明建设。要发挥常熟的历史文化的资源优势，发挥"常熟市道德模范"的榜样作用，对广大市民进行爱国主义、集体主义、社会主义思想以及社会主义荣辱观教育。在农村要持续开展普法教育、农业科技、卫生保健等教育，倡导弘扬文明新风，破除封建迷信和陈规陋习。广泛开展"文明村镇"、"文明户"等群众性精神文明创建活动，广泛开展群众性体育活动，全面实施全民健身计划，提高农民的文明素养与身体素质，促进农村社会的全面进步。

加大农村文化设施的投入，形成覆盖农村的公共文化服务设施，切实解决城乡文化发展不平衡问题。建设以镇文化站、村文化室为主体的农村文化基础设施。达到每个农村建制镇都要有文化活动中心、文化活动广场、图书馆、影剧院、农村儿童文化园、老年活动中心、文明建设成果展示馆，村村都要有一个农民文化室。要针对农民包括外来务工人员对文化的新需求和农村生活生产特点，创新农村文化活动的形式与内容，培育和发展民间文化队伍，以文化载体建设丰富拓展各种形式的特色文化活动，保障农民的文化权益。

加强城乡文化的互动。城区文化设施要发挥对农村文化活动的辐射作用，经常性地开展高品位的文化艺术活动，激发市民的文化参与意识，创造浓郁的文化氛围，形成与现代城市风格相适应的文化品位，引领农村群众文化活动提高水平，要提高"文化下乡"工作的有效性，使其成为城市文化资源支持农村文化建设的制度性安排，促进城市先进文化向农村传播。要充分挖掘、整合、利用农村的节庆文化、民俗文化、自然风光与文化遗产、特色文化等文化资源,在满足农民自身需求的前提下,组织到城里展演,或吸引城里人到乡下旅游,实现城乡文化的互动与交融。

五方面的工作重点,大致勾勒出了全市下一步发展的路径。我们坚信,经过全市上下的不懈努力,"以城带乡,以工促农,城乡互动,共同繁荣"的城乡一体化发展新格局一定会形成,常熟的明天一定会更加美好。

附 1

做居安思危、敢于争先、海纳百川、凝心聚力的常熟人

——用先进文化塑造新世纪常熟人的新形象

20 世纪 90 年代,上海曾进行过一场“90 年代上海人形象大讨论”,其中一句“上海人精明不高明”的话,对上海人造成了极大的震动,从而对上海的改革开放和经济建设产生了深远的影响。今天,常熟人民迎来了充满机遇和挑战的 21 世纪,市委、市政府提出的构筑“大港口、大交通、大工业、大市场、大城市”新优势的战略目标,为常熟的发展描绘了一幅宏伟的蓝图。增强市民的责任感和使命感,自觉在思想观念、行为方式、精神面貌、学识才干等方面与发展目标相适应,是增强常熟综合竞争力的一个重要组成部分。常熟人精神品格的建设应当成为整个现代化建设的重要内容,因为从根本上说,现代化应当体现在人的现代化。常熟文化的背景和文化内涵孕育出了常熟人特有的形象,如常熟人宽厚的德行,待人待物的雅量,文化中的和谐精神,好古趋雅的传统,典雅的艺风,自强不息的精神,重视教育,知识为本的识见等,都曾为常熟社会经济的发展带来了巨大的影响。我们既要发扬常熟人传统的优秀品质和良好的精神风貌,又不能忽视其消极保守的方面,只有审视传统“常熟人”形象中的消极面,并直面乃至批判消极面,才能摒弃旧的观念和行为方式,达到形象的自新自强。本文的主旨是针对常熟文化精神传统对常熟人形象所产生的负面影响,进行文化的反省和文化的前瞻性剖析。这对构建具有鲜明时代特征的、与社会主义市场经济发展要求相适应的现代常熟人新形象具有重要的意义。

常熟人需要居安思危的忧患意识

新世纪常熟人新形象的内核中，首先要把忧患意识渗透到常熟人心理深层，因为缺乏忧患意识，是传统常熟人形象的显著缺陷。所谓忧患意识，就是要求在安定的环境中，充分虑及可能存在的危险，它要求不满足于现状，通过反思总结经验，或通过批评揭露错误，或从对事物的肯定中发现问题，目的都是希望推动社会更加健康地向前发展。它有利于培养自觉的矛盾意识，有利于培养进取精神。

首先要从“常熟”两字谈起。“常熟”的名称最早见之于南朝梁大同六年(540)，以当时南沙之地置常熟县，因全境地势自西北向东南倾斜，西北部为高乡，东南部为低乡，遇水旱之年也能保障境内不全部受灾，农业丰收有较大的把握，常熟这块土地因“土壤膏沃，岁无水旱”而谓“常熟”，故宋人杨备在《咏常熟》诗中有“岁岁多收常熟田”之句。优越的自然环境使常熟人滋生了一种满足感，当然，在“靠天吃饭”的农耕社会里，产生这种满足感是很正常的。但问题在于这种对乡土家园优越生活环境满足而引发的自豪感，经过历代文人的不断渲染而不断得到加强，成为常熟文化精神传统中一个永恒的主题，影响着一代又一代常熟人，它强化了常熟人满足现状的情绪，消蚀了危机感，淡化了忧患意识。它对今天常熟经济社会发展显然带来了极大的负面影响。

波司登股份有限公司外景

当然我们也要看到，随着社会、政治、经济形势的发展变化，在一定的历史环境中，常熟人也能抓住机遇，奋力拼搏，凭常熟人的聪明才智取得骄人的成绩。例如，改革开放以来，常熟人抓住了发展乡镇企业的机遇，开创了载入中国改革开放史册的“碧溪之路”，并引起了中央高层的关注，当时总书记胡耀邦的一句“苏南有个无（无锡县）常（常熟县）江（江阴县）”，奠定了常熟在全省乃至全国的地位。之后，常熟人又创办了全国闻名的招商场服装市场，发展外向型经济，稳坐全国“十大财神县”交椅，人民生活达到小康水平，被称为殷实的常熟。因此，常熟人的集体无意识——满足感又抬头了，发展的步伐也慢了下来。

曾几何时，常熟的追兵不仅赶上了常熟，有的已超越了常熟。常熟人不得不面对这样一种现实：常熟的一些重要经济指标在后移，有的指标甚至在快速后退，在我们兄弟县市中，江阴、昆山、张家港的发展势头强劲，上升节奏加快，有的追兵已成为常熟的标兵。所以，市委领导在全市领导干部会议上大声疾呼：“常熟原有的一些优势正在逐步丧失，原有的地位正在受到挑战”，“目前常熟已无优势可言，无老本可吃，无退路可走。”一针见血地指出了常熟经济发展的现状，它也许是残酷的，却是实实在在的，这对长期沉浸在自我满足感中的常熟人来说，是振聋发聩之声，催人猛醒之药，可以促进我们反思，鞭策我们奋起。只有承认落后才能改变落后，学习先进才能赶超先进。常熟落后的原因是什么？在于“小富即安”的观念，在于“求稳求安”的心态，在于“沉湎历史，自我陶醉”的思维定势，一句话，在于缺少居安思危的忧患意识。我们有些同志，在已有成绩面前沾沾自喜，危机感消蚀了，责任感减弱了，进取心消退了，于是标准放宽，压力减少，工作被动。一句话，忧患意识的淡化导致了精神状态欠佳，而精神状态欠佳最终体现在发展速度放慢，发展后劲不足。所以，新世纪的常熟人，要强化居安思危的忧患意识。孟子说：“生于忧患而死于安乐。”忧患意识必须融注进新世纪常熟人的灵魂深处。

常熟人需要敢于争先的拼搏精神

一个国家，一个民族，乃至一个地区，一个城市，都是要有一点精神的。

20 世纪 90 年代初,很多地方都用精炼的语言,概括出一种具有浓厚地方特色的精神,以此作为号召和凝聚人民的精神动力。如“人心齐,民性刚,敢攀登,创一流”的江阴精神,“团结拼搏,负重奋进,自加压力,敢于争先”的张家港精神,“团结,拼搏,求是,创新”的常熟精神,等等。这种精神,是一个地方文化传统的结晶,是一个地方人民形象的展现。这里要研究的是,为什么在近十年的经济发展中,原来与常熟处在同一起跑线上的江阴市大有独占鳌头之势,原来落后于常熟的张家港市大有后来居上之势?如果我们对三地的精神进行文化的反思就会发现,各地精神背后都有独特的文化背景在支撑。

江阴地处江尾海头,有“军事重镇”、“锁航要塞”之称。江阴要塞的炮台是长江上继吴淞口炮台后的第二道门户,其战略地位为中外所瞩目。历史上的江阴战争频仍,经历过战火的洗礼,“江阴人民秉性刚”(《江阴市市歌》),它最典型的表现是在明末清初,在清兵南下推行“剃发令”时,江阴人民激于民族大义,揭竿而起,裂衣为旗,在阎应元的领导下,坚守孤城 81 天,抗击清兵 24 万,城破之日义民无一投降,故江阴有“义勇之邦”之誉。这种精神在各个革命历史阶段都有突出的表现。有“民性刚”就会“敢登攀”,而“刚”与“敢”是以“人心齐”为基础的。江阴人在资本运作、规模经济等方面创造了不凡的业绩,与这种文化背景有密切的联系。

张家港原名沙洲,把张家港精神叫作沙洲精神或围垦精神可能更为恰当,它植根于沙洲的历史中,有着极为深厚的社会基础和丰富的文化底蕴。

围垦重于围、堵,沙洲土地是人力造就,强调人定胜天,人是决定一切的,注重人的作用,强调主观能动性,而且围垦历来都是大兵团作战,这过程中需要拼、搏、争、抢,需要集体协作,需要团结一致。虽然拼、搏、争、抢、团结在任何地方都是必需的,但在沙洲人民中间有很好的心理基础。所以说,张家港精神中蕴涵着一种群体主义精神。张家港的发展张扬了敢于争先的拼搏精神,因为沙洲虽处于江南,但因它建县时间短,经济薄弱,历来不被江南人所重视,他们改变落后面貌的心情特别迫切,而要尽快摘掉落后的帽子,首先要有自己的精神优势。所以沙洲人始终将周边的县市作为潜在的对手,要赶上与超过周边县市,敢于争先,从声势上精神上压倒对手。在短时间里,他们干了许多大事,城建、保税区、码头、张杨公路、沙钢,等等。这一系列工作都取得了不俗的成就。它充分地说明,敢于争先的拼搏精神,一旦和先进文化结合,就会产生巨大的威力。

相比而言,常熟人没有像江阴人那样经历过腥风血雨战火的锤炼,也没有像张家港人那样有与长江凶险洪潮搏斗时惊心动魄的经历,土地丰厚的常熟有优越的自然环境,给历代生活于此的常熟人带来了不竭的福泽,生活在这种环境中的常熟人富裕、轻松、悠闲。由于缺乏外部环境的压力,所以团结缺乏内在的动力,很难抱成一团。常熟人深知土地乃上苍所赐,只要注重顺应自然,就能过上好日子,也就没有必要去争先。所以常熟人的气质中,缺少江阴人的刚强,也缺少张家港人的彪悍,显得柔弱、谦恭、聪明、守规矩。讲究一个"温"字,温柔敦厚,温文尔雅;追求一个"稳"字,不急不燥,稳健中庸,循规蹈矩,往往能将规范用到极致,但在打破常规求新求变上却做得不够,缺少冒险精神。这在很大程度上影响了常熟的发展,因为改革开放从某种意义上讲就是打破常规,过分的规范将导致心灵的封闭与精神世界的僵化,而市场经济是一种强者经济,也是一种竞争经济,不进则退,慢进也是退,速度慢不等于稳,没有刚强的秉性与争先的意识,是很难攀上市场经济高峰的。常熟人应该认识到,我们强调发展经济要遵循客观规律,但这个客观规律要通过不断实践,去探索,去寻找,在认识客观规律的前提下,努力实现"超常规"发展、"跨越式"前进,这才是最大的求稳之路,而实现这一点,就需要敢于争先的拼搏精神。

常熟要实现现代化,就要着力培养敢为天下先的创新精神,着力培养伟岸大气、坦坦荡荡、痛痛快快的人杰品格,着力培养焕发出生命力和创造力的素质,着力培养认准了目标就去拼、就去搏的斗志,一句话,着力培养"风风火火闯市场"的新形象,真正突破常熟人原有四平八稳、不温不火形象的局限。

常熟人需要海纳百川的宽宏气度

一个地区有无自信心、生命力和创造力的表现,就是看它有无开放的视野,即对外来的一切先进东西是拒绝还是接受,一句话,有无海纳百川的宽宏气度。但是我们应该看到,常熟人胸襟还不够开阔,气度还不够宽宏,这主要表现在盲目的乡土意识和自大意识。

常熟人盲目的乡土意识在苏南地区是比较突出的。例如，常熟人习惯把外地人称为“野人”，外地人很难进入常熟主流社会（反映在语言上，常熟人很少讲普通话），这是一种典型的盲目的乡土意识。今天，我们所说的“常熟人”已不单单是一个户籍概念，而应该包括所有在常熟生活工作并把常熟当做自己生存空间的人。现代社会是开放的、流动的社会，籍贯对于现代人已无实际意义。昆山的外向型经济之所以走在我们的前头，在诸多因素中有极其重要的一条，就是昆山市能吸引大批外地人才参加昆山的建设。所以，我们应树立这样一种观念，一切参与常熟建设的人，无论是本地人还是外地人，甚至是外国人，都应该是常熟人，是建设常熟的力量。常熟应像昆山市那样，敞开胸怀，热忱地欢迎一切来常熟参加建设的人们。

常熟人盲目的乡土意识还有一个突出的表现就是安土重迁，不愿到外地去闯世界，历代方志于此多有描述，如“民多务本，安土重迁，他邑率事商贩，虞民独依陇亩力作，守丘陇而不去”，“即遇荒岁，犹守妻子，不轻去他乡”，“其商贾自他乡为转贩者为多，邑人率居积营生，少离乡，远服贾”。这固然有对家乡热爱的一面，但这种心态却是狭隘的，为什么常熟历史上没有像无锡那样产生一批大民族资本家，可能这也是一个重要原因。这种表现可以举出很多，例如大中专学生毕业后普遍要求回家乡工作，甚至不问专业是否对口，特长能否发挥，等等。可以说，这已影响到青年一代的生活态度乃至人生道路的选择。

常熟人还有一种盲目自大的意识，认为普天之下，常熟最富，常熟最美，常熟的菜肴最可口，常熟文化积淀最深厚，夜郎自大，对周边兄弟县市的长处、经验、特色很难认同，不是认为“假”就是认为“虚”，眼高手低，坐而论道，说东道西。究其原因，一方面常熟经济社会发展长期处于领先地位，做惯了“老大哥”的常熟人在心理上难以承认落后；另一方面，在常熟人心灵深处一直有一种州府情结在徘徊。在常熟的历史上，常熟县有七十四年（1295—1369）时间上升为常熟州。建国后，常熟曾县市分设。改革开放之后，常熟是省计划单列市。所以，常熟人一直不屑于与周边县市相提并论。特别是与常熟结为友好市（县）的广东中山、山东威海市上升为二级市后，常熟人的心理更加不平衡。在相当长的时间里，这种州府情结影响了常熟人的正确定位。今年市委、市政府提的大城市战略，提出要把常熟建设成为全国县级市中人气最旺、规模最大、环境最美的城市，这才是十分确切的定位。在市场经济条件下，一个城市不在于是什么级，关键在于经济实力，这就叫经济发展，自我提拔。

盲目的自大意识，在常熟的文化人中表现也相当明显。常熟的文人士大夫中普遍存在一种文化优越感，这种优越感突出地表现于对已逝去的常熟文化的执着。这种文化优越感固然有使常熟文人了解家乡、热爱家乡、努力学习传统文化的一面，但同时也有使常熟文人迷恋于昔日的繁荣，艺术观点趋向保守的一面，保守的艺术观点往往束缚人们的创造性思维，局限文人的眼界，减弱文人大胆创新的勇气。常熟人尊师重道，尊重文化人，但假如文人是封闭而又自大的，那么对常熟社会的导向就会带来不良的影响。

列举了上面两方面表现，我们可以这样说，就整个常熟人形象而言，眼界与心胸难免显现出某种程度上的内敛与狭窄，表现出一种人文精神的萎缩与缺乏刚劲，虽剔透玲珑，但小家碧玉，缺乏或少有一股王者之气，即阳刚之美；虽雅致但缺乏那种雍容华贵、器宇轩昂、有似云吞八表的雄浑和气概。常熟要走向全国，走向世界，都有待于今日常熟人抛弃狭隘的乡土意识和盲目的自大意识，塑造海纳百川的宽宏气度。这就要求我们善于学习一切先进的文化，既要继承本地的优秀文化传统，又要充分体现社会主义时代精神，同时还要吸收全国各地乃至世界优秀文化成果，并把它融入常熟人的文化品格中，特别要求我们注重吸引人才、容纳人才，以虚怀若谷、求贤若渴的精神和气度，鼓励各方面人才为常熟的发展贡献力量。

常熟人需要凝心聚力的坦诚正气

今天的常熟已经具备了实现率先发展的条件和基础。因此，凝心聚力谋发展就显得尤为重要。这是因为在现实生活中，眼高手低、求全责备、坐而论道、只说不干、评头品足的“评论员”还颇有市场。

常熟是一座文化底蕴深厚的城市，历史上的常熟官宦家庭和文人学士很多，因而清谈之风很盛，它形成了一种颇成气候也颇有市场的地方文化心态。旧时常熟茶馆酒楼兴盛，它为各色人等提供了“说东道西”的场所。最突出的民国时期小东门有一名为“琴一楼”的茶馆，不同时期常是某一派别人士聚集“大发宏议”的场所，被人称为“小楼内阁”。用现代眼光来看，人们在一起多议论有沟通信息的一面，但“评论员”或“裁判员”多了，就消蚀了实干精神，使各种力量此消彼长，相互抵消，成事不足，败事有余。如果我们再把眼光向前推移，就会发现这种现象在常熟历史上可以说是一种痼疾。明代龚立本在纂修的《常熟县志》中，对此已有细致的记载：“轻薄少年，游戏征逐，好为造谤。谤官府能使赵清献必有苞苴；谤缙绅能使王彦方亦有贪污；谤闺阃能使柏舟妇亦为濮上桑间，甚则捏造歌谣，巧作对偶，转相谈论，以为欢笑。”如此卑劣的行为实在令人生厌，但史载凿凿。历史是一面镜子，看看今天的现实生活不少人还在扮演着历史上那种“轻薄之士”的角色，他们对现实中存在的各种问题不是积极地提出建设性的意见，而是指手画脚，妄加评论。真所谓讲的越讲越对，干的越干越错，看的越看越准，最终涣散人心。

常熟有大批优秀的企业家，他们为常熟经济的发展作出了不可磨灭的贡献。常熟经济建设离不开企业家，时代在呼唤企业家，企业家都渴望自己的聪明才智、能力水平、劳动成果得到全社会的承认，但他们大都低调处世，这里有历史文化的传统，但也有现实的因素，因为常熟的社会现实难以容忍他们张扬个性，所以在常熟很难形成一种尊重企业家的氛围，其间的原因值得沉思。

要有凝心聚力的坦诚正气，就要使人心凝聚到把发展作为执政兴国第一要务上来，要始终保持奋发有为、昂扬向上的精神状态，要使评头品足者没有市场，使实干兴市者得到弘扬，讲正气，讲大局，讲稳定，积极营造“激励开拓者，宽容失败者，鞭挞落伍者”的良好氛围。

常熟是国家历史文化名城，它应以先进的文化去塑造市民的形象，当然，这是一个漫长的过程。从文化学角度来说，市民形象的塑造是一个长期的任务，因为先进的观念与思想对人的影响是潜移默化的，但必须指出的是，主流舆论的倡导又可大大缩短这个过程，张家港精神所产生的成果就说明了这一点。从 20 世纪 90 年代开始，张家港在市民中以各种形式弘扬张家港精神，所以他们只用了短短的 30 多年时间，就成就了今天令人称羡的发展成果。令人可喜的是，今天“争先，开放，人文，和谐”的常熟新城市精神已深得人心，可以相信，在新的世纪中，常熟人一定会以全新的形象屹立在世人面前。这是常熟的希望所在，生机所在，魅力所在。

附 2

重视城市形象建设，提高城市综合竞争力

常熟已全面实现高水平的小康社会，如何再创新优势，提高城市综合竞争力，率先实现基本现代化？市委、市政府提出要把常熟建设成为"经济繁荣之城"、"历史文化之城"、"山水园林之城"、"开放文明之城"、"生活品质之城"，对常熟城市形象作了新的定位，它体现了市委、市政府自觉地以科学发展观为指导，以构建和谐社会为目标，把城市形象建设作为提高城市综合竞争力、再创发展新优势的重要任务。因此，研究常熟城市形象及其关联问题，是一项有意义的工作。

一、城市形象与城市综合竞争力

当人类进入 21 世纪，城市化进程已成为一股不可阻挡的潮流和趋势，城市的可持续发展必须依托城市的综合竞争力。所谓城市综合竞争力，是一个城市经济、社会、文化、环境发展能力的集中体现，这种发展能力的凝固，就是城市形象，是社会公众对一座城市有别于其他城市的综合评价和总体认识，是城市综合竞争力不可或缺的因素。在城市化快速推进的今天，城市形象越来越为人们所重视，它成为一座城市极其重要的无形资产和战略资源，如果能得到合理的开发和利用，不仅能提高城市的品位，而且能使城市增值，发挥巨大的经济效益和社会效益。

城市形象建设是对一个城市的形象资源进行开发，它能有效地提高城市的知名度、美誉度，改善投资环境，增强城市的吸引力和竞争力，特别是在

招商引资，促进人才、资金、技术和管理经验及其他优势资源的聚集与流动，加速城市经济增长及全面发展等方面能起到直接的作用。所以，政府在招商引资介绍投资环境时，总是要介绍城市的历史、地理、文化、市民素养、社会文明等方面的情况，这些介绍就是城市形象，可见城市形象与经济发展的关系。

海虞北路金融区

再如，旅游业的主体城市旅游，是以城市区域整体作为旅游资源板块来运作的一种业态，它与城市形象具有相辅相成的关系，良好的城市形象能促进城市旅游的发展，而城市旅游又能提升城市形象。由于旅游业对经济的拉动作用更为直接，所以"旅游强市"已成为城市经济发展的首要选择，城市形象对经济发展的意义在这里得到了直接的体现。

还应该看到，城市形象对提升城市的文明素质即软环境同样具有不可替代的作用，城市形象本质上是城市文明，其建设过程就是市民的创造实践过程，所以它对城市的精神理念、城市文化氛围、城市管理水平、城市风土人情、市民道德风尚等都会产生积极的提升作用。

常熟是一座具有独特性格和气质的城市，在率先实现基本现代化的新一轮发展中，必须不断吸收全国其他城市特别是浙江城市发展的经验，不断完善和提升城市形象，提高城市的综合竞争力，把常熟建设成让市民自豪，让外地人怦然心动的现代化中等城市。

二、常熟城市形象的定位

我们对城市形象的认识，经历了一个不断深化的过程。

常熟在历史上就是江南名城，这里的“名”，主要体现在“十里青山半入城，七溪流水皆通海”的城市自然风貌上；体现在文脉深远，教育发达，科举兴盛的城市文化上；体现在“岁岁丰收常熟田”的经济繁荣上。20 世纪六七十年代，由于沪剧《芦荡火种》和京剧《沙家浜》的巨大影响，剧中一句“常熟城里的美人”的台词，给人留下了常熟山美、水美、人更美的印象。1986 年 12 月，常熟在被国务院批准为国家级历史文化名城以后，常熟的“名”不仅是公众的认同，更是为中央政府所肯定，常熟的“名城”意识开始觉醒，开始重视对历史文化名城的保护，由此而提出了“改造保护老城区，加快建设新城区、绿化美化风景区、重视建好集镇区”的方针，但在当时的历史条件下，“名城意识”只是一种保护意识，它与“城市形象意识”有根本的区别，“名城意识”是一种自豪感，它使人懂得要珍惜名城，保护名城，而“城市形象意识”则是一种自觉的市场意识，即把一个城市的历史、文化，还包括环境、经济、社会等当做城市的一种资源去进行开发，使其保值、增值，为城市的发展提供不竭的动力。因为在激烈的市场竞争中，有名的不代表永远有名，有名也可能会被人淡忘——假如公众对这座城市缺乏偏爱度与美誉度，那么他们对这座城市就不会有任何独特的形象体验，就不可能以现代形象理念去理解这个“名”的实质意义，而对这座城市政府而言，也就不会用城市形象理念对其“名”进行维护和强化。所以只有把常熟历史文化名城的“名”作为一种资源去运作并扩展其内涵，并将之强化、继承和发扬，才能使城市的“名”转化为“城市的形象”，最终转化为城市综合竞争力。

常熟城市形象伴随着社会经济的发展同步提升，相辅相成，互为推动。

2003年7月12日召开的中共常熟市委十届五次全体(扩大)会议报告中第一次从经济、环境、文化三个方面对常熟城市形象作了定位,即增创外资经济、民营经济、品牌经济齐头并进的产业特色;增创山、水、城融为一体,古城、新城、港城交相辉映的环境特色;增创强烈的时代气息和优秀的人文传统完美结合的文化特色。这次大会,在常熟城市化的进程中具有里程碑意义,标志着城市形象建设已进入了决策层的视野。

随着对科学发展观认识的深化,构建社会主义和谐社会实践的丰富,使我们对城市形象的认识又提高到一个更高的层次。这就是市委、市政府提出的要把常熟建设成"经济繁荣之城"、"历史文化之城"、"山水园林之城"、"开放文明之城"、"生活品质之城"。这里既有经济发展,又有历史文化,既有自然环境,又有文明程度,更有市民的生活品质,形成了经济、文化、环境、文明、社会五位一体的格局。与前一次对城市形象的定位相比,这次定位更为全面与完整,体现了与时俱进的精神。"经济繁荣之城"是常熟城市形象的活力之源,"历史文化之城"是常熟城市形象的根基与灵魂,"山水园林之城"是常熟城市形象的神韵与情调,"开放文明之城"是常熟城市形象的精神与气质,"生活品质之城"是常熟城市形象的本质与归宿。这是在对常熟城市资源和潜力进行挖掘和评估基础上,对城市形象的提升所作出的具有全局与长远意义的构想,其根本目的是为常熟的未来发展描绘美好的前景。它承载着昔日的繁华,演绎着今日的辉煌,憧憬着美好的未来。

三、常熟城市形象定位的历史与现实基础

常熟城市形象新的定位,有历史的依据,更有现实的基础,这就是改革开放以来特别是新世纪以来,常熟经济社会文化的快速发展。因此,要认识城市形象新的定位,就要对历史及近年来所做的工作与取得的成绩进行回顾和分析。

1. 经济基础根深叶茂

常熟历史上就是江南富庶之地,早在梁大同六年(540),常熟就因"土壤膏沃,岁无水旱"而称为"常熟",宋代诗人杨备"县庭无讼乡间富,岁岁多收常熟田"的千古绝唱,展示着常熟千年的和谐与繁荣。

改革开放以后，常熟的经济得到了飞速的发展，是全国经济最发达的少数几个县（市）之一，从 20 世纪 90 年代初以来，常熟综合实力一直位居全国百强县（市）的第五位或第六位之间。进入新世纪以后，常熟经济发展形成了鲜明的特色，这就是着力抓好了“三大板块”，即常熟经济开发区、东南开发区、高新技术园区；培育了“三大经济”，即“民营经济”、“外资经济”、“品牌经济”。“三大板块”在经济发展中起了主力军作用；“三大经济”中的“外资经济”与“民营经济”的注册资本在全省处于领先地位，“品牌经济”中国家驰名商标、中国名牌的数量在全国同类城市中处于领先地位。2005 年岁末，江苏省人民政府宣布，常熟成为全省六个首批全面建成高水平小康社会的县（市），展现了常熟强大的经济实力，发展强劲的经济为常熟城市的发展提供了巨大的“核能量”，成为常熟城市形象的支撑与基石。

2. 历史文化名城保护渐入佳境

常熟是国家级历史文化名城，在全国 99 座国家级历史文化名城中，常熟是江苏省唯一进入该行列的县级市，在常熟所有国家级的城市荣誉中，这是第一个得到也是最有价值的一个荣誉。历史文化名城是先人留给我们后人的宝贵遗产，是常熟的最大特色、最大优势、最大财富，正因为认识到了这一点，因此我们以敬畏的心态对历史文化名城进行了精心的保护。

在历史文化遗产保护上，修复了江南名园曾园、赵园、燕园，维修了江南著名藏书楼脉望馆，扩建了方塔公园，恢复了知名度极高、在群众中仍保留亲切记忆的“江南小长城”——跨山城墙与西墙楼阁，著名的晚清四大藏书楼之一的铁琴铜剑楼正在修缮，等等。在对非物质文化遗产的保护方面，进行了普查并形成了市级保护名录。虞山派古琴艺术，白茆山歌已被列为苏州市首批非物质文化遗产名录，常熟被命名为“中国古琴江南保护基地”，在常熟举行了首届中国古琴艺术节。所有这些，都为百万市民保存了精神生活的资料，也保存了追思先辈辉煌的情感寄托。

在历史街区保护上，对 3 平方公里的常熟古城进行整体规划，为保护和延续古城风貌，对虞山上的辛峰亭和城东的方塔进行多次维修，方塔因此而成为国家级文物保护单位，由此保留了古城空间景观视线走廊这一最大特色。对历史街区视野范围内的建筑物进行全面改造，并对城区 86 家企业实行“退二进三”，目前正在进行的琴川河保护带和泰引线改造工程将再现并还原江南千年古城的风貌。现在从北门大街到书院街一线，每个时代都在这里留有文化印记，可谓是商周两汉南北朝到唐宋到元明清，从古看到今，常熟历史文化的“通史性”在这里得到了完整的体现。

在文化设施建设上，对博物馆进行了扩大改造，新建了图书新馆、美术馆、评弹艺术馆、古琴馆、体育中心等，这里不仅展现了常熟清晰的历史根脉和丰厚的文化内涵，而且传承着文明，传播了知识，使常熟更具文化魅力。

这些工作，有效地保护了历史的遗产，保存了历史的记忆，延续、弘扬了历史文明，从而使常熟城市形象活起来、生动起来、亲切起来，成为常熟城市形象中最摄人心魄之处。

3. 绿色繁华精彩演绎

常熟拥有丰富的山水园林资源，虞山一角蜿蜒入城，山坡有环山而垣的城墙，是江南地区少见的山城，中国儒家传统审美观对“城市山林”的追求在常熟古城的自然景观中得到了完美的体现。常熟城市不仅有山林之美，而且还得水泽之秀，城西南有尚湖，城东南有昆承湖，城中有琴湖，它们如三颗璀璨的明珠镶嵌在城市两侧与中间，这种“三湖”傍山、山林相拥、山水城融为一体的格局，在全国城市中是少见的，这是大自然的恩赐。因此，我们以感恩的心态，演绎了精彩的绿色繁华，其中的“亮山工程”是具有标志性意义的传世精品，赢得了市民及中外客人的一致好评。

虞山国家森林公园做到了保护与开发并重，传统的“虞山十八景”大都得到了良好的保护，新开辟的宝岩生态园是虞山森林景观中最丰富的自然生态园。尚湖风景区已成为名副其实的生态天堂，为保护水质，搬迁了国家著名的二花脸良种猪场，并使从事传统水乡养殖的渔民走上了生态养殖之路，尚湖因此被国家建设部命名为“全国首批湿地公园”，并在景区内建设了尚湖山水文化园，在天清水蓝的自然环境中增添了文化气息。沙家浜芦苇荡风景区成为全国红色旅游百家经典景区。已经启动的“三湖”（尚湖、昆承湖、琴湖）整治将为常熟的绿色繁华添上浓墨重彩的一笔。昆承湖中隔水堤、串湖大堤、环湖大堤工程将与杭州西湖中的白堤与苏堤一样载入史册。今天，常熟已获得了国家园林城市、国家生态市、全国绿化模范城市以及全国县级市中第一个国际花园城市的荣誉，山水之韵使常熟城市形象充满了诗情画意。

4. 城市精神催人奋发

一个城市必须具备人文精神,开放文明是积极向上的人文精神的核心,它是常熟的文化积淀和精神传统。吴国始祖仲雍“让国南来”与言子“北学中国”的壮举,体现出常熟包容开放的宽广襟怀。而仲雍“贵和”思想,言子“弦歌教化”实践,使常熟人具有很高的文明素养,和谐文化在常熟有深厚的历史基础。

在改革开放的大潮中,20 世纪 90 年代,常熟就提出了“以港兴市”的战略,使常熟从长江时代走向浩瀚的太平洋时代,从而融入全球经济一体化的潮流之中,这是常熟开放情怀的集中体现。

重视精神文明建设,是常熟在改革开放中的基本经验之一,它提高了市民素质和全社会文明程度,特别是进入新世纪后,常熟先后进行了“常熟人形象大讨论”和“常熟城市精神讨论”,提升了市民的精神追求。“争先、开放、人文、和谐”已成为常熟的城市精神,“争先”体现了常熟人昂扬向上的精神风貌;“开放”体现了常熟人海纳百川的胸襟;“人文”体现了常熟人的文明素质;“和谐”体现了常熟人的理想与境界。这既是一种追求,也是一种自省,常熟城市精神体现的城市文化价值与理念体系,是常熟城市形象的精神旗帜。

5. 幸福指数不断提升

常熟市委、市政府以造福百姓为执政理念,用明白易懂的语言来表达,就是使常熟处处有个好环境,让百姓天天有个好心情,让市民人人有个好身体,做群众“三好学生”。所以常熟人的幸福感特别强烈,这不仅因为常熟有美丽的虞山、尚湖和花园般的城市,使市民生活在神仙般的生活中,而且因为常熟的城镇居民人均收入与农村人均纯收入均居全省前列,常熟投入巨资壮大了优质教育资源,使每个孩子在家门口都能上到好的学校,还因为常熟以治安良好著称,由此而引来大批浙商及外商涌入常熟创业,更因为经过多年努力,常熟已形成了以城镇、农村养老、医疗、失业、工伤、生育保险这五项关系到每个市民切身利益的城乡居民“安全网”和特殊群体的“保护伞”,等等。一枝一叶总关情,党和政府以公仆的情怀关心市民的衣食住行,为市民创造了宜人宜居的城市环境。今天走进常熟,不论是在繁华的城区还是偏远的农村，映入眼帘的都是舒适、温馨的景象，在寻常市民的脸上，读到的都是神态自如的笑脸，幸福感洋溢在每个人的脸上，写在每个人的心上，市民不仅是美好生活的创造者，又是美好生活的享受者，城市生活品位与质量使市民真正生活在“虞山福地”之中，这是常熟城市发展的终极目标，这种城市形象无疑使人心往神驰。

充满活力的经济，悠久的历史文化，优雅的城市环境，积极向上的人文精神，舒适安详的生活品质，这使我们感到无比的欣慰，因为努力终于结出了硕果，它使我们进一步理解了城市形象新的定位准确而又丰富，合适而且可行。它构成的优美而崇高的常熟城市形象使城市焕发出无穷的生命活力，为提高城市综合竞争力打下了坚实的基础，也为常熟城市的未来发展指明了前进的方向。

四、对常熟城市形象宣传的几点建议

常熟城市形象已有了清晰的定位，但它要得到全社会的认可，提高城市在全国的知名度与美誉度，还要做很多的工作，特别是宣传工作，它对于维护和提升城市形象具有重要作用。

1. 把“世上湖山，天下常熟”作为常熟城市形象的核心价值进行宣传

常熟城市形象的内涵中，最具根本性、不可替代性的核心价值在经济、历史文化、环境三个方面，这三者形成了常熟的城市品牌。这里说的城市品牌是指一个城市在推广自身形象过程中传递给社会大众的被社会广泛认可的核心概念。汪道涵先生为常熟所题的“世上湖山，天下常熟”两句话，可以认为是宣传常熟城市品牌的标志性语言，前一句讲的是常熟自然环境的特点，后一句中的“常熟”既是地名，也寓“年年丰收”之意，作为地名，常熟与历史文化名城联系在一起，作为寓意，它象征了常熟经济的繁荣，“常熟”两字是文化的，也是经济的。常熟城市形象的核心价值完整地体现在其中，而且它不可能被抄袭，也不可能被复制，给人以极强的冲击力和震撼力。浙江省绍兴市把“江南风情看绍兴，江南古城看绍兴，江南文化看绍兴”作为城市品牌进行宣传，走进绍兴，到处可以看到宣传这三句绍兴城市品牌的广告语，给人留下了极其深刻的印象。因此，对常熟城市形象的宣传，要集中地用“世上湖山，天下常熟”来展示常熟的魅力、常熟的城市品牌。

2. 把常熟的“品牌经济”作为宣传常熟城市形象的载体

常熟的“品牌经济”享誉全国，产品品牌有波司登、梦兰、隆力奇等；旅游品牌有红色经典沙家浜、尚湖牡丹花会等；市场品牌有招商城等，它们在全国都有极高的知名度。但应该看到，这些品牌的宣传，没有注意“常熟造”的标识，波司登的品牌号召力全国堪称一流，但在北京人们大都不知道波司登来自常熟。要重视把名牌产品的宣传与常熟联系起来，使常熟品牌与常熟城市共享共荣，看到或听到这些产品，就知道常熟，就像说到了青岛，就使人们联想到青岛啤酒、海尔电器。而五粮液酒类，由于宣传时没有注意与宜宾联系起来，所以不少人喝着五粮液酒而不知道宜宾在何处。常熟招商城在全国专业市场中名气很大，而品牌与常熟联系比较紧密，一说到招商城就知道在常熟，但仅限于服装商界中。以前沙家浜风景区有一句广告语：“游沙家浜，逛常熟城”，极有创意地把常熟与沙家浜联系起来，可惜没有坚持下去。因此，常熟品牌在宣传时，要使常熟的品牌经济与城市联结为一体，可以起到事半功倍的效果。

常熟有不少历史久远的土特产，如鸭血糯、叫化鸡、桂花酒等，它们有很深的文化内涵，代代相传，具有很高的知名度，因此，不能忽视这些土特产，应把它们开发成为旅游产品，让这些土特产与常熟产生自然的联想，这也是提高城市吸引力的好方法。

3. 要重视对市民进行常熟城市形象的宣传

常熟城市形象已经定位，要像当年宣传构筑“五大新优势”一样，通过各种手段，全方位地进行宣传，使广大市民了解常熟城市形象的内涵及意义，以激发市民对城市的认同感、自豪感。从根本上说，市民的素质决定着一个城市的形象，市民的衣食住行、言谈举止、精神面貌、办事效率、教育程度等方面，反映了市民整体素质并体现了市民形象，同时，它也直接反映了城市形象。要通过教育，有效地提高市民素质和全社会文明程度，使良好的市民形象成为城市形象的象征。

“人是天然的大使”，要通过常熟城市形象的宣传，唤醒市民的形象意识，自觉维护城市形象，不仅使广大市民成为城市形象的创造者，还要成为常熟城市形象的宣传者、维护者。在浙江绍兴，不论是出租车司机还是三轮车夫，讲起绍兴的城市历史、人文特点都头头是道，充满着自信心、自豪感，可见绍兴城市形象已深入人心，这是值得我们学习的。

4. 要整合宣传资源，形成宣传常熟城市形象的合力

对常熟城市形象的宣传，广播、电视、网络、报纸等是主要手段，在这方面已做了不少工作，取得了很好的效果，如电视片《和谐常熟》，融汇了常熟历史、文化、投资环境、经济基础、发展前景等，展现了常熟独特的城市魅力，给人留下了很深印象。但这种精品不多，宣传部门应有计划地组织一些精品力作，宣传常熟城市形象。

宣传常熟城市形象还要解决各自为战、各自为政的分散主义。沙家浜风景旅游区、尚湖风景区、虞山风景旅游区、沿江经济技术开发区、东南开发区、高新技术开发区、招商城等都投入了大量资金进行宣传，包括广告、VCD、书籍等，但总体来看，以宣传常熟城市形象作为整体目标做得还不够，因此要研究并解决整合宣传资源，以达到最佳宣传效果。电视连续剧《沙家浜》投资方之一的沙家浜镇在这方面就做得比较成功，剧中的台词，反复出现“常熟”二字，这对提高常熟城市知名度无疑是有益的。

要统筹安排常熟城市形象的公益广告。浙江台州所有宾馆的电梯内，都有宣传台州城市荣誉的广告，城市荣誉也是城市形象的一个组成部分，外地客人一入住台州，就对台州的城市形象有个初步的了解，这都值得我们借鉴。再如常熟有600多辆出租车，这也是宣传常熟城市形象不能忽视的环节，只要用心去做，这并不是一件难事。

在宣传城市形象时，还要注意对常熟城市形象符号的宣传，如市徽、市树、市花等，这体现了一个城市的特色和市民的认同，特别是市徽，也可以看做是常熟的“商标”，这在以前已有设计并经过人大通过，但现在知道的人已不多了，要注意这类城市形象宣传的细节，发挥其对内凝聚人心、对外宣传城市形象的作用。

城市形象要深入人心，需要通过一定的活动作为传播渠道，常熟有不少节庆及其他全国性活动，如“尚湖国际文化节”、“常熟服装节”、“尚湖牡丹花会”、“中国古琴艺术节”、“沙家浜龙舟赛”、“宝岩杨梅节”等节庆活动，还承办了不少全国性赛事,如“国际滑水比赛”、“全国跳水比赛”等,这也是宣传中的重要资源,不要就活动办活动,浪费这些资源,要研究把这些活动作为宣传常熟城市形象的机会,提高常熟在国内外的影响,为常熟城市形象建设发挥积极的作用。

附 3

常熟近年来城市景观建设的人文解读

在常熟几千年的文化史上，从来也没有能够超越“十里青山半入城，七溪流水皆通海”这两句诗对常熟城市景观特色的描写。诗中的虞山、城墙、琴川运河和琴川七弦，当然还要包括没有提到的尚湖，它们不仅是山、水、城、湖，而且是常熟文化的符号，它们所拥有的文化资源、历史遗迹、文化精华及在文化传承中所起的作用，是任何景观所不能替代的，它们是常熟文化的象征：虞山是常熟文化的根，尚湖是常熟文化的魂，城墙是常熟文化的骨，琴川运河是常熟文化的脉。

近几年是常熟城市景观建设最为辉煌的时期，虞山公园实施了南扩改造，尚湖之畔新建了山水文化园，虞山城墙、西城楼阁等历史景点正在重建，曾园、赵园进行了全面修复，新世纪大道建成通车，等等。这些城市景观建设，在常熟 2004 年 10 月获得联合国环境规划署认可的“国际花园城市”和遗产保护单项竞赛第一名的荣誉中发挥了重要的作用。所以，当今天的常熟城市景观以绚丽多姿的面貌展示其历史文化魅力的时候，我们不正是可以用呵护常熟文化之根、丰富常熟文化之魂、强壮常熟文化之骨、疏通常熟文化之脉对其进行人文解读吗？

1. 虞山公园南扩改造：呵护常熟文化之根

虞山是常熟文化的精神源头，它承载着深厚的历史文化积淀，它之所以被称为虞山，是因为泰伯与仲雍让国避奔江南的一段历史佳话。两人到江南以后，建立了勾吴国，泰伯当首领，其死后由于无子而由仲雍继位，仲雍死

石梅广场

后葬在常熟卧牛山，仲雍又名虞仲，山遂以虞为名。传到五世孙周章时，周武王统一了中国，周章被封为吴王，所以，虞山既是吴文化的发祥地，又是常熟文化之根。

常熟人喜欢把虞山称为福地，这从虞山周围的历史文化景观和在中国历史上以虞山命名的有巨大影响的文学艺术流派如虞山琴派、虞山画派、虞山诗派、虞山印派等就体现出其沉甸甸的文化含量，就可以看出它的文化根基有多么深厚。

但自 20 世纪中叶以来，虞山周围特别是入城部分被各种民房、单位建筑以及一些临时搭建所淹没，这不仅遮住了人们观赏虞山入城这一特殊山城景观的视野，也破坏了入城山体上的绿化，与周围的环境很不协调，十里青山由此而与市民活生生地隔断。所以有了石梅广场一期、二期的建设，但整个工程的核心是虞山公园南扩改造。2003 年 8 月，市委、市政府经过多方面调研、论证，决定进行虞山公园南扩改造，以亮山增绿，改造重建山麓林地。到 2004 年国庆工程完工。自此，青青虞山全面融入古城。

虞山公园南扩改造以山为主体塑造空间景观，抓住亮山要求，做足绿化文章，以体现城内的山林景观，同时运用传统的造园添水方法，开挖了映山湖，弥补了山麓少水的缺憾，达到了山因水活、水随山转的景观效果。青山、城墙、城楼倒映水中，七孔桥、水榭、城楼等景观互相映衬，湖光山色，浑然一体，体现了山水文化特色。与此相呼应，虞山公园拆除了围墙，这样，从西门大街到北门范围内，形成了一个连成一体的市民广场：在虞山公园内可以领略林深谷幽的野趣；在虞山公园南扩地段可以观赏虞山及城墙、城楼的雄伟景观；在言子墓、仲雍墓可以缅怀先人的业绩；在博物馆可以享受精神食粮……使之成为市民休闲、学习、健身的最佳去处。

放弃巨大商业利益且投入巨资进行的虞山公园南扩改造，是落实科学发展观、构建和谐社会的重要举措，其间体现的“青山入城”进入执政思维、人文意识融入执政理念的精神得到了专家学者的关注与好评。这也是一种文化的自觉，常熟倚山而兴，因山而名，青山不能入城，常熟古城的美丽就失去了依托，历史文化名城就失去了内涵。虞山公园南扩改造使虞山的历史面貌得以还原，得到恢复，是构建人与自然和谐的力作，这是对常熟文化之根的尊重与保护，它为百万常熟市民保存了精神生活的资料，也保存了追思先辈辉煌的情感寄托，它把虞山脚下的每一处绿地、景观这些极其宝贵的公共资源让市民共享，这是人文化的体现，它关注人的需要与幸福，维护人的权利与尊严。一句话，是对常熟文化之根精心的呵护。

2. 尚湖山水文化园：丰富常熟文化之魂

尚湖，相传因殷末姜尚避纣王暴政，隐居于此而得名。

说尚湖是常熟文化之魂，不仅是因为姜尚是充满智慧的政治家，更因为是尚湖集中体现了常熟人民与自然和谐相处的不懈追求，体现了常熟文化中“厚德载物”的精神品格。

历经20多年建设，主要景点荷香洲公园和钓鱼渚公园已初具规模。荷香洲公园以园内拥有八大色系3000余株牡丹，每年举办的牡丹花会而声名远播。钓鱼渚公园以水上森林公园内的几千株池杉及芦苇、蒲草形成的生态湿地，成为100多种鸟禽的天堂，从而使游人如织。

荷香洲公园和钓鱼渚公园主要体现的是山水自然之美，但少了些人文气息。所以，2003年市委、市政府决定在荷香洲与钓鱼渚公园之间建立山水文化园，以丰富尚湖风景区的文化内涵，工程于2004年4月完工。

山水文化园内有宽阔的水域，亭台错落，掩映在绿树花草之间，最引人注目的是有华东地区最大体量的黄石假山，假山的特色景观“云崖飞瀑”，凌空飞瀑，气势雄伟、场面壮观。

园内的文化景观是其核心构建，主要有四大看点：

良渚遗踪内陈列的距今5000年历史的从尚湖良渚文化遗存中挖掘出来的陶罐及其他物品，彰显了常熟文化的渊源，这几件珍贵的文物，具有很高的考古价值，从中能窥见先民活动的痕迹与生活，对探索悠久的常熟文化具有重要的意义。

弦歌台讲述的是“弦歌之治”这一脍炙人口的典故，体现了常熟文化的无穷魅力。它说的是常熟人言偃到孔子处学习期间，到鲁国武城当武城宰，以礼乐教化当地百姓，做出了成绩。一次孔子到武城看望学生，听到处处有弦歌之声，于是微笑着对迎接他的言偃说：“割鸡焉用牛刀？”意思是治理这个小地方还用得着小题大做，以礼乐去教化百姓吗？言偃恭敬地回答说：“以前老师曾教育我，做官的学习了就会有仁爱之心，百姓学习了就容易听指挥，教育总是有用的啊！”孔子听了言偃的回答，十分满意，对随同一起来的学生说：“言偃的话是正确的，我刚才那话不过是开玩笑罢了。”身处弦歌台会使人产生无穷的遐思，这对我们今天的官员来说无疑也有极大的启迪作用。

卯林石刻展示的是虞山印派代表人物的作品，凸显了常熟文化的多姿多采：林皋的“杏花春雨江南”；王瑾的“家在乌目山下”；沈石民的“石栏斜点笔，桐叶坐题诗”；杨沂孙的“子与”；赵古泥的“烟村”，等等。这些作品或章法简繁相参，疏密处理得当，或刀法老辣，质朴雄劲，或苍润厚朴，圆劲秀丽。游人在此可以慢慢品味，以领略作品的意趣神韵。

诗赋广场两侧各有六根石柱，石柱上刻着古人咏尚湖的诗篇。正对大门，有一呈弧形的汉白玉巨型照壁，上面刻有明代邑人丁奉所撰写的《尚湖赋》，它体现了常熟文化的丰富内涵。现选明代屈冲霄的《过尚湖》与读者共赏：

船放西湖得得行，棹歌声里晚山青。

白鸥知我忘机久，几度相逢自不惊。

沉醉于青水绿水中的诗人，达到了物我两忘的境界，连白鸥也不因诗人舟楫的到来而惊扰。这是多么令人神往的境界。

赋是中国古代一种重要的文学体裁，它是以铺排华美的词藻，描绘事物，抒写情志。因大家对这一文体比较陌生，特录赋的开篇与读者共享：

巨灵以赑质之雄拳，凿鸿庞之广陆，迁极海之冥涛，襄古虞之阳麓，控吴郡于东南，襟熟城而西北。

用现代汉语来翻译就是：河神以大龟般的勇武之力，开凿混沌状态下的广阔陆地（形成了尚湖），并迁移极远处幽深大海中的波涛，围绕古代虞山南面的山麓，（尚湖）在东南方控灌吴地，在西北方怀抱常熟古城。

作者以特有的奇思妙想，交代了尚湖的形成及地理位置，气魄宏大，意境开阔，充满着浪漫主义色彩。

游人们，请你停下匆匆的脚步，细细品味这里的诗赋，你的心灵一定会宁静下来，达到心灵和谐的最高境界。

良渚遗踪、弦歌台、卵林石刻、诗赋广场把常熟文化史上的辉煌变得可读、可视、可感。文化资源一旦融入自然山水，自有其无穷的魅力。这种生态化与人文化的结合，使常熟文化资源在湖光山色中延绵不绝。它丰富了常熟文化之魂尚湖的文化内涵，从而使其从优美走向崇高。

3. 城墙重建，曾园、赵园修复：强壮常熟文化之骨

常熟是江南地区少有的山城，“十里青山半入城”的独特景观已成为常熟人心灵深处最美好的记忆。

这里说的常熟城墙是指明代中叶为抵御倭寇入侵，知县王鈇集资所筑的明城墙。在常熟城墙下，王鈇率军民进行了两次惨烈的保卫战，击退了倭寇进犯。所以，常熟城墙不仅是安全的屏障，也是常熟人民刚强不屈人格精神的象征，称其为常熟文化的骨，是名副其实的。

历经岁月的沧桑，至20世纪初，常熟的城墙已破残不堪，为安全和交通，解放后逐渐拆除，但虞山上的跨山城墙及虞山门是在“文革”期间才被全部拆除，令人痛惜不已。

1993年，常熟市委、市政府重建虞山门及两侧112米城墙，重现了虞山门的雄姿，但由于是部分恢复，所以全部重建虞山城墙成为百万市民心的呼唤。2004年，市委、市政府决定全部恢复跨山城墙及西城楼阁等景点。

工程在重建全部跨山城墙的基础上，重点恢复历史上著名的位居西门大街中心的西城楼阁景点（即阜城门），同时重建水城门，恢复山前街历史街区传统风貌，并规划设码头，以开辟水上游览线路，使之成为山水游览的结合部。在西城楼阁北侧修缮地藏殿杰阁，设计并建五岳楼，恢复大石山房景点。其入口由玉带桥、牌楼、门楼组成，形成景观序列。由于北门大街交通繁忙，重建镇海门（北门）已无可能。所以在城墙延伸到虞山公园入口处修镇海台，以展示部分城墙遗迹。

修复城墙不仅是对城墙的修复，也是对常熟文化的修复，对城市尊严的修复，是对人们保护历史遗存意识的修复，只要看到跨山城墙，那么不需要连篇累牍的文字介绍，毫无疑问，常熟就是历史文化名城，因为城墙是昭示常熟历史名城的重要载体，一个城市，就是以其文化特征在历史长河中留下印记的。

从修复历史而言，曾园、赵园的修复与城墙的修复具有同样的意义。在这两个宁静的园林中，也曾有过热血涌动、浩气充溢的岁月，只要了解了两个园林主人的历史，就能理解为什么修复曾园、赵园是强壮常熟文化之骨的内涵：它们所传达的是常熟文化精神传统中对国事关注的历史责任感。

曾园亦称虚廓园，园主为曾之撰，其子曾朴在该园内创作了中国近代文学史上有重要地位而被林纾誉为“鼓荡国民英气之书”（《译余剩语》）的小说《孽海花》。

赵园与曾园相邻，阳湖人赵烈文于同治四年（1865）到常熟买下了西门内九万圩吴氏“水壶园”的宅地，筑景点移家居住，取名“静圃”，时称赵园。民国年间，赵园卖给了常州盛氏家族，盛氏又舍予常州天宁寺，成为天宁寺下院，号“宁静莲社”。所谓下院，就是寺院在外设的类似今天办事处之类的机构。

赵园与中国近代史上的三位历史人物联系在一起，这就是赵烈文、邓廷桢、盛宣怀。

赵烈文（1832—1893），字惠甫，号能静居士，阳湖人（清雍正年间，武进县析为武进、阳湖两县），阳湖赵氏是一个文化世族，赵烈文三应乡试不售，遂绝意科举，入曾国藩幕府，尽力为之谋划，在曾国藩陷困境投水自尽时有救命之恩，清军攻克天京，赵深夜促曾制止屠城，可见其识见非同一般，故为曾所倚重，两人几乎无话不谈。同治八年（1869），曾保荐赵为直隶磁州知州，后又出任易州知州。光绪元年（1875），赵呈请开缺，息影赵园，直到去世。

赵烈文前后在赵园生活了近三十年，喜藏书，筑天放楼为其藏书之所，在中国藏书史上有一定地位。今天的常熟人，对赵烈文的认识一般仅止于此。

赵烈文夫人邓嘉祥为邓廷桢（1775—1864）之女。邓廷桢可是个了不起的人物。他在任两广总督期间，与林则徐协力整顿海防、查禁鸦片遭受诬陷，与林同被革职，充军伊犁。据历史记载，赵园前期主要由邓嘉祥及其弟邓嘉缉管理。

赵园在民国后被常州盛氏购去。常州盛氏即为盛宣怀家，盛宣怀母亲笃信佛教，在常州天宁寺内有专用佛堂，所以盛氏要把赵园舍予天宁寺。盛宣怀（1844—1916）是何等人物？他是李鸿章的经济总管，是旧中国似日本的三井三菱式人物，他身后出现了中国最早的铁路、轮船、矿山、电报、银行、大学。赵园能与这样一个历史人物攀上缘分是赵园之幸。

曾园、赵园内储存了丰富的历史文化信息，两个园林主人对国事的关注还可以从影响过中国近代史进程的一些重要历史人物如翁同龢、李鸿章、张之洞、吴大徵、张佩纶、李慈铭、杨沂孙、汪鸣銮等与他们的关系中窥见一斑：曾园东部长廊内壁上的《山庄课读图》和《勉耘先生归耕图》两部石刻与赵园亭台楼阁内的匾额就清楚地说明了这一点。

修复后的两园，既连成一体，又自成体系。它分为三个部分：东为风荷篇，集中体现虚廓园淡香清远的荷花特色景观；中为云山篇，既是中部山水景观的描写，也是对虞山、尚湖景观的写意；西为秋水篇，展现“静园”一泓清水、板桥卧波的格局，让人自然联想起《庄子·秋水篇》中濠梁观鱼的故事。

曾园、赵园当年的主人已经远去，但他们留下的历史踪迹是永恒的，这就是常熟文化的丰厚性。它的修复开放，圆了常熟人民50年的梦想。解放后，这两个园林都被单位占用，整修开放的呼声一直不绝。市委、市政府顺应民意，斥巨资对两园进行修复，这是善举，也是德政。

今天，阜城门、虞山城墙、西城楼阁已经重建，曾园、赵园已修复开放。常熟的文化精神之骨正逐渐强壮。我们应该感到欣慰，感谢这个时代。

4. 新世纪大道:疏通常熟文化之脉

琴川是常熟的别称,这是因为常熟古城内有琴川运河贯通南北,运河与西侧的七条小溪相连,状似古琴,故以琴川名主河道,名七条小溪为七弦,常熟也因此称为琴川。

琴川运河开掘于唐武德七年(624),常熟县治从南沙古城迁到原海虞县治时重修城市所开挖,这是古城区内现存最早的城市设施之一。

今天的琴川运河已成为文物,但在当时可是常熟城市的交通命脉。它北通福山塘,南接横泾塘、白茆塘、元和塘,是县治通往外河的主要交通要道,运河的开挖,把原来发源于虞山山麓东西走向的几条小河贯通了起来,之后这些小河间运输的船只再也不要绕道东城而行,这对当时经济发展起了很大的作用。

在农耕社会里,江南水乡的交通运输主要靠船只,当时的琴川运河要比现在宽得多,是常熟城市交通主动脉。今天七条小溪已湮没仅剩二条,琴川运河也丧失了运输的能力,但是仍发挥着泄水的作用。

时代在进步,社会在发展,原来的城市之脉河道早已被今天宽阔的马路所代替。

随着常熟城市化的快速推进,构建常熟城市交通"命脉工程"近两年来取得了突破性的进展,最重要的是于 2004 年建成并通车的新世纪大道。

新世纪大道是常熟城市总体规划中城区东部地区的南北向主干道,北起黄河路,经通港路与沿江高速公路相接,南至外环南路与苏嘉杭高速公路连接线相接。全长 7.1 公里,路宽 75 米,快车道为双向八车道,各宽 16 米,是常熟城市道路建设历史上最长、最宽、单项投资最大、科技含量最高的城市基础项目,它的建成给市区增添了一条重要景观大道。

作为城市景观的新世纪大道有着两大特色:

它是一条绿色的生态走廊:中央 12 米绿化分隔带,由香樟、桂花、雪松等乡土树种组团搭配种植,以体现道路丰足的绿量。金叶女贞、红花榉木、小叶女贞等多种小苗分色系种植,形成大气势的色彩变化,再配置以时令草花,烘托绿化景观,并间以组团的常绿球类植物组成高、中、低层次错落的绿化街景。行道树是合欢与银杏,合欢树型飘逸,姿态优美,尤以纤细的树叶及满树红花得到人们的喜爱。秋季银杏黄叶的渲染力是其他树种所不能比拟的。景观绿地充分考虑季相、色相变化，达到“三季有花，四季有景”的绿化效果，让市民融入休憩旅游的自然景观氛围之中。

它又是一条灯光长廊，大道两边安装了14米高的新型路灯，辅之以行道灯和养护灯，配之以南三环、青墩两条立交桥的亮化，在夜间达到了灯光灿烂、流光溢彩、美不胜收的效果。

假如说琴川运河是唐代常熟城市交通命脉的标志，它的开挖迅速使今天琴川河以西、书院街以东，北至章家角、南至周神庙弄这一块老城区在唐代成为最繁华的地段。那么，新世纪大道是今天城市交通命脉的典范，它将为大道两侧特别是新城区的崛起打下了基础，它在常熟快速推进城市化的进程中所发挥的作用将是不可估量的。琴川运河创造了常熟县当时“县庭无讼乡间富，岁岁多收常熟田”的平安与富足的神话，今天的常熟市创造了全国县(市)综合实力位居第二、全国百强县位居第五的奇迹。交通命脉与一个城市的发展，这中间有一种历史的必然。

附 4

城市现代化建设的精品

——常熟图书馆评析

建筑是一种艺术作品，它与绘画、雕塑一样，并列为“人间三大古老艺术”之一，有人还把建筑与音乐相联系，称建筑为“凝固的音乐”。而人们认识一座城市，在很大程度上首先是认识存在于这座城市中的建筑。随着我市城市化进程的加快，一座现代化中等城市变得清晰起来，欣赏评判我市的新建筑，已成为越来越多市民必须面对的课题，这既是沟通建筑与大众、建筑与社会的重要环节，也是激发市民自豪感、自信心的途径。常熟图书馆是新世纪常熟的标志性建筑，对其人文环境和艺术成就进行考察和评论，具有重要意义。

（一）

常熟是历史文化名城，文化积淀丰厚，历史上，向来以私人藏书丰富、藏书楼众多著称。明代的脉望馆、汲古阁，清代的铁琴铜剑楼，都曾在中国文化史上留下了光辉的篇章。这种历史的传承一刻也没有中断，建于 1915 年、再建于 1936 年的常熟县图书馆，至今仍保留在石梅广场和读书台西侧，即使用今天的眼光来审视，两座建筑也因其独特的建筑风格而成为历史的遗存。所以在新世纪重建一座现代化的常熟图书馆，牵动了百万常熟人民的心。

建新馆选址在老城区还是新城区，这颇使决策层踌躇。从常熟城区发展方向看，建在新区似乎是理所当然；从传承历史看，建在老区也顺理成章。

常熟图书馆

这里蕴含了太多的文化信息，引出了众多的争议，因为它涉及到如何对待城市的“母体”即城内众多的文化遗存问题。决策层并没有草率决定，而是交由专家论证。他们都是国内顶尖级的人物，其中有南京图书馆常务副馆长马宁，江苏省图书协会秘书长王学照，上海图书馆业务处处长周德明，东南大学建筑系主任、中国城市规划学会城市设计委员会副主任、博士生导师王建国，同济大学博士生导师、国家历史文化名城研究中心主任、全国历史文化保护专家委员会会员、历史文化名城学术委员会副主任阮仪山等。两个系统的专家通过实地考察，反复论证，得出了相同的结论：图书馆选址新区文化片区少妥，因为新区离老城区较远，形成有个过程，在短期内难以形成旺的人气，而且新区缺少历史文化背景依据，作为历史文化名城，很难体现文化创新。以后在新区形成规模时，可建分馆来满足读者的要求。图书馆建筑在老城区较为合适，比较而言，石梅广场二期工程地块内最为理想：该地块周围人口集中，东与常熟最繁华的商业街衔接，人流量大，标志性突出，能很好地传承历史文化，历史上常熟的游文书院和近代建的两处图书馆均在此附近，原因也在此。此地东西南北延伸，有十多个历史文化景点，如博物馆、翁同龢纪念馆、虞山大戏院、老县场文化广场、文化馆、读书台、曾园、赵园、燕园、方塔公园、言子墓、仲雍墓及山南古墓群。这些文化遗迹，是常熟文化的起点，也是常熟的文脉，是一种无法再生的文化资源，是一座没有围墙的博物馆。这里的自然景观也相当丰富，虞山景区的主要景点如辛峰亭、虞山门、维摩山庄、剑门景区在近旁。至于会不会影响正在进行的“亮山工程”，专家们认为，只要设计得当，控制层高，风格上注重民族化，即可解决这一敏感的难题。如果设计上有突破，可以成为极具创意的文化精品。这样，即可拓展市民广场的休闲功能，又能为读者创造一个优美的读书环境，真正体现“以人为本”的理念。

还有两处选址也为专家们所排除。一是海虞桥边原农工汽车站。专家们认为，此处为交通要道，噪音大，此为图书馆选址之大忌，而且周围原有建筑与图书馆功能难以分清，在建筑风格上难以形成图书馆的标志性形象。二是雅兰饭店和虞山大戏院之间。此处的优点与石梅广场二期地块相同，缺点是院门面北，且要后退，作为标志性工程的设计有难度，而且拆迁量大，存在近期实施是否可行的问题。

专家们的论证，送到了决策层的面前，经过广泛征求意见，反复协商协调，反复评估比较，最后决定，常熟图书馆新址选在石梅广场二期工程地块。这是科学决策、民主决策的结果，体现了决策层科学执政、民主执政、依法执政的自觉。这将会载入常熟文化历史，它在常熟的城市建设中具有标本意义，它说明我们已能够理性地认识新城市发展的支撑力量是它特有的文化底蕴和历史积淀。常熟图书馆的成功是从这里起步的。

（二）

常熟图书馆占地 9000 平方米，建筑面积 11000 平方米，全部投入达 1 个多亿。整座建筑结构合理、功能齐全，设有图书借阅室、报刊阅览室、多媒体阅览室、少儿借阅室、古籍阅览室、参考阅览室，还有讲座会展中心、教育培训中心、信息咨询中心、采编辅导中心等 10 个服务窗口。馆内藏书 73 万册，其中古籍 20 多万册，开架借阅的图书有 20 万册，报刊 1300 多种，设置阅览室座位 980 个。计算机信息点有 650 个，电脑 200 台，因特网接入速度为

100M，局域网主干1000M，桌面到达100M，高速的数据传输能力使网络高速公路四通八达。图书馆具有文化教育中心、文献收藏中心、公共信息导航中心、信息加工中心、对外文化交流中心五大功能。仅开馆以后的半年时间里，就接待了120多批来客，其中有国家领导人、省市各级领导、专家学者、外国客人，每天接待读者近千人，成为社会关注的热点，新闻宣传的亮点，各级领导参观考察的重点和常熟文化事业发展的新起点。常熟图书馆已成为常熟城市新建筑中最生动、最有吸引力的一部分，是名副其实的标志性建筑。

常熟图书馆由清华大学建筑设计馆设计，整座建筑以粉墙黛瓦为基色调，由多个不同体量的建筑单体通过廊桥沟通，组合成一个高低错落有致、空间变化丰富的建筑群体。在建筑艺术上，以爱人、宜人、育人为目的，尽管还不能说达到了尽善尽美，但这种追求和努力所取得的成功是有目共睹的，达到了很高的境界。其成功之处在于：借山以呈大气，引水以显空灵，饰物以彰古韵。

所谓借山以呈大气，就是设计者正确地把握了建筑与山的关系，“十里青山半入城”是常熟旧城的格局，虞山这一自然景观作为一种文化符号已深深地印在市民心中，所以能否处理好与山的关系，是整座建筑成败的关键，也是考察这座建筑艺术的钥匙。设计者通过把建筑总体高度控制在1915年建的常熟县图书馆相近的幅度，在方位上，与博物馆拉开一定的距离，并尽量西退，这样使虞山从图书馆南立面、东南面和主入口的后方上空以及北部的间隔处亮出来。建筑的北部与山相伴，西部开门见山，既符合“十里青山半入城”的原有景观效果，又符合美景不能一览无余的审美原则，青山因其更加妩媚，其因青山而显庄重。在图书馆的内部设计上，设计了多处上人屋顶及观景平台，以供登临观山之用。人站在观景平台上，凝望虞山，顿有融入自然，天人合一之感，此中妙处，难于言表，所谓“登斯楼也，把酒临风，其喜洋洋也”。同时，为保留10多棵古树银杏，图书馆内特地设计了一个庭园供其生长。在图书馆的西北面，还设计了大面积的玻璃长窗，这种通透手法，处处借景入室，人在室内，恍若山林。

所谓引水以显空灵，是指设计者根据图书馆附近无水的实际而采用引水的方法，使建筑达到了依山傍水、宛若天开的艺术效果。在传统建筑中，山的庄重与水的灵动向来是结合在一起的，以此可达到刚柔相济的效果。

在这里,水是创造图书馆建筑形象的重要元素,《论语》有“仁者乐山,知者乐水”之说,所以不管是仁者还是智者,在此都能得到乐趣。设计者在图书馆的东南两侧外围,设计了一个呈“L”形的大面积水池,池水清澈见底,蓝天、白云倒映池中,有“半亩方塘一鉴开,天光云影共徘徊”之趣。内广场两侧,各设计了一条水渠,水贵有源,由水渠顶端,又各设计了一口石井,水从井中喷涌而出。整个水道,分几个坡度的落差向馆前水池奔涌,此地有“问渠哪得清如许,为有源头活水来”之意。馆内又设计了一个水庭园,前方有用不锈钢制成的翻开书本,读者伫立于此,能深切感受到“知识海洋”之浩瀚。图书馆南部,设计有一个长方形的水池,通向 1915 年建成的常熟县图书馆,行走于此,常熟文化源远流长之感油然而生。设计者把水引入图书馆,折射出常熟人开拓创新的精神风貌和强大的亲和力,成为图书馆中引人注目的一个亮点。

所谓饰物以彰古韵,就是为使图书馆的钢筋混凝土建筑体现出江南园林建筑的特色。设计者把新型建材融入建筑的景观之中,使整座建筑与整个外环境相协调。图书馆使用的铝合金门窗,全部采用黛色调,这种色调似黑而又不黑,似灰而又不灰,远观似木质油漆件,精致素雅,同时在外墙采用不同型号黛色钢架作为装饰物,通体有一种古色古香的古建筑韵味。在主入口,用钢结构排列组合成近似古代的牌楼,给人以一种历史的凝重感。进入券洞门,入内广场,只见正厅外侧钢构架组成的隔栅连片通脊,状似细瓦建成的坡屋顶,处理手法虚实相间,独具匠心。主入口南侧主楼东、南两立面,采用疏朗的黛色钢架装饰,线条流畅,有效地解决了建筑物的单调,起到极强的装饰效果。而在主楼北侧的附楼,则采用细密的黛色钢质线条装饰,与西侧外围窗户上黛色百叶窗相对应,疏朗与细密形成了鲜明的对比,给人留下强烈的视觉冲击。图书馆内,采用钢构架建了很多源于园林造型的长廊。有的顶部以钢板和磨砂玻璃相间,形成暗黑与半透明对比的视觉效果;有的钢构架一侧上方横贯宽阔的钢架玻璃长廊,上过屋顶连接天空,下延单廊临近水池;有的钢构架仅是个走廊的造型,可以直观天空。所有这些,都形成了特殊的空间景观效果。这种用新的建筑材料建成的装饰,起了画龙点睛作用,使整座建筑散发出一种中国古典园林建筑特有的韵味。

常熟图书馆屹立在百万常熟人民的面前，我们为它而自豪，而这种自豪感不仅仅是来自于建筑本身所具有的风情魅力的灵气，更来自于常熟历史文化的底气，更重要的是来自于经济活力的人气——1个亿的投入，没有强大的经济实力的支撑是不可想象的。

我们期待有更多的建筑精品出现在市民面前。

附 5

从常熟传统文化中寻找构建和谐社会的资源

“和谐”是中国传统文化的重要特征和宝贵遗产。常熟文化在漫长的历史发展进程中，同样也积淀了丰富的具有地域特色的和谐文化，这些和谐文化的背景和思想根基，越来越凸现出积极的现代价值。在构建和谐常熟的过程中，充分吸收和运用常熟和谐文化资源，具有重要的理论意义和实践意义。

清权祠

今天，当我们惊叹工业化所迅速创造的巨大财富时，应深怀忧患意识，看到这背后所带来的一系列社会问题：人们正在逐渐失落人性的自然，浮躁、焦虑、不安成为普遍的社会心态；人与人之间关系冷漠、疏离、相互防范，缺少信任与温情；人与自然对抗与分离，空气污染、水质恶化，等等。所以，构建社会主义和谐社会在现代化进程中具有拨乱反正的意义。现代社会所推崇的是人与自然的和谐、人与人之间的和谐、人内心世界的和谐，走向现代化的常熟人民应当为实现这三大和谐而努力。而其中一个重要工作是要认真审视和梳理常熟传统文化中和谐文化资源并赋予其时代意义，使之发扬广大。常熟和谐文化资源主要体现在三个方面：以尚湖、虞山为标志的湖山文化，在仲雍身上所体现的“贵和”文化及言子所实践的弦歌文化。

一、以尚湖、虞山为标志的湖山文化为人与自然和谐提供了客观条件

“世上湖山，天下常熟”，汪道涵先生这两句对常熟山水的题词，是在尚湖和虞山之间建立起的一座丰碑，在千年历史上为常熟题山赋水的作品中，没有人在同样地点能够跨越过他，这是因为这八个字无疑已占尽了常熟的湖山风光，从而使后人无从措手。但我们对这两句题词所蕴涵的文化含量的认识，还远远没有达到应有的高度：它不仅是对常熟优美自然景观的描写，更是对常熟人民对人与自然和谐追求的一种赞许。

在人与自然的关系上，中国传统文化主张“天人合一”，认为人类发展只有合理地利用自然界，与自然界保持和谐，才能维持和发展人类所创造的文明。而在尚湖和虞山身上充分体现了常熟传统文化中所追求的极为丰富的人与自然和谐相处的文化自觉。我们的先民对尚湖与虞山有着一种特殊的感情。常熟历史上有那么多数不胜数的以尚湖、虞山作为描摹对象的诗、词、文、画就是证明，这些文学艺术作品至今仍有鲜活的生命力。所以，把这种文化资源称为湖山文化。

先讲湖文化。确切地讲，湖文化就是水文化（为对应“世上湖山”的湖而称为湖文化）。水包括江水、河水、湖水。丰富的水资源给常熟人民带来的无穷的福泽，也给常熟文化的产生与发展带来了巨大的推动力。

一是江水。万里长江流经常熟北境，千万年来不仅造就出了常熟这块土地，而且还造就了这块土地上的灿烂文化。从南朝梁代开始，沿江就建二十四浦，通潮汐、资灌溉。唐以后，各浦置闸，随潮启闭，拒浑蓄清，并形成了较为完善的管理制度，打下了人水和谐的基础。

二是河水。常熟境内的河道北接长江、南通太湖，以常熟城为中心，向四周放射扩散。这些稠密的河道既把长江之水源源不断地送到常熟的每个角落，又把洪涝迅速排入长江，从而浇灌出了常熟农业的丰收。从西汉时开挖盐铁塘到宋代范仲淹主持疏浚白茆塘，从唐代疏浚元和塘到当代开挖望虞河与张家港，等等。可以说，一部常熟文化发展史，就是一部治水史。历代常熟人民治水的设想、方法、态度、精神乃至业绩都成为常熟文化传统中的有机组成部分而世代相传。常熟人民懂得，水利不仅是常熟农业的生命，而且还是常熟经济繁荣、文化兴盛的基本保证。

常熟人民的治水过程，就是追求人与自然和谐相处的过程。常熟之名是与水相联系在一起的，有的说因为"土壤膏沃，岁无水旱"，有的说得更具体："原隰异址，虽大水大旱，不能概之为灾，则岁得常稔。"常熟之名本身就蕴涵了人与自然和谐相处之意。

三是湖水。常熟的湖泊众多，其中尚湖水最美，它湖面宽广，烟波浩渺，湖水清澈见底，倒映虞山的黛影，湖光山色交相辉映，湖旁稻田千顷，村落散布，是一幅绝妙的天然画卷，它是常熟优美自然景观的典型代表，尚湖是常熟人民发现美和创造美的产物，也是千百年来常熟文化的结晶。湖甸烟雨、湖桥串月皆为虞山著名景观。相传元代画家黄公望日坐桥上，把酒看山，随笔模记，所画山水，皆为传世神品。它不仅典型地表现出常熟的山水风光之美，而且还集中地体现出常熟文化的特色之美。尚湖的文化意义还在于：它使常熟人民更懂得了人与自然和谐相处的道理。"文革"期间的围湖造田，不仅将秀丽的风景毁坏殆尽，还减少了蓄水面积，破坏了生态平衡。1985年，退田还湖，使生态得到了平衡。这一历史过程，使常熟人民更领悟到了人不能用征服的心态对待自然，而是要热爱它，平等地对待它。

三是山文化。常熟境内有虞山、顾山、福山等，其中以虞山对常熟文化的形成与发展影响最大，所以它已成为常熟的别称和常熟文化的标志，比如常熟又叫虞乡、海虞等，常熟的一些文学艺术流派也往往以虞山命名，如虞山诗派、虞山琴派、虞山画派等。虞山是常熟山林之美的杰作，它有不对称的两坡，形成了不同的山林景观。向阳的西南坡较陡，以奇石苍崖著称，登高望远，有“烟岚高旷”的舒畅之感；东北坡平缓，多幽深溪涧、桃源，破龙、秦坡诸涧掩映在茂密的松树之中，远闻泉声，近看溪流，颇能得山林清幽之气。

虞山积淀了丰富的历史文化内涵，可以毫不夸张地说，一部虞山史就是一部常熟文化史。就传统景观而言，有辛峰夕照、书台积雪、西城楼阁、普仁秋爽、桃源春霁、维摩旭日、拂水晴岩、剑门奇石、破山春晓、秦坡瀑布等，这些既是自然景观，又是人文景观，渗透着历代常熟人民对家乡美景的挚爱之情，也反映出常熟人民的审美风尚与情趣，常熟人民的智慧深深地渗透在这些景观的发现和完善之中，这对常熟文化特别是常熟文学艺术的发展兴盛产生了巨大的感发作用，它所折射出的是常熟人民对人与自然和谐的诚挚努力与追求。

与尚湖一样，虞山森林植被也经历了一个从破坏到恢复保护的过程。20 世纪 30 年代前，虞山上林木茂盛，三峰有大片松林，号称万松林，山南牛角湾有近万株枫香树，形成了著名的“吾谷枫林”景点，宝岩有杨梅林，兴福有板栗林、桂花林及大片马尾松林，等等。由于战争的破坏及对自然资源过度的开采，虞山森林植被破坏殆尽。新中国成立之后，经过几十年的不懈努力，虞山森林植被才得以恢复。1987 年国家林业部批准成立国家森林公园，虞山成为一座融山水林石为一体的极富艺术美感的自然山林，它典型地表现出当代常熟人民创造和谐优美自然环境的自觉意识。从某种意义上说，人与自然和谐的理念，只有在曲折的发展中，才能提升为文化自觉。

湖山文化是常熟文化精神传统中强调保持人与自然和谐相处核心价值观的体现。今天的常熟人，更深刻地认识到了湖山文化的价值，在生态城市建设中的“显山”、“净水”工程是对历史留下的宝贵文化遗产的传承，国家园林城市、全国绿化模范城市、国际花园城市等荣誉的获得就是一个例证，这一文化资源在构建社会主义和谐社会中发挥的作用是不可替代的。

二、仲雍身上所体现的“贵和”文化为人际关系的和谐提供了榜样作用

人与人之间关系的和谐是和谐社会的基本内容。中国传统文化在人与人之间关系上，提倡宽和相处，信奉和为贵、泛爱众，以追求形成和谐的人际关系。孔子的核心价值是“仁”，仁即爱人，其内涵为“忠恕”两字。“忠”就是“己欲立而立人，己欲达而达人”，用今天的话来说就是：自己想要立足社会也要帮助别人立足社会，自己想要成就一番事业，也要帮助别人成就一番事业。“恕”就是宽容，“己所不欲，勿施于人”，用今天的话来讲，就是自己不想要的东西就不要强加给别人。反对把自己不愿意接受的事情强加于人，它所提倡的是一种人与人之间相互理解、相互宽容、成人之美而不成人之恶的精神，提倡遇到事情要替别人着想。

仲雍所处的时代虽然要比孔子早得多，但他身上所反映的正是后来儒家所提倡的“仁”。他在处理与父亲、弟弟关系时所体现的“贵和”思想，是人与人关系的行为准则。

仲雍是商代末年周族领袖古公亶父即周太王的第二个儿子。周太王是领导周部族走向强盛的重要历史人物，在这过程中，出现了长子泰伯、次子仲雍让国于三子季历的千古佳话。《史记·吴太伯世家》记载：“吴太伯（按：即泰伯）、太伯弟仲雍皆周太王之子，而王季历之兄也。季历贤，而有圣子昌，太王欲立季历以及昌，于是太伯、仲雍二人乃奔荆蛮。文身断发，示不可用，以避季历。”周太王欲传位于幼子季历，这显然是不符合传统的传位于长子的原则。但在这种情况下，仲雍不仅无意于争权，而且能主动地避走他乡，并文身断发，示不可用，以明心志。我们知道，进入阶级社会后，权位的继承充满着刀光剑影、腥风血雨，历史上就有“烛光斧影，千古之谜”的宫廷秘史。所以泰伯、仲雍这种对权位的淡泊与谦让的美德，当然得到吴地土著居民的崇敬，特别是泰伯、仲雍流徙吴地后不摆大国公子的架子，入乡随俗，尊重人民，以德服众，得到了吴人的信赖和爱戴，他们这种“贵和”思想，在仲雍墓坊的楹联、匾额上得到了充分的反映。匾额有“清权坊”、“南国友恭”、“让国同心”；楹联有“一时逊国难为弟，千载名山还属虞”、“道中清权垂百

世,行侔夷惠表千秋”(此联的意思是:道德高尚,持清廉,弃权贵,因而名垂百世;高风亮节足以与古代逸士贤人夷逸、柳下惠相提并论)。这中间的“清权”、“友恭”、“同心”、“逊国”等都表现出一种友善、淡泊、礼让的和谐精神,这为常熟文化的发展开启了良好的传统,为历代常熟人树立了崇高的榜样,常熟人的性格比较平和,大概与之不无关系。

在中国传统文化中,有许多关于“和为贵”、“和气生财”、“家和万事兴”的思想和语言,它所追求的是重视建立融通的人际关系、有序的社会关系、和谐的社会关系,仲雍以自己的行为实践了这种思想。

常熟传统文化中的和谐文化资源,是一座需要不断开掘的精神宝库,人伦道德思想中的孝道就是强调建立和谐的人际关系的一个重要内容,值得我们重视。

所谓“孝”,就是“善事父母”,我国有“百德孝为先”的说法。今天,我们对孝的认识,不仅仅是孝亲敬老,还要与人为善,这是法治社会约定俗成的行为准则。在常熟的历史上,有很多孝子故事。据《常熟地方小掌故》载:“世俗二十四孝,常熟占有三人,均居东乡梅李,即扇枕温衾的黄香,哭竹生笋的孟宗,刻木事亲的丁兰。黄香墓在梅李,城内观弄有崇孝坊,是她后裔黄谦斋所建。梅李有竹村,相传即孟宗哭竹处,因又名孟村,后读‘孟’为‘问’,也有作‘文’或‘门’。丁兰墓在梅李镇北,据传昔时锄地曾发现小木人,即丁兰所刻。清同治十年(1871)重修梅李孟宗堂。又光绪十一年(1885)重建梅李北约三公里丁兰堂。”又据《唐市志》载:在唐市十景中,有“市泽孝迹”一景,讲的是南宋代乾道年间孝子周容的故事:“容幼时,父病,割股肉作羹以进,不愈,号泣于天,天降秋雪,父啮之而疗。母瞽目,容舐之复明。父早丧,事母惟勤,容尝为县从事,有事于顶山,得美粟归附奉母,妻易以它粟,于是诟遣其妻。”假如我们剔除这些故事中的迷信、愚昧、落后的封建糟粕,就能认识到其中的积极意义。任何人一生下来首先遇到的是家庭中的父母兄弟,处于亲人的爱抚之中,并逐渐萌生对亲人深深的依恋和敬爱,因此,家庭中的亲情是人最早形成的爱心。后来,儒家也以“亲亲敬长”作为“仁”的基本含义。一个人离开了亲情之爱,仁者爱人就成为无根之萍、无本之木。亲情之爱孕育了对他人的爱心,爱人就是爱亲之情的外展与扩充,即所谓的“老吾老以及人之老,幼吾幼以及人之幼”。可见,仁者爱人作为处理人际关系的一般原则,又不限于宗法血缘道德的范畴,而是要求人们以仁爱之心对待一切人,由家庭扩展到社会,建立人与人之间相亲相爱的和谐的人际关系。

当然,我们今天在运用“孝道”这一传统文化资源时,不能把古代孝子故事简单地照搬过来,今古之孝最大的区别在于今天父母子女之间的关系是平等的,因此在教育中应更多地遵从孝的伦理精神本质:爱、敬、忠、顺。把孝作为德之本,作为人情陶冶、道德升华的最基本手段。

再有常熟传统文化中独具地方特色的地方民俗,同样是建立和谐人际关系的重要内容。

民俗是一个民族或一个社会群体在长期的共同生产实践和社会生活中逐渐形成并世代相传的一种风尚、习俗,是一种较为稳定的文化现象,如元宵、清明、端午、中秋、重阳、春节等传统节日,对培养爱国爱乡的情感,维系中华民族的团结和睦,具有不可低估的作用。

春节民俗中所体现的家庭、亲情观念,元宵民俗中所表现的迎春祈福愿望,清明民俗中所体现的对先辈追思的情怀,端午民俗中所体现的爱国主义精神,中秋民俗中所体现的对亲朋好友团圆的祝愿与追求,重阳民俗中所体现的尊老意识,等等。这是常熟文化中最具凝聚力和生命力的部分,它已深深地融进常熟人民的情感、思想、道德之中。我们应注重发掘其中蕴含的和谐精神资源,提升其文化内涵,同时赋予时代精神,使其成为构建和谐人际关系的精神纽带。

无论是仲雍的“贵和”思想还是孝子孝道或传统节庆民俗等,都为我们提供了极其丰富的人际和谐的文化资源,我们应挖掘、研究、继承,使人与人之间的关系逐渐形成高层次的、文明健康的和谐文化品格。

三、言子所身体力行的弦歌教化为人内心世界的和谐提供了实践途径

和谐最核心的是要追求人内心世界的和谐。如今的世界,有太多的诱惑和纠葛,因而给人带来太多的烦恼与焦虑。要保持平和恬淡的心态,艺术的教化是不可忽视的,而常熟文化中言子弦歌教化的故事或许为我们找到

了历史的依据。

言子青年时代从常熟到鲁国学习。据《论语》《礼记》等书记载，言子学习十分勤奋，遇到疑难问题常向孔子请教，孔子对这位来自江南的弟子十分满意，曾多次向他描绘心目中理想社会（从大顺境界到小康社会，从小康社会到大同世界）的美景。言子学成后在鲁国当武城宰，他遵循师训，以礼乐教化人民，很有成效。一次，孔子来到武城，听到处处有弦歌之声，于是微笑着对前来迎接他的言子说："割鸡焉用牛刀？"意思是治理这么小的地方还用得着推广礼乐教化人民吗？言子恭敬地回答："昔者偃闻诸夫子曰：'君子学道则爱人，小人学道则使人。'"意思是说用老师处学到的礼乐（道）来教化人民，就感到得心应手。言子的回答，使孔子十分满意。他对身边的学生说，言子的话是对的，我刚才那话不过是开个玩笑罢了，这就是历史著名的弦歌之治，历代的统治者都十分重视弦歌教化的作用。言子回到家乡后，他把北方发达的文化带回江南，为常熟文化及吴文化的繁荣作出了巨大的贡献。

言子的弦歌教化，给常熟带来了深远的影响。明代桑琳有诗云："七水泠泠彻底清，听来谁解此中情。也知不作寻常调，写出洋洋政治声。"辨析诗意，非常清楚，常熟之所以用琴川作别名，蕴含着"弦歌教化"的深刻内涵。音乐能使人雅，使人的心灵保持宁静平和。所以，弦歌教化向来为人所重视。

常熟传统文化中有丰富的弦歌教化资源，高雅者如古琴，通俗者如白茆山歌。

高雅文化的代表古琴在常熟历史上形成流派，名虞山琴派，它与中州派、峨嵋派、武陵派、广陵派并列为明代五大流派。古琴在古代知识分子心目中具有重要的地位，读书人皆以操琴为高雅的风尚，认为它可以理性导情，使人思无淫邪，这就是所谓的"君子无故不撤琴瑟"。所以《释文》释"琴"为："琴者，禁也，所以以禁止淫邪正人心也。"琴作为一种高雅艺术，其在弦歌教化中的作用是勿庸置疑的。虞山琴派在艺术上的特点是清、微、淡、远，创始人严澂在《琴谱汇序》中说："予每静而听之，辄怡然忘倦，自以为游世羲皇。"可见，操琴的过程，就是心灵得到宁静、净化的过程。历经几百年的虞山琴派，至今仍传人不绝，被联合国列为世界非物质文化遗产。

通俗文化的代表白茆山歌具有群众性、普及性的特点，在白茆无论男女老少，都有即兴咏唱的风气。山歌的形式和内容也极为丰富，有劳动歌、古人名歌、地名歌、物名歌、节令歌、爱情歌、摇船歌、仪式歌、佛偈歌以及叙事长歌等，它细腻而生动地反映了白茆人民社会生活的各个侧面，是吴歌的重要一脉，山歌手多次被选调去外地交流、演出，多次到南京、北京参加重要演出并获奖。以白茆山歌为代表的常熟山歌举世瞩目，国内外许多著名大学和研究机构、联合国科教文组织以及荷兰、日本等国的民俗民间文艺研究者先后到白茆实地考察采风，白茆由此而成为全国的山歌之乡。

唱山歌能生动反映人民的心愿和理想，忧愁时可以解愁，痛苦时可以宣泄内心的郁闷，高兴时可以释放心中的喜悦之情，它能给人以美的享受和心智启迪，是一帖保持人的内心平衡和心灵和谐的良药。试想当一个人忘情地唱山歌，一人唱来众人和，这种情境是多么的和谐。明代中叶，邑内诗人沈海的一首《四野农歌》，对此有极为生动的描写："烟雨冥蒙昼景昏，农歌四野竞纷纷。东村群唱西村和，南陇余音北陇闻。麦秀新腔良有节，竹枝遗调本无文。不知帝力吾何有，击壤声中又夕曛。"从这幅和谐的社会生产、生活场景中，我们听到了农民发自心灵深处浸润着泥土芬芳的和谐之音。

以通俗文化而言，在传统的民间文艺活动形式中能找到很多和谐文化资源，如曲社、季节性的游艺活动等。

曲社是音乐和戏曲爱好者组织的业余团体，他们往往在大众娱乐场合演出，或参加家庭的喜庆堂会。近代常熟有很多这种民间曲社，如历史存在近百年的主要在城内活动的和社、咏霓社，还有张桥曲社、咏和社等。这种民间艺术团体至今还是文脉相续，如王庄兰花艺术团。王庄是苏南锡剧的发源地之一，男女老少都喜爱锡剧，艺术团的成员都是戏剧爱好者，他们平时各有工作，一有任务，就不计报酬，参加演出。20 多年来，所演出的内容有公德伦理，有情法警世，有民俗风韵，弦歌教化潜移默化，被人们誉为"一股和谐文明引力"。

季节性的游艺活动主要有踩高跷、荡湖船、清客串、走马灯、甩担会、浒浦花鼓、掉龙灯、龙舟赛、打莲湘等。这种文艺形式，有广泛的群众基础，为群众所喜闻乐见。弦歌教化离不开这些有效的载体，我们应进行发掘、整理、推广和传承，发挥其应有的作用。

除此以外，今天盛行的广场文艺也是不可忽视的和谐文化资源，这是一种亲和力极强的弦歌教化形式。古城区石梅广场是集中展示广场文艺的窗口,在这片富有诗意的广场上,形成了月月有演出,五一、夏季纳凉、国庆、元旦、春节五大板块天天演出的盛况,它已成为城市的一景。最为可贵的是群众自发性的自娱自乐活动,每天晚上,上千男女老少在广场自发地进行街舞表演,场面之宏大、气氛之热烈令人感动。每天早上,市民又自发地聚集在广场上,或扭秧歌,或表演木兰拳、木兰扇。他(她)们穿着传统的服装,神情专注,完成动作从容安静而自信,从他(她)们的神态中,可以读出几千年常熟风土人情所发育的文化尊严,从中可以领悟到人生的真谛,从而营造出内宇宙的无垠,并且保持这方空间的纯洁淳朴和清真无瑕。你会不由地惊叹,其间所体现的是常熟人内心的平衡:能吞吐万物,能容纳百川,能与恒久的宇宙之太和之气相贯通。这就是和谐的最高境界:人心灵的和谐。我们要认识到这是健身,也是文艺,更是和谐文化资源。使其发扬广大,是历史的责任。

作为传统文化组织部分的地域文化,在建设和谐社会中具有重要作用。地域文化是贴近群众的文化,和大众有着天然的联系,容易为百姓所接受。因此,深入挖掘地域文化中有价值的和谐文化资源,对构建和谐常熟具有重要的意义。

但是,我们也应该看到,“文化大革命”的破坏,造成了旧的已破新的未立的青黄不接状况。历史的经验告诉我们,一个地方的文化是无数代人的智慧的沉淀和结晶,这样的智慧是任何一代人所不能企及的。经历了一次又一次反传统浪潮,我们与先人的文化联系已经很远很远,祖先在漫长的历史中所形成的信仰、规则、价值等,已经在当代人心中淡化了,我们对此应该引起警觉。

2003 年 12 月 10 日,温家宝总理在美国哈佛大学演讲中说:“中华民族的祖先曾追求这样一种境界:‘为天地立心,为生民立命,为往圣继绝学,为万世开太平’。今天人类正处在社会急剧大变动时代,回溯源头,传承命脉,相互学习,开拓创新,是世界各国弘扬本民族优秀文化的明智之举。”这段话说明了对民族文化也包括地域文化传承的要义。回溯源头,传承命脉,弘扬民族的、地域的优秀文化传统,这正是我们在构建社会主义和谐社会中应下力气要做的事,我们应该为此而努力。

附 6

常熟历史中的廉政文化资源

廉政是治国安邦的主题,是为政理民的光明正道,是古往今来政治清明的重要内容,也是历代政治家、思想家的崇高理想,它在中国传统文化中具有极其重要的地位。在常熟历史上,清官廉吏不绝如缕,这是历史积淀下来的文化资源,是一笔宝贵的精神财富。挖掘、研究、总结常熟历史上清官廉吏的廉政思想和实践,对于今天的廉政文化建设具有极其重要的借鉴意义。

廉政,可以从三个层面来认识:一是为官清廉,不以权谋私,不贪污受贿;二是为官既廉政又勤政,尽心尽力为百姓办实事、谋利益;三是当为官与为民的责任发生冲突时,能够出于公心,不顾个人安危得失,坚持正义。本文从这三个层面对常熟历史上的清官廉吏进行考察,从而使今天的官员从先人的崇高品德中得到启迪,获得教益,加强廉洁从政的自觉性,形成积极健康的廉政文化氛围。

一、廉洁为官,自律"慎独"

清廉是廉政文化的核心价值观。

说到为官清廉,首先要提到鱼侃,因为其在常熟有"第一清官"之誉。

鱼侃,明永乐二十二年(1424)进士,官至开封府知府。他耿直刚正,不徇私情,不受请托,时人比之"包青天"。他弃官回常熟时,只有一只竹箱,箱内除日用杂物外仅有为官期间从俸禄中节省下来的白银八两。回家后,他见学宫内缺香炉与花瓶,即以这仅有的八两白银铸成香炉与花瓶献给学宫

常熟法治文化街

使用。他平时过着清贫俭朴的生活，雨天屋漏、寒冬被褥单薄，甚至连米饭也吃不上，只能以麦粞粥充饥，家里人为此时有怨言。他生病卧床，不能下地，妻子端上麦粥时还不忘揶揄一句："清官，麦粥在此。"把碗放在床边就走。由于家中贫困，请不起仆人，连扶持他下床的人也没有，鱼侃只能请人在床的上方悬挂绳索两根，拉起绳索坐起来吃麦粥，吃完后再拉住绳索躺下。鱼侃逝世时，连一身像样的衣服也没有，仅以一身葛布做的衣服入殓。

鱼侃廉洁从政，当时就广为流传。所以，在崇祯丙子年（1637），巡按路振飞到常熟，亲自到鱼侃墓前致祭并书墓碑，上书"第一清官鱼公墓"，还为之立墓门，邑内有资格立墓门的仅有仲雍与言偃两位先贤，可见鱼侃在当时官员心中的地位。

像鱼侃这样的官员，其地位用今天的眼光来看，已是地厅级高级干部，其弃官后清贫的状况实属少见。其他从知府位上退休的官员，大都在任时中饱私囊，回乡时钱财物品可车载船运，所谓的"三年清知府，十万雪花银"说的就是这种情况。他们脱离风波险恶的宦海官场后，用在任时搜刮的民脂民膏，大兴土木，修筑府第及私家园林，然后优游林下，赏花品曲，安度晚年。两者比较，就更显出鱼侃的人品德行，所以他得到了后人永久的纪念，历代县志为之立传。

与鱼侃同时期的清官还有钱昕，钱为明正统十年(1445)进士，20 岁就擢为御史，其为官清正，闻名上下。他巡按浙江时，见有个朝廷功臣所用的家奴仗势横行乡里，无恶不作。钱昕不畏权势，秉公执法，将恶奴杖毙。百姓为此欢呼称快，誉其为“钱青天”。出任荆州太守后，清廉勤政，造福百姓，荆州百姓感其恩德，希望他能长知荆州，遂编民谣一首表达心声：“荆州太守苏州士，千里家家知姓氏。太守衣，苏州绮，太守食，苏州米；荆民食饱荆州米，荆州衣被荆民体。安我父母，育我妻子，女织男耕乐生理。不愿太守一品贵，只愿太守千百岁。”一个知府能使百姓吃饱穿暖，过上安稳的生活，这要付出多大的努力。所以，荆州的百姓都知道太守的姓名并殷切挽留：不希望太守贵为一品高官，只希望太守常知荆州。百姓用自己的心声所表达的朴实愿望令人感动。

钱昕与鱼侃是同时期的常熟籍官员，而且都有清廉之声，钱昕出身富庶之户，鱼侃出身贫寒之家，所以在常熟的民间有“富不爱钱钱昕，贫不爱钱鱼侃”的赞语流传。

像鱼侃、钱昕这样的清官，在常熟历史上还有许多，如虞山琴派创始人严徵，他官至福建邵武知府，为表达自己为官清廉的决心，到任时，专门到邵武府城隍庙神像前起誓：“我决不带邵武一分钱回家，请神灵明察。”这一行动，类似今天的廉政宣誓——但这是在神灵前起誓，这需要多大的勇气，真可谓惊天地、泣鬼神。

严徵在任上办案清廉，礼物一概拒收。只有一项百姓送上的茶果银(大约是茶叶水果费)，因为此习俗相沿已久，难以拒绝，为不拂百姓好意，他只能收下。严徵把这笔钱专门存放起来，在离职回家途中经过苏州，郑重地把这笔钱交给随行人员，说：“我以前与城隍神灵有约，不带邵武一分钱回家，现在把这笔钱用来修缮州塘上的桥梁。”回家后，择日开工，自苏州齐门到常熟南门州塘(今称周塘)上所有损坏、倒塌的桥梁全部得到修复，造福了当地百姓。

廉洁要靠自律，严徵这种严于律己的“慎独”精神实为难能可贵，贵就贵在他为官清廉，毫不苟取；贵就贵在他洁身自好，表里如一。

二、体察民情，造福百姓

管子在《富国篇》中说："凡治国之道，必先富民。民富易治也，民贫则难治也。"一个清正廉洁的官员，他必然会殚精竭虑地发展当地经济，以致富百姓。在常熟历史上的清官廉吏中，周礦与徐福礼、耿桔就是代表人物。

周礦，常熟人，清代嘉庆十一年（1806）任甘肃丹噶尔主薄，以军功历任高台、皋兰县令，洮州同知，升甘州、平凉知府。他在高台任县令时，见这个地方靠近嘉裕关，土瘠民贫，男子都出关打工，妇女在家无以营生，就想方设法帮助百姓致富。他采购了新疆吐鲁番木棉给百姓种植，他制造了纺织用具，由妻梁氏亲自传授当地妇女纺纱，又设立了专门机构，聘请四川的机匠和江南的织工，传授当地妇女织布，学成后，由县府每户发给纺车，并且五家合配一台织机。才一年时间，百姓就增加了收入。因感激周礦德政，当地百姓把所织之布称为"周公布"，并传唱民谣曰："高邑人民力寡田，鹑衣百结实堪怜。而今天赐神明宰，脱却羊毛尽着棉。"歌谣反映了百姓穿上棉布衣服时的喜悦心情。

周礦任皋兰县令时，经考察，当地气候温暖，土壤疏松，适宜棉花生长，使购来棉籽，鼓励百姓植棉纺纱、织布。百姓增加了收入，社会自然稳定，邑人为此感恩戴德。任洮州同知时，见当地夏天多雹灾，农民损失严重，他便与州将商议，雹灾前于山巅放炮，以驱散雹云，使庄稼获得丰收，百姓欢呼雀跃。

周礦离任后，高台、皋兰、洮州等百姓都为他立祠纪念，感激他带来的福泽。

徐福礼为董浜人，光绪二十四年（1898）以恩贡选授甘肃阶州白马关州判。据《常熟地方小掌故》载，白马关处于西北偏远地区，交通不便，而且州判的官职又很小，亲友都劝他不要赴任。但他认为，地僻则对长官无奔走迎候之劳，可以专心为百姓做事；民贫则社会无骄奢淫逸之习，易于推行政令，这正是为官最理想的地方。于是，毅然就任，间关万里，历时4个月到达任所。

在这个贫困而又闭塞的小山城，他悉心吏治，兴利除弊，发帑赈灾，兴修水利，惩办不法分子，教导百姓植桑种麻，还彻底革新旧书院，开展当时已兴起的职业教育，以培养实用人才，这在当地都是从来没有过的新鲜事，受到了百姓们的欢迎。

他赴任时带去了几升南瓜籽，分给当地百姓播种，秋天结实累累，以弥补粮食不足。当地百姓把南瓜称为“徐瓜”。他的妻子邱氏，把江南纺纱织布的技术传授给当地妇女，从此男耕女织，很快摆脱贫困，不再有饥寒之苦。

由于州判俸银微薄，徐福礼没有能力聘请幕友，在任八年，一切都亲自料理，因此积劳成疾，死在任所。后来，在他的棺木运回家乡时，当地百姓焚香哭祭，一直送到郊外，由此可见他在百姓心目中的地位。

耿桔，河北献县人，进士出身，明万历三十二年（1604）任常熟知县。常熟农业的“常熟”并非大自然的恩赐，而是常熟人民长期与大自然作斗争的结果，所以历代常熟官员要有所作为，都要在兴修水利抵御自然灾害上下功夫。对此，耿桔有清醒的认识：常熟地处江海之交，三面受到潮汐侵扰，又居苏常（常州）诸府下游，苏南地区的湖水均由此入海，其水之利或害，较别处更为紧要。所以他任知县不久，即单骑轻舟，遍历全县各主要河流，勘察地势，访问乡老，研究治水之道。他经过全面考察，根据常熟境内北高南低的地势，提出了“高区浚河，低区筑岸”的治水方针，先后疏浚了横浦、横沥塘、李墓塘、盐铁塘、福山塘、奚浦、三丈浦等，使常熟境内的水利状况有了很大改善。同时，根据自己的实践，总结历代治水经验，将治水资料汇编刊刻成《常熟水利全书》，这是常熟第一本全面总结境内水利建设的著作，它的一些基本观念直到今天仍在发挥着作用，是研究江南古代水利很有价值的参考书籍。耿桔的可贵之处在于其所做的研究是工作经验的总结，这种学问与国计民生密切相关，所以称耿为水利专家也是恰当的。

周礦、徐福礼、耿桔都是封建社会中的官员，他们在任期内，都能千方百计为百姓做一些有益的事情，所以得到了百姓的爱戴。这对于今天的官员来说，是有深刻的启迪作用：只要真心诚意为百姓办实事，百姓任何时候都不会忘记他。这是一条历史的规律。

三、冒死直谏，为民请命

常熟历史上的清官，还有一个特征，就是嫉恶如仇，不畏强暴，犯颜直谏，为民请命。徐恪、沈鹏就是典型代表。

徐恪，南京工部侍郎，三品官员，地位不可谓不高。但他身居高位，不忘百姓疾苦，不忘为官济民的责任。当这种济民责任与他的官场地位发生冲突时，能出于公心，坚持正义，甚至敢冒生命危险犯颜直谏。《皇明常熟文献志》卷十六“奏疏类”中记录了徐恪冒死上奏的《请召回苏松织造使臣疏》，奏疏针对朝廷弊政慷慨陈词，为民请命，大致的意思是：今天南京、苏州、杭州、嘉兴、湖州等府，每年向朝廷交纳的税赋，数倍于其他州府，而且每年还要按规定交纳一定数量的丝绸织品，以供皇上使用。近来皇上又遣内臣到这些州府再要额外为皇上和宫内织造专用丝织品。这些东西，实际需要的不多，但为这件事派下来的官员不少，州县不敢得罪，争先恐后地奉承这些人，这笔费用却数额惊人。皇上应该明白，天下的一切财物不是天上掉下来的，也不是地里涌出来的，而都是百姓的膏血啊！假如不赶快停止这种摊派，那么百姓恐怕就活不下去了。怨恨诽谤由此产生，以后是祸是福就不可预测了。皇上登基不久，年轻有为，应该躬行节约，以身作则，怎么能为自己要穿的几件衣服而派遣内臣来扰劳东南地区的百姓呢？

此番话真是铁骨铮铮，表现出一种浩然正气。这也是常熟文化中的一种精神传统，特别是在时局动荡、国家存亡之际，这种精神表现得更为突出。

1898 年“戊戌变法”失败后，谭嗣同等爱国革新先驱遭到血腥镇压，后党势力猖獗，朝中士大夫噤若寒蝉。在这“黑云压城城欲摧”的形势下，常熟籍京官沈鹏拍案而起，上书请杀权臣刚毅、荣禄、李莲英，朝野为之震动。

沈鹏，光绪二十年(1894)进士，为翰林院庶吉士，散馆后授职编修。当时正值中华民族危机深重之际，他目击时艰，心里非常沉重。“戊戌变法”失败后，他看到翁同龢被贬、光绪帝被软禁、“六君子”被杀、慈禧独揽大权，刚毅、荣禄、李莲英倒行逆施，沈鹏毅然向慈禧上疏。疏状写好后，他亲自到宫内呈递，因不合制度被拒，又请翰林院掌院徐桐代呈，徐怕牵连自己而拒绝递呈。天津《国闻报》编辑闻讯后向沈鹏索要奏疏，沈鹏慨然交给《国闻报》发表，百姓争相传闻，后党急令追捕，沈鹏慷慨入狱，被判处终身监禁。

沈鹏的奏疏堪称中国近代史上的奇文，他开篇就说：“三凶”(刚毅、荣禄、李莲英)上依仗皇帝恩德，下遍植党徒，权势震动天下，威胁官员百姓，包藏祸心，一旦时机成熟必定发作。他们是国家的巨患，难道我可以因为怕获罪而不站出来讲话吗？奏疏开门见山，矛头直指炙手可热的权臣，表明自己不顾个人安危的决心。

接着又将斗争的锋芒直指当时最高统治者慈禧，明确要求慈禧还政于光绪：自古以来的垂帘听政，史书上都有记载，都是因为国君年幼才有这种制度。今天皇上（光绪）君临天下已有二十多年，康梁之变时因遭到打击而身体欠佳，皇太后因此出来主持一下朝政也是可以的。现在已经过去一年多时间，皇上身体已经康复，为皇太后考虑，是到了归政的时候了。皇太后应以国事为重，不要给外人以把持权柄不放的嫌疑。不然的话，千秋万代以后就不能不认为是皇太后的责任了。

这番言论真可谓无私无畏，正气凛然。在奏疏中，沈鹏还具体痛斥了“三凶”的罪行：荣禄独揽兵权的狼子野心；刚毅以筹饷为名大肆搜刮百姓钱财的无耻行为；李莲英弄权宫廷与权臣狼狈为奸的劣迹；等等。奏疏进而大胆提出：“不杀‘三凶’，以厉其余，则将来皇上安危未可知也。”沈鹏痛快淋漓地说出了广大人民想说而不敢说的话，这恰如一把投向统治者黑幕的匕首，给“万马齐喑”的中华大地带来了一线正义的亮光。

敢向最高统治者进言，需要大无畏的勇气，要有不怕丢官、不怕杀头的牺牲精神，更要有威武不屈、大义凛然的高尚情操。徐恪与沈鹏称得上是中国官场中“民族的脊梁”。

上面从三个方面对常熟历史上的清官廉吏作了介绍，从中可以看到，常熟历史上的清官廉吏源远流长，影响深远，为封建社会的廉政建设发挥过指导和匡正作用，也可以具体感受到这些清官廉吏清正廉明的人格魅力。古人说“廉吏足以为民之仪表”，用今天的话来讲，就是“榜样的力量是无穷的”。他们的榜样作用，不仅在于他们的廉洁，而且在于他们怀有一颗敬德爱民之心，还在于他们以民为本、公正无私的处事风格。所以，他们理所当然地受到人民的爱戴与历史的褒扬。这对于我们今天开展廉政文化建设，提升官员的精神境界，无疑是一笔巨大的传统文化资源。我们应以“古为今用”的原则传承这笔宝贵的文化资源。

附 7

常熟商会的发展历史

近年来,民间组织商会的成立,已成为常熟社会领域中引人瞩目的现象,引起了市民的广泛关注。商会在常熟已有悠久的历史,常熟出现具有商会雏形的会馆已有200多年的历史,出现现代意义上的商会也已有100多年的历史。因此,研究常熟商会的发展历史,对于提高市民对商会的认识和推进商会建设,是一件有意义的工作。

(一)

商会是工商业者为维护自身利益而组织的社会团体,是工商业发展到一定阶段的产物。

在商会产生之前,工商业者的组织称为会馆,也称公所。

会馆分仕宦会馆和工商会馆两类:仕宦会馆是为京城的同乡仕宦、游历士绅及应试举人提供居住停留的场所,如清代常熟县和昭文县在北京设有常昭会馆;工商会馆在江南地区最早见之于明代,明中叶以后,随着商品经济的发展,流动人员的增加,在一些工商业繁荣的城市,出现了工商业者以地缘关系为纽带在异地建立的社会组织——会馆,会馆一般以县、府、省为单位,也有相邻地区联合组成,这类会馆在清康熙年间逐渐增多,乾隆年间大量出现,嘉道年间达到鼎盛。本文所研究的是工商会馆。

常熟为江南首富之地,到清代中期,经济迅速发展,商品流通的规模和总量迅猛增加,各地商帮云集,其中以徽州人(以经营茶叶、漆业、木业、典当

重建的徽州会馆

业为主)、宁波人、绍兴人(以经营药业、酒业、油麻业、南货业、烛业为主)、丹阳人(以经营真粉、生面、大饼、油条为主)为多,他们先后设立了宁绍会馆、徽州会馆、丹阳会馆等。

宁绍会馆为浙江宁波、绍兴籍在常熟的经商人士所建,奠基于清乾隆五十七年(1792),嘉庆五年(1800)完工,地址在北门外,名为"修仁堂",楼宇亭池,颇具规模。

徽州会馆为徽州籍在常熟的经商人士所建,建于清乾隆六十年(1795),名为"存仁堂",地址在南门外西庄,围墙高耸,规模雄伟,占地颇广,20 世纪 90 年代拆除后易地重建于古里镇铁琴铜剑楼景区内。

丹阳会馆为丹阳籍在常熟的经商人士在光绪年间所设,地址在南门坛前街(现君子弄内),临街门面五间,后有厅堂十多间,名为"云阳同仁堂"。除此之外,还有旱北门外的金陵会馆等。

会馆创设的动机是联络乡情。客籍商人要在异乡立足,建立地域基础上的会馆是最可靠的依赖力量,它以同乡同风、同宗同亲、共同的神灵崇拜和宗教信仰来维持和感召。同乡人在岁时节令集聚于会馆之中,不论关系亲疏,熟识与否,生意异同,由于语同音、食同风、同拜乡土神、同看地方戏,亲不亲，故乡情，其乐融融，思亲之情、乡愁之苦在会馆中均可得到慰藉。会馆成为乡情的精神象征与纽带，它是同籍商人在客居地组成的一个社会生活圈。

会馆要保持凝聚力，首先要公推"才具贤能，心术公正"者负责会馆事务；其次需建造固定的馆舍；再次要有稳定的经费来源，它以会馆成员捐助为主，辅之以用捐助金购置不动产出租后的收益。经费除维持日常开支外，还要用于资助同籍人士中贫困无依靠者，会馆一般还设有殡舍停放棺柩，购置墓地，埋葬客死他乡而无力返乡者，如宁绍会馆在北门外购置"义冢"，并筑殡舍三间。徽州会馆在北门外购地数十亩，构筑新安梅园公所，有殡舍，有墓地。丹阳会馆在南门下塘街后桥头购墓地二亩多。这些善举，无疑会在同籍商人中产生很强的向心力。所以，会馆也是一个提供善举的公益机构。

会馆还是一个商议商务的地方。客籍商人在异地建立会馆，联络乡情、保护自身利益是一个方面，更重要的是为了牟利致富。有了会馆，就可以互通贸易信息，加强自我保护，商讨经营方针，采取联合行动，等等。因此从本质上讲，会馆是一个商议、开拓商务的场所。

会馆既是地域商人在客籍地自我管理、谋求发展的社会组织，也是地方政府加强治安管理，特别是对外来人口管理的重要辅助力量，所以地方政府对其往往乐观其成。

（二）

公所是由同业工商界人士集资创建的同业组织，清康熙时期出现。不过开始时公所与会馆的性质并无明显的界限，同籍人士在外地经商所建立的组织大都称为会馆，也有的称作公所，直到近代以后，随着商品经济的发展，公所的性质才约定俗成为以同业人士组成的行会性组织。公所这种业缘性组织也有以同乡同业者组成的，如常熟的酒业有本帮与绍帮，面业有本帮与锡帮，但数量并不多。行业性公所的大量出现是在鸦片战争以后，由于民族工商业面临着西方列强巨大的竞争压力，建立公所是为了团结同业应对商战，抗衡西方列强的掠夺与压榨，保护民族工商业的发展。同时，成立公所也是为了以统一行动来对付地方超经济力量的骚扰和劫夺。所有这些，都必须得到官方保护，所以公所成立时，都要向官府备案，这是成立同业公所最初的两个动机。当然，成立公所也是同业之间为了应付繁多的同业事务，如确保产品质量，反对假冒伪劣，提倡诚实经营，维护行业信誉，制订交易规则，严禁不正当竞争，规定统一价格等，力求保证对每一个会员的保护，尽可能做到公平公正，等等。

常熟最早的同业公所京广洋货同业公所筹建于清同治三年(1864)，集资 20 多年，正式建立于清光绪十四年(1888)。在此以后，各种同业公所如雨后春笋般地涌现。据清末民初统计，当时常熟的同业公所有腌腊业、竹行业、鞋业、茶馆业、茶食业、棉籽业、染业、米业、纱业、土布业、布业、木作业、钱业、木业、绸绫布匹京广洋货业、豆饼业、衣业、南货业、纸业、烛业、药业、成衣业、酒业、理发业、面业、靴业、猪肉业、经书业、广货业等，林林总总，几乎囊括了当时工商业的全部行业。这是因为当时常熟的工商业已空前繁荣。随着近代思想观念的开放，一些官宦地主逐渐摈弃传统的轻视工商观念，把资本转入工商业，为工商业的发展提供了大量的资金，据民国七年(1918)《常熟指南》载，当时城区有 1182 家商号与工厂，涉及 131 个行业，从商人员占城区总人口的 20% 以上。城区商铺林立，开设店铺的街巷有 100 多条，其中以县南街、寺前街、南市心、县西街最为繁华，南门坛上、东门泰安街、西门山前街次之。农村集镇也相当繁华，梅李镇有商号 200 多家，称为“小常熟”、“银梅李”；浒浦有商号 209 家，称为“小上海”；唐市有商号 100 多家，称为“金唐市”；福山有商号 240 多家，是南北物资交易中心；支塘有商号百余家，是棉纱集散中心；等等。这都为常熟建立数量众多的同业公所打下了基础。

在常熟的同业公所中，米业公所的实力最强，在米业全盛时期，公所在城内各地区均设集会之所，如四丈湾的南庄庙，西市河的水仙庙，大东门的总管庙，小东门的小王庙，南门小庙场的小庙。由于经费充足，公所办了很多公益事业：恤孤费，米业同仁死后家属生活困难者可得恤孤费；米业小学：供米业同仁孩子上学，不收学费；救火会：在各地段庙内设有水龙，有专人负责；施衣施料：米业同仁死后无力入殓的，由公所施衣施料安葬。清末民初，上海的大米供应大都来自常熟，上海南北两大米市上均设常熟米业公所，被称为“常帮”。常熟、昭文两县在沪经营米业者所用斗斛均需经常熟米业公所烫过火印方准使用,可见其影响之大。

1928年,国民党政府公布了《工商同业公会法》,所有同业公所统一改名为同业公会。到1946年,常熟的同乡公会达48个之多,这一方面反映了常熟商业的繁荣,更重要的是,反映了工商业者对于公所这种社会组织的认同。

(三)

世界上第一个商会是建立于1599年的法国马赛商会。中国的商会组织产生于近代,1840年鸦片战争后,外国资本和商品汹涌而入,引起了中国经济和市场的急剧变化,在清同治末年(1874),辽宁工商界成立了“公议所”,这是我国最早的具有商会性质的组织。清光绪二十六年(1900)盛宣怀任商务大臣,在他的推动下,全国各地纷纷成立了现代意义上的商会。清光绪三十一年(1905)苏州商务总会成立,清光绪三十二年(1906)四月常昭商务分会成立,会址在周神庙弄,后迁至寺后街。民国后,常昭商务分会改称常熟县商会,据1918年统计,城区及乡区会员总计有520多家,可见影响力已非同寻常。

对商会作用最初的认识可以从盛宣怀上书朝廷劝办商会的奏折中窥见一斑,他认为商会的作用主要有两方面:一是剔除华商势涣力微之内弊,即通商情、保商利,使工商业者有联络而无倾轧,有信义而无诈虞;二是考察外情,即学习西方国家重视商业的经验,世界上发达的国家,无不因商业发达而富强。奏折同时附商会简明章程20条,规定过去称为“商业公所”或“商务公会”等名目的统一改称为“商会”,商务繁庶地区设立商务总会,稍次之地设立分会。

正是在这种思想影响下,清末民初,商会蓬勃兴起。1914年,北洋政府工商部颁布了《商会法》60条,当年全国各地建立的商会、总商会总计达1099家,并在上海召开了中华全国商会第一次代表大会,成立了中国历史上第一个全国性的商会总机构——中华全国商会联合会。1929年,国民党政府重新颁布了《商会法》,到1930年,全国各地建立的商会已达2046家。这时的商会功能已明确为联络商情、开通商智、提倡商业、保护商权四个方面，广大工商业主也积极参加商会，因为商会会员享有很多权利，如：会员有改良工商业的建议，商会可以讨论实施；会员对商品有原创性的发明或改良且确有利于国计民生的，由商会核准奖励；会员发现有假冒牌号（商标）扰乱市场而损害会员及名誉的，可由商会出面向政府交涉而禁止；会员受到地痞恶棍欺凌讹诈的可由商会向政府交涉，由警方处置，以保护会员的合法权益；会员之间发生商业纠纷可由商会进行调处；会员因债务纠纷被羁押的，商会可酌情担保；会员涉案被政府查处时，商会可以帮助调查并把结果告知本人；等等。正因为商会居于“领袖众商”的地位，所以在社会生活中具有很高的权威，商会领袖有相当高的社会地位。

由此可见，从会馆、公所到商会，是一个经济近代化的过程。进入近代特别是甲午战争以后，工商业界面临外国经济势力巨大的压力，只有联合各行各业的力量，才能有效地筹划商策，应对商战，保护民族工商业的生存和发展。

会馆、公所、商会三者之间是相互并存、相互依赖的关系。范金民先生在《明清江南商业发展》一书中对此作了较为深入的分析：会馆大都以原籍地的“帮”为组织原则，公所大都以经营地的“行”为组织原则，商会则是一个地域工商各业的联合体，组织范围不分地域，不分行业，远比原来的“行”“帮”大得多，但它的成员是以会馆公所的行帮为基础。它由政府劝立，得到政府支持，包罗工商各业，对外联系渠道畅通，全国各地遥相呼应，在沟通官商关系，协调行帮纠纷，交涉涉外事务等方面显示出极大的权威性，它打破了同一地域之间、行帮之间的工商业主几乎没有协调联系的局面，它能解决的是单个行帮不能解决的事务。但商会处理事务，需行帮的配合与支持，要通过会馆、公所（公会）才能发挥作用。

（四）

1949 年新中国成立，旧商会经历了重大的历史性转折，它被改造成以统战为主要目的的工商联，1949 年 12 月 4 日，常熟工商业联合会筹备会成立，它在宣传贯彻党和政府的政策法令，代表工商界的合法权益，调解劳资和工商业主之间矛盾，特别是在对资本主义工商业改造中发挥了重要的作用。1956 年 6 月常熟市工商联正式成立，之后它逐步转变为工商界政治学习和业务交流的组织，“文革”期间，工商联停止活动。1980 年 5 月，常熟工商联恢复组织活动，其性质定位为统战性、经济性和民间性的、具有统一战线性质的人民团体和民间商会，“三性”的高度统一为工商联工作提供了强大的体制优势。特别在民营经济快速发展的今天，工商联是非公有制人士的“娘家人”，它肩负着党和政府所赋予的促进非公有制经济健康发展、健康成长的历史使命，是凝聚非公有制经济人士参与政治和社会事务的主渠道。在这种历史大背景下，民间商会应运而生。1993 年 3 月，常熟市工商联增挂了常熟市商会(后改称为总商会)牌子，工商联一身二任，对内称工商联，对外称总商会。1994 年 11 月 24 日，常熟招商城成立了建国后第一个基层商会——招商城商会，以后，全市各镇(场)全部成立了基层商会，现在全市 10 个镇、招商城及林场共建有 12 个基层商会。进入新世纪，商会建设以建立同业商会为重点，全市先后建立了服装商会、房地产商会、制笔商会、水洗商会、货架商会、钢材商会、缝制商会、机械商会、高分子材料商会、汽摩配商会、华东食品城商会、餐饮业商会 12 个市级同业商会，还建立了闽南、浙江、温州、台州、义乌、安徽等 7 个异地商会。一些镇的基层商会也建立了 10 多个各类镇级同业商会，如尚湖镇的模特商会、海虞镇的毛裤业商会、辛庄镇的纺织服装商会等，同时，全市还成立了沙家浜玻璃模具协会等 20 多个经济类行业协会。常熟市的商会建设由此进入了一个新的阶段，形成了总商会、基层商会、同业商会(协会)、异地商会并存的格局，这一格局的形成是近年来市工商联工作所取得的重大突破。一个社会中介组织的成熟程度与其市场经济的成熟程度紧密相关，基层商会、同业商会(协会)、异地商会的成立，成为工商联开展工作的纽带，可以通过它们加强行业自律，共谋发展之道，及时向党和政府反映诉求，同时把党和政府的政策及时传达下去，成为参政议政的良好平台，为推动科学发展、构建和谐社会作出贡献。

从会馆、公所(公会)到商会，从旧商会到工商联，从工商联到民间商会，这就是商会演变的历史轨迹，它也反映了常熟地区工商业发展的历程。了解常熟商会的发展历史，对于今天我们认识商会的意义及做好商会工作，无疑具有重要的启迪作用。

附 8

《尚湖赋》简译

说明

尚湖山水文化园照壁上，镌刻有丁奉的《尚湖赋》，游人驻足欣赏时，往往由于文字深奥而不得要领。一位游人告诉我，赋的首句就读不下去，“赑屃”两字不认识，更不用说词意的理解了（“赑屃”，读 bìxì，是一种海产的大龟，好负重，今天看到的石碑下的石座，习惯相沿雕成赑屃的形状，就是取其力大能负重的意思）。由此而想到应用现代汉语对《尚湖赋》进行翻译，这不仅有助于对赋的理解，更有助于认识尚湖的文化意义。

赋是中国古代一种文学体裁，它以铺排华美的词藻见长，是一种半诗半文的文体。翻译基本上用直译，有的则用意译，近似串讲。对典故加以注释，以帮助理解，词语则不作注释，读者对照译文，应该可以理解词意。

《尚湖赋》作者丁奉，字献之，号南湖，明代进士，曾任南吏部主事、郎中，38 岁即辞官归家，隐居于尚湖之南。本文为其归隐家乡后所作。文章描摹了尚湖优美景色和在水路交通中的作用以及丰富的物产，对尚湖“旱以湖溉，潦以湖承”的功用作了充分肯定，表现了作者对尚湖及家乡的热爱之情。但文章对捕鱼、捕鸟的描述，既不符合儒家所倡导的“子钓不纲，弋不射宿”的主张，也不符合今天生态保护的思想，在阅读时应该注意。

古人说“诗无达诂”，何况本人学浅识薄，加之时间仓促，译文错误之处当所难免，恳请读者指正。

尚湖山水文化园照壁

原文

尚 湖 赋

丁 奉

余赋虞山之明日，客曰：君知山之遭虞仲[1]，不知湖之遭太公乎[2]？太公尚避纣，居东海之滨，来游于斯。人之名斯湖者，遂订之曰“尚湖”。湖之所遭，其奇之尤者哉！夫严陵[3]，隐者尔，其滩获称曰“严”，且夸高无穷。太公之德之功，掩伊周[4]，著天地。斯湖也，而乃斯名耶！故曰“奇之尤者”也。余乃泂酌其波，濡毫而之赋，其辞曰：

巨灵以赑屃之雄拳，凿鸿庞之广陆，迁极海之冥涛，襄古虞之阳麓，控吴郡于东南，襟熟城而西北。阐胜弥繁，描幽罔鞠。

曩尝与子希赤壁之乐[5]，则月小山高，一川宝镜；肆访戴之行[6]，则溪空雪沍，四岸琼瑶。云缟霞绯，河晶霄翠，虹时电际，星夕烟朝，映天家之万象，回一碧其飘飒。况夫沈峦若髻，印岭如屏，峰倒戈矛之态，林浮旌旆之形。沄沄滟滟，潏潏澄澄，漬沦以沸，匒𥁕以烝，每贴罗而展縠，更玉漾而珠腾。此吾平居之所以旷志怡情者也！至于冰合经旬，迷津四路，风翻暝昼，蹴浪半空。观斯时也，则知滹沱之所以克济乎王霸[7]，而江湖之所以见忧于范公[8]。

吾且登楼伫睇，则巨贾巍艘，西指澄江之漾漫；孤商只橹，南趋吴郡之渺弥。过锡来昆，归常赴润，浤浤周道，汩汩枝岐，长绡峨嵯，远戴扶桑之旭；层帆飒纚，忙追昧谷之曦。若乃叶浜、徐墅、邵港、钱泾，至群陂而群泛，纷有号而无名。推夫惠洞一泾，九逵冲要；乌山一穴，百丈渊玄。湖田二村，僻若张志和之宅[9]；赵宋诸圩，洼如陆鲁望之田[10]。斜堰、朱泾，桥槎并卧；小山、张墓，梁石双悬。他如惊漪骇沫，忽被白茅之潮；接涘联浔，素作昆承之对。襟带一山而相为始终，绵亘诸乡而频更景类，滩痕继湿，走篆回文，沙彩矜晴，辉玑闪贝，此皆其大观焉耳矣！

若夫民之利之者，千竿饲豕之草，万桶培稼之泥。渔则提纲泛罛，鸣榔引钓，截罶垂篮，无乎不效。所获者：鲦、鲿、鰋、鲤、鮆、鳜、鳊、鲻、鳗、虾、鳖、蟹、金背银丝。而能催吾归者，盖鲈鱼更肥也[11]。弋则暗弹明媒，侦眠候食，比毕称叉，无乎不力。所获者：天鹅仙鹤、老鹳灵鸡、鹭鸳、鸬鹚、雎、雁、凫、鹥，而能忘吾机者，盖白鸥相知也[12]。赤蓼酿曲，菖蒲荐卮，菇菱莲藕，以豆以市，蒹葭茭葵，以爨以篱。

吾又行吟访古，则父老佥曰："顶山之白龙归省，甘雨时涨[13]；丹井之双鸽飞坠，神光夜明[14]。开国伯印公，宋理宗之名臣也，卜葬於斯，今曰印垄[15]；大丞相柴公，周世宗之嫡裔也，侨居来此，今曰柴泾[16]。斯地也，朴素成村，优游作族。宠辱不惊，如庞德公之土[17]；耕耘自赡，犹郑子真之谷[18]。"噫吁嘻！家其中者，欲与古之幽贞为属耶夫？斯地攸居，湖南一曲，阅琴川之八境，惟自此其长获。旱以湖溉，潦以湖承，承之斯稔，溉之斯登，盖不特供骚人之啸弄，而实以济百千万之苍生。吾於是载拜夏后氏之底绩[19]，且报谢水若之英灵，乃系以歌曰：所贵乎有此山兮，惟以其有此湖，然而又贵乎有此人兮，安得此人洵矣！

注释

［1］虞仲：虞仲即仲雍，商末人，他与兄长泰伯因让国而来到江南，在今天无锡梅村建立了勾吴国。虞仲死后，葬于常熟卧牛山，山遂名为虞山。

［2］太公：太公即姜尚，商末人，他因避纣王无道隐居"东海之滨"，有历史学家认为即常熟。其时在湖边隐居，湖因此名为尚湖。

［3］严陵：严陵字子陵，东汉隐士，居富春江，后人称其隐居之地为严陵滩。

［4］伊周：伊，即伊尹，商初大臣；周，即周太公，周初大臣。两人均有功于王室。

［5］赤壁之乐：用苏东坡谪居黄州时月夜游赤壁的典故。

［6］访戴之行：《世说新语·王子猷居山阴》："王子猷居山阴，夜大雪，眠觉……忽忆戴安道，时戴在剡，即便夜乘小船就之。经宿方至，造门不前而返，人问其故，王曰：'吾本乘兴而行，兴尽而返，何必见戴？'"表现出一种任性洒脱的人生态度。

［7］滹沱之所以克济乎王霸：东汉刘秀称帝前在滹沱河畔遭遇饥饿、寒冷之苦，因冯异进豆粥、麦饭、柴火，饥寒俱解，刘方能渡河至信都，建立帝业。此句意为居帝王之位时，不能忘记困难时百姓的帮助。

［8］范公：范公即范仲淹，此句用《岳阳楼记》中的"居庙堂之高则忧其民，处江湖之远则忧其君"之意。

［9］张志和：唐代诗人，隐居江湖，自号烟波钓徒，作品都写隐居中的闲散生活。

［10］陆鲁望：即陆龟蒙，唐文学家，隐居甫里（今吴中区角直），那里地势低洼。

［11］鲈鱼更肥：用张翰弃官回乡的典故。张是吴郡人，他在洛阳做官，因见秋风起，联想到家乡的菰菜、莼羹和鲈鱼脍，于是弃官回乡。

［12］白鸥相知：取成语"鸥鹭忘机"之意，即谓无机心者则见异类亦与人相亲，后喻淡泊隐居。

［13］顶山之白龙归省，甘雨时涨：据传梁天监初，虞山顶山一村妇不夫而孕，产下一条白龙，即飞翔而去。三天后，龙忽归来吃奶，妇惊吓而亡。以

后每年七月十五，白龙都要回来探视“龙母冢”，由此普降甘霖，龙殿下白龙池内池水涨溢。

［14］丹井之双鸽飞坠，神光夜明：丹井原在石梅致道观内，为南朝梁天监初张天师第十二代孙张道裕隐居虞山时所开凿，因用此井练丹，故名丹井。相传南宋淳熙年间，道士李则正浚井，得藏丹石函，启之，化为双鸽飞入尚湖，发出神光照亮夜空，故亦称鸽井。

［15］印公：即印应雷，原籍静海（南通），迁居常熟。南宋嘉熙二年（1238）进士，宝祐二年（1254）任和州守，率兵击退蒙古兵，封静海县开国伯。

［16］柴公：名不详。《重修常昭合志》载：柴丞相墓，在尚湖南，墓旁有柴公浜、柴泾。

［17］庞德公：东汉襄阳人，躬耕于襄阳南岘山，与诸葛亮、徐庶友善。为拒绝刘表礼请，隐居于鹿门山，采药以终。

［18］郑之真：西汉时隐士，号谷口，隐居陕西泾阳县西北，此地世称郑谷。

［19］夏后氏：古部落名，相传禹乃其领袖。

译文

我写了《虞山赋》的第二天，客人说：“你知道山遇到了虞仲（所以被称为虞山），（难道）不知道湖遇到了姜尚（所以被称为尚湖）吗？姜尚为避纣王（暴政），隐居在东海之滨，来到此湖游历，（所以后人）用姜尚的名命名此湖，（人们）就约定俗成地称这个湖为“尚湖”，湖所遇到的真是奇特之极啊！（东汉时的）严子陵，（不过）是个隐居者罢了，他所隐居的（富春江边的）河滩获得了“严滩”的称号，而且把他（高尚的节操）夸耀得无穷无尽。姜尚的德行、功劳超过了伊尹、周公，（名声）著称于天地之间。这个湖用姜尚之名称为“尚湖”，所以说是奇特之极啊！我于是就从远处舀取尚湖的水，沾湿毛笔，为它写下了这篇《尚湖赋》，赋的文辞说：

（以上为序，写尚湖名称的来历及作者写《尚湖赋》的缘由。）

河神以大龟般的勇武之力，开凿混沌状态下的广阔陆地（形成了尚湖），并迁移极远处幽深大海中的波涛，围绕古代虞山南面的山麓。（尚湖）在东南方控灌苏州，在西北方怀抱常熟古城。（它）开启了遍处众多的优美景色，

(而)描摹这些幽深的(景色)没有穷尽。

(以上为第一段,写尚湖的形成及地理位置。)

从前曾与朋友希望(体验苏东坡夜游)赤壁的快乐,那么(看到的是)月小山高,水面平坦如宝镜;(又想)尽情地体验王子猷雪夜访友之行,那么(看到的是湖畔)溪流空旷,白雪冰冻,四岸如美玉一样璀璨。(尚湖在不同的气候条件下,景色各异),(有时)云彩洁白,霞光绯红,河水明净,天空碧蓝。有时彩虹(垂于天际),有时电闪雷鸣,夜晚满天星斗,早晨烟雾迷茫。映现出九天之上的万千气象,返照回(湖面的是)碧蓝如洗的天空在水中随风飘荡。况且(还有)倒映在湖水中的山峦像(女子头上的)发髻,丘岭像屏风,山峰像倒立的戈矛,林木像飘扬的旌旗。湖水流动时波光潋滟,涌动时一片澄清,水波涌起时兴起微波似在翻涌,重重叠叠的云气四起升腾,常常如贴在湖面的绫罗绸缎所展开的波纹,更如碧玉荡漾而珠玑翻腾。这就是我所以常居于此而又心旷神怡的原因。至于(冬天的湖面)冰封数十天,渡口和四面的道路在一片迷雾之中。(有时)狂风翻卷白天如同黑夜,波浪踏着波浪直至半空。看到这种景色,那么就能知道刘秀之所以能渡过滹沱河成就王霸之业,范仲淹之所以在僻远的江湖间担忧朝政,(是因为他们都有忧国忧民的情怀)。

(以上为第二段,写尚湖的优美自然风光和作者的情怀。)

我且登楼久立并环视四方,那么(看到的是)富商巨贾的巍然大船向西直指江阴那水势浩茫(的地方);孤单行商的一叶扁舟往南奔向苏州那水面辽阔(之处)。过无锡、来昆山,回常州、赴镇江的(船只),在浪涛声中向四面八方驶去,它们在疏浚过的河道中分散别离。(商船上)长长桅杆挂着风帆呈现高峻之状,远(望去)戴着东方的旭日;层层的风帆如长袖飘舞,匆忙追赶着西方日落之处的阳光。至于叶浜、徐墅、邵港、钱泾,以及众多的池塘水面涨溢,波光粼粼,纷纷有号或无名。惠涧一条沟渎,可算得四通八达的水陆要冲。(传说中)乌目山下有一个洞穴,百丈深渊(也能通向四面八方)。湖田两个村落,偏僻如张志和的住宅;赵氏、宋氏各块圩田,低洼如陆龟蒙所居之处。斜堰、朱泾(之上),木桥与木筏并卧;小山、张墓(之上),木桥与石桥双悬。其他如(尚湖)水波涌动得泡沫四溅,(那是因为)忽然盖上了(通过)白茆塘涌进的潮水;水道与水道相联,(尚湖)向来与昆承湖相对应,它环绕虞山而且相与始终，连绵不断地与各个乡村（相连），而且频繁地更换景色，沙滩上的水痕不断潮湿，（形成了）篆体一样曲折的文字，天晴时，沙滩夸耀着色彩，珠子、贝壳闪耀着光辉，这些都是尚湖雄伟壮阔景象啊！

（以上为第三段，写尚湖在水路交通中的作用及与周围江、河、湖、山的关系。）

至于（说到尚湖的物产）对百姓有利的东西（很多）。（水中）如竹林那样密集的是喂猪的水草，（湖底）有千万桶培育庄稼的湖泥。捕鱼只要把浮在水中鱼网上的大绳提起，（或者）敲响驱鱼的木榔（引诱鱼儿上钩），（或者）用捕鱼的竹笼阻住（游鱼），（或者）把捕鱼的竹篮（垂于水底），没有不奏效的。所捕获的有鲦鱼、鲙鱼、鳆鱼、鲤鱼、鮆鱼、鳜鱼、鳊鱼、鲻鱼、鳗鱼、虾、甲鱼、螃蟹、金背银丝。而能够催我归家的，是因为（尚湖的）鲈鱼更肥啊！捕鸟则在隐蔽处用弹弓，（或在）明处用活鸟作媒（引诱），（或在）暗中察看已睡眠的鸟或守候食物的鸟，（对着它）用长柄网或举起铁叉（去捕捉）。（这样做）几乎没有白费力气的。所捕获的有天鹅、仙鹤、老鹳、灵鸡、鹭鸶、鸳鸯、青鸱、负雀、雎鸠、大雁、野鸭、鸥鸟。而能够使我忘掉巧诈之心的，（只有与我）相知的白鸥。湖边的赤蓼可以釀酒，菖蒲可以做祭祀盛酒的器皿。菇、菱、莲、藕、可以斋供，也可以（到集市上）出卖。芦苇杆、茭白叶、荻草，可以烧火煮饭，也可以编织篱笆。

（以上为第四段，写尚湖丰富的物产。）

我一边走一边吟咏访古，那么父老都对我说：顶山的白龙省亲，甘雨（使龙池内水）时时充盈，丹井中的双鸽（在尚湖）飞坠而下，（发出的）神光在黑夜中大放光明。开国伯印应雷，是南宋理宗时代的名臣，选择归葬在这里，（这个地方）今天叫印墪；大丞相柴公，是后周世宗的嫡裔，侨居来到这里，（死后葬的地方）今天叫柴泾。这个地方啊，村落中民风朴素，（百姓）悠闲自得聚族而居。宠辱不惊，像庞德公居住的地方；耕耘所获自给且充裕，好比郑子真（隐居）的郑谷。啊！家住这个地方的人，是想与古代有操守的隐士之辈相处吗？我所居住的这个地方，在尚湖之南一个曲折隐蔽之处，历览琴川八方之境，只有自从有了尚湖，这里（才能有）长久的丰收。天旱用尚湖水灌溉，洪涝用尚湖承接，（尚湖）承接了洪水，这里才能丰收，（干旱时）有湖水灌溉，这里（才能）五谷丰登，所以（尚湖）不仅仅是供文人墨客逍遥自在、寄情山水(的地方),而实际是用来帮助千百万百姓黎民的(福泽)。我于是就开始拜谢大禹的功绩,而且要报答水神的英灵。于是用(一首)歌(附在文章之后)咏道:(家乡)之可贵是因为有了虞山啊,只因为它有了这尚湖,然而更可贵的,是有了这样的人啊,这些人怎么能离开尚湖呢?

(以上为第五段,写尚湖人文历史价值,抒发了作者对尚湖的热爱之情。)

主要参考书目

1. 常熟地方志编纂委员会办公室:《常熟市志》(修订本),上海辞书出版社 2006 年版。

2. 《常熟文史资料辑存》(1—25 期),常熟市政协文史委员会编。

3. 《常熟市报》(1983—2006 年),常熟市报社编辑出版。

4. 常熟地方志编纂委员会办公室:《常熟史话》,江苏古籍出版社 1989 年版。

5. 周文晓:《新编常熟史话》,天马出版有限公司 2004 年版。

6. 李学昌主编:《20 世纪常熟农村社会变迁》,华东师范大学出版社 1998 年版。

7. 陈建:《常熟工业史研究》,上海交通大学出版社 1999 年版。

8. 中共常熟市党史工委:《常熟人民革命斗争史》,中共党史资料出版社 1990 年版。

9. 常熟市文化局:《常熟——国家历史文化名城词典》,上海辞书出版社 2003 年版。

10. 王卫平、王建华:《苏州文化丛书 · 苏州史记》,苏州大学出版社 1999 年版。

11. 朱福炷:《扬州文化丛书 · 扬州史述》,苏州大学出版社 2001 年版。

12. 吴建华:《明清江南人口社会史研究》,群言出版社 2005 年版。

13. 樊树志:《明清江南市镇探微》,上海复旦大学出版社 2005 年版。

14. 范金民:《明清江南商业发展》,南京大学出版社 1998 年版。

15. 中国农科院、南京农业大学“太湖地区农业史”研究课题组:《太湖地区农业史》,农业出版社 1990 年版。

16. 李伯重:《江南早期工业化(1550—1850)》,社会科学文献出版社 2000 年版。

17. 范金民、夏维中:《苏州地区社会经济史》(明清卷),南京大学出版社 1993 年版。

18. 乌丙安:《中国民俗学》,辽宁大学出版社 1985 年版。

后 记

本书是常熟历史文化的普及读物。2006年,为加强未成年人思想道德建设,常熟市文明办、常熟市教育局组织编写《可爱的常熟》一书,分小学卷、中学卷两种,作为中小学生的课外读物。中学卷为笔者所编写,在编辑时考虑到初中学生的认识能力与篇幅,在保留书稿大框架的前提下,删去了很多内容。因此,我一直希望能以完整的篇幅出版一部《走进常熟》,在常熟市科技局、常熟市虞山尚湖旅游度假区管委会、常熟市沙家浜镇政府、常熟市虞山高新技术产业园管委会等单位的支持下,这一愿望终于得以实现。

常熟是国家历史文化名城,研究常熟历史文化的书籍很多,但大都是历史事件、历史人物、文化现象的介绍与研究,缺少对常熟历史文化、社会经济状况在宏观的层面上进行贯通性的介绍,本书力求对此有所突破。

全书分四章,《虞山福地》介绍常熟的自然环境、物产、行政区划;《千年史述》介绍常熟地区从史前文明到沙家浜抗日烽火的历史发展轨迹;《文脉绵长》介绍历史文化名城常熟丰富的文化内涵。2009年是新中国建国60周年,为全面总结60年的发展历程,本书专立了《小康之路》一章,前30年重点介绍了泽惠后人的农田水利基本建设、对粮棉高产的探索以及扫除文盲和消灭血吸虫运动,后30年重点介绍了乡镇企业、碧溪之路、招商城等在改革开放过程中在全国有重大影响的事件,以及经济建设、文化建设、生态文明建设等方面的发展成就,以使读者了解建国60年来常熟人民对社会主义道路的探索与实践。进入新世纪以后,常熟与全国各地一样,城市化得到了快速推进，城市建设日新月异，城市精神、城市形象等新的文化命题引起了市民广泛的关注，为此，我把近年来撰写并发表的一些论文附录于后，以供读者参阅。

要用不到20万字的篇幅详略得当地把常熟历史文化与社会经济发展史叙述清楚，并不是一件容易的事，需要阅读大量的历史资料，虽难事无巨细，但也不能粗枝大叶，或剪裁欠当，或偏颇浅陋，或疏漏错误，自知难免，恳请读者指正。

在本书写作的过程中，我的朋友吴建华、刘朝骏、徐本坚、浦君芝、胡大钧、陶玉霖、周公泰等给予了很多切实的帮助，常熟摄影家协会虞克俭、高鹏、万新光等会员为本书提供了大量图片资料，支义同志为文稿打印付出了很大的精力，在此一并表示衷心的感谢。

何振球

2010年6月